[著]
乙黒亮
田川拓海

形態論の諸相

6つの現象と2つの理論

まえがき

　「形態論若手の会」みたいな研究会を開きたいね。著者 2 人がかろうじて
まだ若手だった頃，学会の帰りに立ち寄った居酒屋で交わしたこの会話に本
書の出発点がある。発表者を募り，研究発表と質疑・議論という研究会はす
でに存在していたので，毎回設定されたテーマに対し我々が話題提供をし
て，参加者と議論をする会にしようということで方向性が決まった。我々が
専門とするアプローチが，形態論の中では対立関係にある分散形態論とパラ
ダイム関数形態論であることから，研究会ではそれぞれの理論的枠組みで同
様の現象に関する研究をまとめ，その理論的対立点を確認するとともに，こ
れらの理論が抱える問題点を浮かび上がらせることを狙いにした。分散形態
論もパラダイム関数形態論も 1990 年代前半に誕生した理論であり，21 世紀
に入り形態理論の 2 つの大きな流れになりつつあることから，少し大袈裟で
はあるものの，研究会の名称を Morphological Theory in the 21st Century と
した（乙黒の指導教授であった Andrew Spencer が 1991 年に出版した名著
Morphological Theory を意識した面もある）。初回のテーマが 'Suppletion &
syncretism' に決まり，2015 年 10 月 17 日に第 1 回の会合を開いた。週末に
家を空けられない人や関東圏以外の人も参加できるように，当時はまだ珍し
かった対面とオンラインのハイブリッドの研究会を Ustream を利用して実現
し（後に YouTube Live に移行），当初の狙い通り，若手の研究者や大学院生，
学部生が積極的に参加してくれ，4 時間に渡りじっくり議論をすることがで
きた。その後，2016 年 3 月 28 日に第 2 回 'Zero exponence/morph'，2016 年
11 月 19 日に第 3 回 'Homonymy & synonymy (Blocking を中心に)'，2018
年 2 月 28 日に第 4 回 'Epenthesis'，2018 年 4 月 28 日に第 5 回 'Periphrasis'
と約 2 年半に渡り 5 回の研究会を開催した。

　予定していたテーマをすべて終え，研究会で使った資料と参加者との議論
の中身を見返して，それらを書籍としてまとめ，広く共有したいと考えるよ
うになった。幸いくろしお出版から書籍化への前向きなお話をいただき，2

人で出版に向けた準備を開始した。研究会で扱ったテーマを再構築し，6つの現象について章ごとにまとめることとなり，2018年秋からそれぞれが担当する部分を執筆し，月例のミーティングで修正するという作業を繰り返した。1年後の2019年秋に第7章までかき上げ，終わりが見えてきた頃に新型コロナウイルスの感染拡大により状況が一変した。前例のない事態に大学での仕事も混乱を極め，保育所や小学校も閉じられ，2人とも自宅で子供を見ながら，オンラインで大学の業務をこなす中で，本書の執筆が全く進められない状況が1年間続いた。ようやくコロナ禍における仕事の進め方も定着した2020年の秋に，執筆を再開した。オンラインでのミーティングを繰り返し，1年後の2021年の秋に全章を書き上げることができ，その後の紆余曲折を経て，ここに書籍として出版できる運びとなった。

ここに至るまでには，多くの方々の支えがあったことは言うまでもない。まずは本書の出発点である研究会に参加していただいた研究者，（当時の）大学院生，学部生の皆さんに感謝を申し上げたい。当時は珍しかった対面・オンラインのハイブリッド研究会が開催できたのは，早稲田大学プロジェクト研究所の言語情報研究所の支援によるものである。東京大学の大関洋平氏には，本書の前半部分の原稿に関して，詳細なコメントをいただいた。乙黒は早稲田大学グローバルエデュケーションセンターにて「言語学（形態論）」の授業を2017年度から担当しており，そこで田川も2022年度まで毎年ゲスト講師として講義を行った。授業内で多くの質問，意見をくれた受講者の皆さんにも御礼申し上げたい。最後に，くろしお出版の荻原典子氏には，本書の企画段階から様々なご意見をいただき，原稿に対しても詳細なご指摘，コメントをいただいた。心からの感謝を申し上げたい。

本書が学部生，大学院生，若手研究者の研究の一助となり，日本国内の形態論研究の活性化につながれば幸甚である。

2024年7月

乙黒亮・田川拓海

目次

まえがき	iii
グロス・略記号一覧	xi

第1章　はじめに 1

第2章　形態論への2つのアプローチ 11

2.1　はじめに 11

2.2　形態理論の2つの流れ 13

2.3　分散形態論とパラダイム関数形態論 18

　2.3.1　分散形態論 18

　　2.3.1.1　分散形態論の概観 18

　　2.3.1.2　文法モデル 18

　　2.3.1.3　統語論でどこまでも：Root 仮説 20

　　2.3.1.4　形態部門における後期挿入 22

　　2.3.1.5　DM における形態構造 24

　　2.3.1.6　装飾的形態論と統語部門後の操作 26

　2.3.2　パラダイム関数形態論 27

　　2.3.2.1　素性 28

　　2.3.2.2　表出規則 34

　　2.3.2.3　パラダイム関数 36

2.4	まとめ	39
	練習問題	40
	コラム：素性について	41

第 3 章　融合　43

3.1	融合とは	43
	3.1.1　標準型屈折からの逸脱	44
	3.1.2　融合の種類	48
3.2	DM における融合	51
	3.2.1　語彙項目の優先順位	51
	3.2.2　語彙項目の優先順位：競合と不完全指定	52
	3.2.3　消去を用いた分析	56
	3.2.4　その他の融合現象の分析	58
	3.2.5　まとめ	59
3.3	PFM における融合	60
	3.3.1　内容パラダイムと形態パラダイム	60
	3.3.2　素性マッピング	63
	3.3.3　パラダイム間のインターフェイス	67
3.4	まとめ	69
	練習問題	70

第 4 章　補充法　71

4.1	補充法とは	71
	4.1.1　標準型屈折と補充法	72
	4.1.2　補充法の種類	74
4.2	DM における補充法	80
	4.2.1　Root に対する後期挿入	80
	4.2.2　補充の際に参照される統語情報	81
	4.2.3　統語的な情報と補充	82

vii

	4.2.4	包含関係と局所性	84
	4.2.5	DM と補充の研究	87
4.3	PFM における補充法		88
	4.3.1	形態統語素性による補充法	88
	4.3.2	純形態的な補充法	90
	4.3.3	音韻的要因による補充法	91
	4.3.4	統語環境による補充法	92
	4.3.5	統語構造と補充法	94
4.4	まとめ		95
	練習問題		96
	コラム：純形態的という概念について		97

第 5 章 ゼロ形態   99

5.1	ゼロ形態とは		99
5.2	様々なゼロ		101
5.3	DM におけるゼロ形態		112
	5.3.1	その他ゼロ形態	113
	5.3.2	優先的ゼロ形態	115
	5.3.3	特定の環境において現れる依存ゼロ形態	119
	5.3.4	ゼロ形態の実在性	121
5.4	PFM におけるゼロ形態		123
	5.4.1	語幹選択と活用型指定	123
	5.4.2	同形出力と恒等関数デフォルト	125
	5.4.3	形態音韻規則によるゼロ	126
	5.4.4	イタリア語動詞活用のゼロ形態	128
5.5	まとめ		130
	練習問題		131

viii   目次

第 6 章	**虚形態**	**133**
6.1	虚形態とは	133
6.2	ラテン語の幹母音	139
6.3	DM における虚形態	141
	6.3.1　解離素性	141
	6.3.2　ラテン語の幹母音と解離節点	143
	6.3.3　その他の虚形態	148
6.4	PFM における虚形態	149
	6.4.1　語幹形成関数による幹母音の具現化	150
	6.4.2　挿入辞の具現化	151
6.5	まとめ	153
	練習問題	154
第 7 章	**阻止**	**155**
7.1	阻止とは	155
7.2	様々な阻止	159
	7.2.1　屈折形態と阻止	159
	7.2.2　類義語による阻止	160
7.3	DM における阻止	163
	7.3.1　語同士の阻止	164
	7.3.2　その他の阻止	169
7.4	PFM における阻止	170
	7.4.1　屈折形態での阻止	170
	7.4.2　派生パラダイム	172
7.5	まとめ	178
	練習問題	179
第 8 章	**迂言法**	**181**
8.1	迂言法とは	181

	8.1.1	様々な迂言法	184
	8.1.2	迂言法の特徴	192
8.2		ラテン語の迂言形	194
8.3		DM における迂言法	197
	8.3.1	接辞と迂言形	197
	8.3.2	ラテン語の完了形に見られる迂言法	199
	8.3.3	英語の比較級・最上級に見られる迂言法	203
	8.3.4	DM における迂言法のまとめ	205
8.4		PFM における迂言法	206
	8.4.1	構文としての迂言形	206
	8.4.2	逆行指定	209
8.5		まとめ	212
		練習問題	213
		コラム：構文について	214

第 9 章	**おわりに　今後の形態理論の展望**		217
9.1	形態素基盤の理論の発展と展望	217
	9.1.1	DM 以外の理論・モデル	217
	9.1.2	DM における最近の研究トピックと今後の展望 . . .	220
		9.1.2.1　局所性と異形態	220
		9.1.2.2　異意味	221
	9.1.3	競合と形態の分布	222
	9.1.4	実験を用いた研究	222
	9.1.5	DM の特徴と課題	223
9.2	語・パラダイム基盤理論の発展と展望	223
	9.2.1	形態論における統計的アプローチ	224
	9.2.2	類推と予測可能性	225

参考文献	231
事項索引	241
言語索引	252
著者索引	253

グロス・略記号一覧

　例文中のグロスなどは原則として原典のものをそのまま使用している。以下の一覧ではスモールキャピタルで表記してあるが，本文ではすべて小文字や頭文字のみ大文字で表記する場合もある。

ABL (ablative)	奪格
ABS (absolutive)	絶対格
ACC (accusative)	対格
ACTIVE	能動態
AGR (agreement)	一致
ANIM (animate)	有生物
ASP/ASPECT	アスペクト，相
CL (clitic)	接語
CMPR/COMP (comparative)	比較級
COPULA	繋辞，コピュラ
DAT (dative)	与格
DDO (definite direct object)	定直接目的語
DEG (degree)	程度
DES (desiderative)	願望
DU (dual)	双数
EP (epenthesis)	挿入辞
ERG (ergative)	能格

xii　グロス・略記号一覧

EZ (Ezafe)	エーザフェ（名詞連結接辞）
FEM (feminine)	女性
FUT (future)	未来時制
GEN (genitive)	属格
GENDER	文法性
GRADE	級
INANIM (inanimate)	無生物
IND (indicative)	直説法
INESS (inessive)	内格
INST (instrumental)	具格
L (L-morpheme)	挿入辞的左端形態素
IPFV/IMPERF (imperfective)	未完了，未完結
LOC (locative)	場所格
MASC (masculine)	男性
MOOD	ムード，法
NEUT/NEUTER	中性
NOM (nominative)	主格
NONSG (non-singular)	非単数
NUM/NUMBER	数
OBJ (object)	目的語
OBL (oblique)	斜格
PART (partitive)	部分格
PASS (passive)	受動態
PASSPART (passive participle)	受動分詞
PAST (past)	過去時制
PERF/PRF/PRFV (perfect(ive))	完了，完結
PERSON	人称
PL (plural)	複数
POS (positive)	原級

PRES (present)	現在時制	
PROG (progressive)	進行相	
PRS (present, person)	現在時制，人称	
PRSPRT (present participle)	現在分詞	
PST (past)	過去時制	
PSTPRT/PST-PTCP (past participle)	過去分詞	
SBJCT (subjunctive)	接続法，仮定法	
SG (singular)	単数	
SPRL (superlative)	最上級	
SUBJ (subject)	主語	
SUBJUNCT (subjunctive)	接続法，仮定法	
SUP (superlative)	最上級	
SUPINE	完了分詞	
TENSE/T	時制	
TV (theme vowel)	幹母音	
VOC (vocative)	呼格	

第 1 章

はじめに

　本書は現代の形態論研究において盛んに議論されているテーマの中でこれまで日本国内で刊行された入門書，概説書，研究書であまり取り上げられてこなかったものに焦点を当て，その基本概念を実際の言語現象と合わせて概観すると同時に，それらの現象の理論的分析を提示することを狙いとしている。具体的には融合 (syncretism)，補充法 (suppletion)，ゼロ形態 (zero morph)，虚形態 (empty morph)，阻止 (blocking)，迂言法 (periphrasis) の 6 つのテーマを取り上げ，分散形態論 (Distributed Morphology: DM) とパラダイム関数形態論 (Paradigm Function Morphology: PFM) という 2 つの理論的枠組みでの分析を示す。

　1990 年以降海外では形態論の入門書，理論的概説書が多数出版され，改定されて版を重ねているものもある（Matthews (1991), Spencer (1991), Aronoff and Fudeman (2005), Katamba and Stonham (2006), Booij (2007), Lieber (2010), Haspelmath and Sims (2010), Stewart (2015) など）。さらに近年形態論に関する大部のハンドブックも刊行されている（Lieber and Štekauer (2014), Baerman (2015), Hippisley and Stump (2016), Audring and Masini (2018), Lieber (2021) など）。形態論研究の学界の流れを反映してか，これら全てにおいて上述した 6 つのテーマは，多少差はある

2 第1章 はじめに

ものの中心的なものとして取り上げられている。理論面においても海外では古くは 1950 年代に，その後とりわけ 1990 年代以降に，形態論のモデルは形態素 (morpheme) を基盤にすべきなのか，語・パラダイム (Word-and-Paradigm) を基盤にすべきなのかという議論がなされてきた（Hockett (1954), Robins (1959), Matthews (1972), Anderson (1992), Halle and Marantz (1993), Aronoff (1994), Beard (1995), Stump (2001, 2016), Bachrach and Nevins (2008), Embick (2010), Bobaljik (2012), Spencer (2013) など）。現在前者の主流が DM であり，後者の中心的理論の 1 つが PFM である。近年日本国内においても DM の枠組みを採用した研究は多く見られるようになったが，その理論的内容を日本語で詳細にまとめた文献はそれほど存在しない。PFM，あるいは語・パラダイム基盤のアプローチ全般に関しても，日本語で参照できる文献はほぼ皆無である。よって本書がこれらの理論の入門書の役割を担うことも目指している。またこれら 2 つを合わせて提示することで，形態素という概念を仮定するのか否か，パラダイムという語と語の間の関係の実在性を認めるのか否か，といった現代の形態理論における重要な対立点が明確になる。それと同時に両方の枠組みで同一の現象の分析を示すことで，それぞれの理論的仮定においてどの部分が問題となり得るのかを浮かび上がらせる。

構成

　本書は全 9 章から構成される。この序章に続き，第 2 章で現代の形態論で理論的に対立している DM と PFM という 2 つの理論的枠組みを導入し，その後 6 章に渡って経験的，理論的に重要な問題を提起する現象，概念を取り上げ，終章ではそれぞれの理論の今後の展望について議論する[1]。

---

[1] 以下では説明に具体性を持たせるため，形態論，形態理論に関わる用語を一部使用しているが，それらの詳細については第 2 章以下で導入する。

形態論への 2 つのアプローチ

Stump (2001) は形態理論を 2 つの軸で分類している。1 つは増分的 (incremental) か具現的 (realizational) かの軸で，もう 1 つは語彙的 (lexical) か推論的 (inferential) かの軸である。増分的というのは語根，語幹に接辞などの要素を足せば足すだけその語が担う素性が増えていくというアプローチで，語を構成する各要素とそれが担う文法機能や意味とが一対一対応しているという考え方を採用する。一方，具現的というのはそのような一対一対応の関係を仮定せず，接辞化などの操作はあくまで特定の素性を具現化した結果であると考え，複数の素性が 1 つの接辞によって具現化されることもある。増分的な理論は Item-and-Arrangement (IA) モデルなど古典的なアプローチに見られるが，現代の形態理論では具現的なアプローチが支配的である。DM も PFM も具現的なモデルである。

もう 1 つの軸に関して，語彙的なアプローチは，語全体の機能や意味というのはその語の内部構造によって決定されるもので，その内部構造というのは語根や語幹および形態素間の構造的関係によって規定されると考える。形態素という概念を採用しているため，このようなアプローチは形態素基盤 (morpheme-based) と呼ばれる。DM はこの立場を採用している。推論的なアプローチは，接辞などの語の内部構造自体は認めるものの，語全体の機能や意味というのはその語単独ではなく他の語との相対的関係によって推論的に規定されると考える。その他の語との相対的関係というのがパラディグマティック（パラダイム的）なものであることから，このようなアプローチを形式化した理論は語・パラダイム (Word-and-Paradigm: WP) モデルと呼ばれる。PFM は WP モデルであり，Paradigm Function (PF) という関数によって同じパラダイムを構成する語同士が関係づけられる。第 2 章では，形態論の理論的側面に馴染みのない読者にこれらの点を分かりやすく提示するとともに，DM と PFM の基礎的なメカニズムを解説

4   第1章   はじめに

する。

融合

　ある語が素性に応じて屈折する際，すべての素性が異なった固有の活用形によって表されるとは限らず，同じ語形が複数の素性を表すことがある。これを融合 (syncretism) と呼ぶ。その用語が示す通り，融合というのは元々異なった語形だったものが同じ語形へと収斂していく現象であるが，その同形となるプロセスに方向性があるのかどうか，つまり元々ある素性に固有の活用形だったものが別の素性にも使われるようになったのか，あるいは双方向的なものなのか，そもそも方向性はないのか，という経験的な問題がある。また素性間の区別自体が消滅した結果同形になったと考えられる例も存在する。様々なデータを参照することで，融合が一枚岩の現象でないことを示す。

　融合を分析する際，理論的にはどのようにして異なった素性に対して同形を派生させるかが問題となる。DM では通常 2 つの方法で融合を捉える。1 つは同じ語形が複数の機能を担うことを明示的に表すのではなく，規則適用など語形を派生するプロセスの結果として同じ語形となった，ある意味副次的な産物として捉える方法である。もう 1 つは消去 (impoverishment) という操作によって語彙挿入の前に素性を削除し，その素性の違いが語形の違いとして表出しないようにする方法である。PFM は，内容パラダイムと形態パラダイムという複数のパラダイムを仮定し，素性マッピングという仕組みによって，内容パラダイム内の複数の異なったセルが形態パラダイム内の同一のセルに対応づけられることで融合を捉える。これらの分析の対立点を経験的データを基にしながら明らかにし，双方の問題点を指摘する。

補充法

　屈折形態は典型的にはある語幹に対して素性に応じて接辞化が行われるが，語幹が置き換わることがあり，これを補充法 (suppletion) と呼ぶ。補充法に関してはその生起条件が経験的，理論的に問題となる。補充形の表出が特定の素性や語中要素の構造的特性によって決まるのか，あるいは特定の語に固有の語幹選択が行われた結果であり，素性の具現化との直接的な関係はないと考えるのかという捉え方の違いが存在する。DM では基本的に補充法は語彙挿入の問題であり，Root と形態素の構造的関係，統語的な条件により特定の規則が適用されることで補充形が表出するという分析が提案されている。一方，PFM では補充法は原則として語幹選択の問題だと考える。*Stem* という関数によって，あらかじめ語根が接辞化を受ける前に一揃いの語幹が指定されるため，補充形ではそこで固有の語幹が指定される。DM においては特定の規則適用に際して Root の持つ何らかの特性に言及することになり，果たして Root にはどのような情報が記載されているのか，またそれは形態素との関係や規則適用の際にどの程度可視化されているのか，などの重要な問題がある。PFM に関しては，経験的に統語的特性が補充法の適用に関係していると見られる現象に関して語幹選択というアプローチを用いることの妥当性などが問題になる。

ゼロ形態

　ゼロ形態 (zero morph) とは語内部に仮定される音形化されない要素のことである。接辞化に典型的に見られるように，通常素性が具現化される際は何らかの語形変化，音形変化を伴うものであるが，語形，音形は変わらないにもかかわらず意味的，機能的には変化するということがある。ゼロ形態が関連する現象は幅広く転換 (conversion)，デフォルト形 (default form)，ゼロ表出形 (zero exponence)，形態音韻規則による交替

(morphophonological alternation) などがある。理論的には形態素を仮定する DM はゼロ形態が様々なところで表出することになる。最も非特定的 (least specific) な規則の出力としてゼロ形態があるため，デフォルト形がその他形態 (elsewhere form) として表出するのに対し，ゼロ表出形については語彙項目として明示的に指定することになる。一方，PFM はそもそもゼロ形態というものを設定せず，代わりに恒等関数デフォルト (Identity Function Default) という適用する規則がないときに入力と同じ形を出力する仕組み，もしくは入力と同形を出力する表出規則を規定することで処理する。よってゼロ形態というものの実在性が経験的に支持されるのかどうかが 2 つの理論間の争点となる。

虚形態

虚形態 (empty morph) とはゼロ形態とは反対に意味的，機能的に何の役割も担わないが音形化された要素のことである。音韻的に語幹と接辞をつなぐ働きをするのみで意味や文法機能は持たない挿入辞 (epenthesis) も虚形態の例として考えることができる。また音韻的な動機付けがなく挿入されるラテン語の幹母音のような虚形態もある。DM では純粋に形態的な要素を扱うときに解離素性 (dissociated feature) およびその素性が付加される解離節点 (dissociated node) というものが仮定されており，ラテン語の幹母音も Th という解離素性が形態部門において付加され具現化されたものと考える提案が見られる。PFM では，ラテン語の幹母音を始めとする虚形態は語幹選択の際 *Stem* 関数で指定される。様々な虚形態が DM のように解離素性として具現化できるのか，PFM のように語幹選択として指定できるのか，それぞれの問題点を指摘しながら対照的な分析を提示する。

阻止

阻止 (blocking) とは Aronoff (1976) が最初に提案した概念である。Aronoff は形容詞から名詞を作る際に curious や precious は curiosity や preciosity のように-ity 接辞が可能だが，glorious や furious は*gloriosity や*furiosity とはならないことに着目し，その理由を glory や fury という名詞がすでに存在するため-ity 接辞化が阻止されると考えた。その後に続く研究でその他の現象にも拡張して使われるようになり，不規則形による規則形の阻止 (Pinker 1999)，類義語による阻止 (Bolinger 1975, Clark and Clark 1979)，語による句の阻止 (Poser 1992) など様々な現象が報告された。阻止は語と語の間に関係性があることを示唆しているため，語・パラダイムを基盤とするアプローチを支持する現象として見られてきた。DM のようにパラダイムの存在を否定する理論においては，阻止は副次的な現象であり，ある語形の不在はあくまで語彙挿入の際の競合の結果やその構造自体の不適格性に求められることになる。一方，伝統的な語・パラダイム基盤のアプローチにおいても，基本的にはパラディグマティックな関係は同一語の活用形同士を中心に考えられてきたので，阻止という現象を統合的に捉えるためには，より幅広い語と語の関係性を認める拡張したパラダイムの理論を構築する必要がある。ここでは PFM における Paradigm Function をさらに Generalized Paradigm Function (GPF) という一般化したものに修正し，屈折形態を超えた様々な語同士の関係を捉える Spencer (2013) の枠組みを紹介する。

迂言法

迂言法 (periphrasis) とは活用形が複数の語で表される現象を指す。迂言法には大きく分けて 2 つの種類があり，英語の未来形やフランス語の近接未来などある素性が一貫して複数の語で具現化されるものを範疇的迂言

法 (categorial periphrasis)，ラテン語の完了受動形のように特定の場合の
み複数の語で表され，その他の活用形は単一の語である場合を補充法的迂
言法 (suppletive periphrasis) と呼ぶ (Haspelmath 2000)。範疇的迂言法は意
味的にも機能的にも合成的なため統語的な特性が強く，複数の語が単に
統語構造内で組み合わさっていると考えることができるが，補充法的迂
言法は多くの場合非合成的で，ある素性が複数の語に分離して具現化さ
れることも多く，伝統的な形態論の枠を超えて複数の語をどのように派
生するかが問題となる。DM では構造上別の節点にある要素を形態的併合
(morphological merger) や局所的転位 (local dislocation) といったメカニズ
ムで接続することで単一の語として表出し，逆に接続できない環境におい
ては迂言形として複数の語で表出することになる。一方，PFM では迂言
形を構文として捉え，表出規則で構文が出力される分析や逆行指定という
メカニズムで迂言形の構成要素同士の関係を明示的に指定する分析が提案
されている。これらの分析を対照することで，形態論と統語論の相互作用
はどのように理論的に捉えられるべきなのかを議論する。

　6 つの現象を扱う第 3 章から第 8 章まではすべて基本概念とデータの導
入から始まり，その後 2 つの理論による分析とその問題点の議論へとつな
がっていく構成となっている。読者は形態論の重要な論点に経験的なデー
タと併せて触れるとともに，各理論を構成する原理やメカニズムについて
段階的に理解を進めていくことができる。

　また第 2 章から第 8 章の各章の最後には練習問題を設けてある。それぞ
れの練習問題には大設問が 2 つあり，1 つ目は DM と PFM それぞれにつ
いて理解度を確認する目的の小問題が 2 つ含まれ，2 つ目の大設問では学
期末レポートや場合によっては卒業研究や論文のテーマにもつながるよう
なものを提示している。

最終章では極小形態論 (Minimalist Morphology) やナノ統語論 (Nanosyntax) など DM 以外で生成統語論を基盤にした理論についても触れると同時に，DM における近年の研究動向と今後の展望について紹介する。また語・パラダイム基盤の理論において，近年盛んに研究されている統計的アプローチについて取り上げ，エントロピーを使った提案など語形の予測性に関する研究を概観する。

第2章

形態論への2つのアプローチ

2.1 はじめに

　形態論とは言語の中でも語という言語単位を対象とし，語にまつわる諸現象を研究する領域である。語は様々な形で語形変化したり，複数の語が結びついて別の語を形成したりする。例えば，以下の2つの英語の文で使われている walked と walks という語は walk という語が語形変化したものである。

(2.1)　a.　Mary walked to the station yesterday.

　　　　b.　John walks to the station everyday.

ここでその語形変化の引き金となっているのは，(2.1a) では過去時制という時制に関する情報であり，(2.1b) では現在時制であるという時制の情報と主語が3人称単数であるという情報である。

　また walked と walks はそれぞれ walk-ed と walk-s と2つの部分に分解できる。その中で walk がこの語の中心となる部分で**語幹** (stem) と呼ばれる。一方 -ed や -s は**接辞** (affix) と呼ばれ，他の要素に付加する要素である。接辞が付加する先の要素のことを**基体** (base) という。walk-s や walk-ed の場合は，接辞が語幹に付加しているので，walk という語幹は基体でもある。

12 　第 2 章　形態論への 2 つのアプローチ

　語幹とよく似た概念として**語根** (root) がある。語根とは語が全く語形変化していない状態を指す。英語においては多くの場合は語根と語幹は同形となるが，語形変化によっては異なる場合もある。例えば以下の (2.2a) が示すように，walk という語は語根も語幹も一貫して同じ語形であるが，(2.2b) にあるように，break は過去形では broke という接辞が付加しない語幹となり，過去分詞において -en という接辞が付加される場合もこの語根とは異なった語幹が現れる。また (2.2c) にある take のように，-en 接辞が付加される際にも語幹が語根と同形になり，過去形においてのみ took という異なった語幹となる場合もある。

(2.2)　　a.　walk ~ walk-ed / walk-s / walk-ing
　　　　　　　語根　　語幹-ed / 語幹-s / 語幹-ing

　　　　　b.　break ~ broke / brok(e)-en / break-s / break-ing
　　　　　　　語根　　語幹　/ 語幹-en　 / 語幹-s / 語幹-ing

　　　　　c.　take ~ took / tak(e)-en / take-s / tak(e)-ing
　　　　　　　語根　　語幹 / 語幹-en / 語幹-s / 語幹-ing

　以下の表 2.1 にまとめた walk, go, put, have, be という 5 つの動詞の活用形を考えてみよう。この中で walk は最も規則的な変化をする動詞と言うことができる。規則的というのは，i) 現在時制において主語が 3 人称単数であれば walks と -s という接辞が付加され，それ以外の人称・数の主語のときは原形と同形になり，ii) 過去形では -(e)d という接辞が付加され walked となり，iii) この語形は過去分詞形と同形であり（第 3 章で見るようにこれを融合 (syncretism) と呼ぶ），iv) -ing という接辞が付加されることで現在分詞形が形成される，ということである。その他の語はこの規則的なパターンから何らかの形で逸脱している。例えば go という動詞は過去形において went という特殊な語幹が使われる（第 4 章で見るようにこれを補充法 (suppletion) と呼ぶ）。また過去分詞形が過去形と同形ではなく gone [ɡɔ(:)n/ɡɑ(:)n] という特殊な語形となっている。また put は過去形と

過去分詞形において接辞が付加されず，原形と同形であるという点で規則的な変化から逸脱している。have は 3 人称単数主語のとき現在形で -s が付加され，過去形において -ed が付加されるという点では規則的と言うことができるが，have-s, hav(e)-ed とはならず縮約が起こっているという点において特殊である。繋辞の be は主語の人称と数によって語形が変化し，規則変化からは大きく逸脱している。

原形	walk	go	put	have	be
非 3 人称単数現在形	walk	go	put	have	am/are
3 人称単数現在形	walks	goes	puts	has	is
過去形	walked	went	put	had	was/were
過去分詞形	walked	gone	put	had	been
現在分詞形	walking	going	putting	having	being

表 2.1　英語における動詞の活用

　このように英語動詞の活用だけ見ても，時制や主語の人称・数といった文法情報が単に接辞の付加で表されるだけではなく，特殊な語幹選択が行われたり，同形が異なった形で現れたり，特定の環境のみに縮約が起こったりと語の示す特徴は多様である。形態論の理論というのは，これら語の示す様々な特徴を捉え，語形成のメカニズムをモデル化しなければならないことになる。

2.2　形態理論の 2 つの流れ

　形態論への理論的なアプローチは歴史的には 2 つの流れが存在した。1 つはサンスクリット語の記述やブルームフィールド (Leonard Bloomfield) に代表されるアメリカ構造主義的な言語観を反映した古典的な **Item-and-Arrangement (IA)** と呼ばれるモデルとそこから派生した **Item-and-Process (IP)** というモデルへと展開してきた流れである (Hockett 1954)。も

14　第 2 章　形態論への 2 つのアプローチ

う 1 つは主にヨーロッパにおいてラテン語とギリシャ語の活用体系を記述する目的で発展してきた **Word-and-Paradigm (WP)** と呼ばれるモデル (Robins 1959) である。

　IA モデルは語を構成する要素 (item) をどのように配置 (arrangement) するかということに主眼が置かれている。語の構成要素は **形態素** (morpheme) と呼ばれ，IA モデルではその配列を扱う形態素配列論 (morphotactics) の形式化を試みる。上述の例でいえば walk, -s, -ed, -ing といった形態素があり，それらの適正な配列を考えることになる。一方，IP モデルでは基底形と実際の語形との間に区別があると仮定し，語形は基底形に操作 (process) を適用した結果派生されるものだと考える。よって IP モデルでは walks, walked という語形はそれぞれ 'walk + 3sg', 'walk + pst' という基底形に操作を適用した結果派生される。この 2 つのモデルの違いは，took のような語の分析に特徴的に現れる。IA モデルでは操作が仮定されないため，/t...k/ という形態素の中に /ʊ/ という形態素を配置して took /tʊk/ になるという分析が採用されるのに対し，IP モデルでは 'take + pst' という基底形に操作を適用して took という語が形成されると分析される。

　このように語の構造分析を要素を配列することによって行うのか，もしくは要素に操作を適用することによって行うのかという点で違いはあるが，IA モデル，IP モデルどちらも語が要素の組み合わせから成り立っており，それぞれの要素に文法機能が対応しているという理論的仮定は共有している。この点において WP モデルは大きく異なっている。WP モデルは語には要素に還元することができない，語 (word) 全体に関わる特性が存在すると考え，語同士が相互に関係し合うパラダイム (paradigm) を形成すると仮定する。この仮定に基づくと，walked, walks は IA, IP モデルのようにそれぞれ 2 つの要素から成り立つ語とは考えられず，語全体で walk.pst と walk.3sg という文法機能に対応し，相互に関係し合うものだということになる。

　この 2 つの流れは現代の形態理論にも引き継がれており，Stump (2001)

2.2　形態理論の 2 つの流れ　　15

は前者を語彙的 (lexical) なアプローチ[1]，後者を推論的 (inferential) なアプローチと呼んでいる。Blevins (2016) も同様の分類をしており前者を構成的 (constructive)，後者を抽象的 (abstractive) と呼んでいる。以下でさらに詳細にそれぞれのアプローチについて見てみよう。

　IA/IP モデルに見られる語彙的・構成的なアプローチは，語全体の機能や意味というのはその語の内部構造によって決定されるもので，その内部構造というのは語根や語幹および形態素との間の構造的関係によって規定されると考える[2]。形態素という概念を採用しているため，このようなアプローチは形態素基盤 (morpheme-based) とも呼ばれる。例えば (2.3) のラテン語動詞の活用形を形態素基盤のアプローチで分析すると図 2.1 や図 2.2 のようになる。図 2.1 は語内部の要素間に階層的関係を仮定しない分析で，線形的に語幹と形態素が配列されている古典的な IA 分析である。v には{Perfect}，ī には{1st, Singular}という**素性** (feature) が付随しており，これらが語幹の amā に接続することで 1 人称単数完了形の amāvī という語が形成されると考える。図 2.2 は語内部に階層的な構造を仮定した IA 分析である。{Perfect}を表す接辞 v が語幹の amā とまず結合し 1 つのまとまりをなし，そのまとまりに{1st, Singular}を表す接辞 ī が結合しさらに大きなまとまりを形成している。

(2.3)　amā-v-ī
　　　　love-PERF-1SG
　　　　'I loved.'

---

[1] ここでの「語彙的」とは語 (word) という言語単位の実在性を仮定する語彙主義 (lexicalism) における「語彙的」という概念とは異なるので注意が必要である。語彙主義・反語彙主義 (anti-lexicalism) については 21 ページで触れる。

[2] 語根や語幹も形態素の一種と考えることもある。その場合，それ自体独立して現れることができる語根や語幹は自由形態素 (free morpheme)，基体に付加しなければ現れることができないものは拘束形態素 (bound morpheme) と呼ばれる。

第 2 章 形態論への 2 つのアプローチ

```
amā    +    v    +    ī
            {Perfect}     {1st, Singular}
```

図 2.1　amāvī 'I loved' の線形的 IA 分析

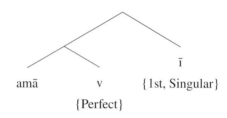

図 2.2　amāvī 'I loved' の階層的 IA 分析

　図 2.1 や図 2.2 のような分析は，語を構成する形態素が文法機能や意味と一対一対応すると仮定しており，語根，語幹に接辞などの要素を足せば足すだけその語が担う素性が増えていく古典的な語彙的・構成的アプローチに見られる。Stump (2001) はこれらを増分的 (incremental) な理論と呼んだ。生成文法でも Selkirk (1982), Lieber (1992) は増分的な理論である。一方，語彙的・構成的アプローチにおいても，現在は本書で扱う分散形態論のように，形態素と文法機能・意味との一対一対応の関係を仮定せず，接辞化などの操作はあくまで特定の素性を具現化した結果であると考えるモデルが主流である。Stump (2001) はこれらを具現的 (realizational) な理論と呼んでいる。そのようなモデルにおいては，形態素は音形を伴わない素性であり，それが音形化された**表出形** (exponence) とは区別される。例えばラテン語の amā-v-ī では形態素は{Perfect}と{1st, Singular}といった素性であり，それぞれが v, ī という表出形として具現化されると仮定するのである。

　推論的・抽象的アプローチは，語幹や接辞など語が内部構造を有して

2.2 形態理論の2つの流れ　17

いること自体は認めるものの，語の素性や意味というのはその語を構成
する要素によって決定されるのではなく，他の語との相対的関係によっ
て推論的に導かれると考える。その他の語との関係性はパラダイム的
(paradigmatic) であることから，推論的・抽象的アプローチはパラダイム基
盤 (paradigm-based) とも呼ばれる。パラダイムを規定する上で重要となる
概念は**語彙素** (lexeme) である。語彙素とは意味内容と文法的特性を抽象化
した要素で，言語形式そのものとは区別される。例えば英語で「行く」と
いう意味内容を表し，自動詞という文法的特性を持った要素は GO という
語彙素として抽象化され，その語彙素が言語形式として表出するときは環
境によって go, goes, went, gone, going などになる[3]。

　パラダイム基盤の理論において，ある語が別の語とパラダイム的な関係
を持つのは，通常それらが同一語彙素から表出した語の場合である。各
語彙素に対してパラダイムが構築され，パラダイム内はセル (cell) で埋め
られている。記述文法においてはパラダイムというのは所謂活用表であ
り，セルはパラダイム内の各語形を指すと考えられる。例えば表 2.1 にあ
る WALK のパラダイムでは walk, walks, walked, walking をセルとして考え
ることができる。しかし，パラダイム基盤の理論においては，セルをより
抽象的な形態論的単位として考える。例えば，ラテン語動詞の語彙素 AMO
'love' のパラダイムから直説法現在形と完了形のセルを抜粋すると図 2.3
のようになる。ここでは各セルは amō, amās といった語形ではなく，語彙
素と素性および語形の対 (pair) であり，〈語彙素, 素性:語形〉で表されてい
る。パラダイム基盤のアプローチでは，例えば amāvī が 1 人称単数完了形
であるのは，その内部を構成する形態素によるものではなく，その語形が
1 人称単数完了形のセルの要素であるからと仮定される。よってパラダイ
ム基盤の分析では，ある語彙素について素性と語形の対応関係をどのよう
に規定していくかが問題となる。第 2.3.2 節でパラダイム関数形態論にお

---

　[3] 語彙素は慣例的にスモールキャピタルで表記される。

18 第 2 章 形態論への 2 つのアプローチ

けるその基本的なメカニズムを導入する。

$$
\left\{
\begin{array}{ll}
\langle \text{AMO}, \{1\text{sg prs ind}\}\rangle: \textit{amō}, & \langle \text{AMO}, \{1\text{sg prfv ind}\}\rangle: \textit{amāvī}, \\
\langle \text{AMO}, \{2\text{sg prs ind}\}\rangle: \textit{amās}, & \langle \text{AMO}, \{2\text{sg prfv ind}\}\rangle: \textit{amāvistī}, \\
\langle \text{AMO}, \{3\text{sg prs ind}\}\rangle: \textit{amat}, & \langle \text{AMO}, \{3\text{sg prfv ind}\}\rangle: \textit{amāvit}, \\
\langle \text{AMO}, \{1\text{pl prs ind}\}\rangle: \textit{amāmus}, & \langle \text{AMO}, \{1\text{pl prfv ind}\}\rangle: \textit{amāvimus}, \\
\langle \text{AMO}, \{2\text{pl prs ind}\}\rangle: \textit{amās}, & \langle \text{AMO}, \{2\text{pl prfv ind}\}\rangle: \textit{amāvistis}, \\
\langle \text{AMO}, \{3\text{sg prs ind}\}\rangle: \textit{amat}, & \langle \text{AMO}, \{3\text{pl prfv ind}\}\rangle: \textit{amāvērunt}, \\
& \cdots
\end{array}
\right\}
$$

図 2.3　語彙素 AMO 'love' のパラダイム

2.3　分散形態論とパラダイム関数形態論

2.3.1　分散形態論

2.3.1.1　分散形態論の概観

　本節では，現代の代表的な形態素基盤モデルである分散形態論 (Distributed Morphology: 以下 DM) の基本的な枠組みを紹介する。このモデルの特徴的な考え方，用語・概念，仮説について簡単な具体例も示しながら概説するが，実際の分析でそれらがどのように用いられ，また有効に機能するのか，どのような理論的な問題点があるのかという点については個別のトピックを取り扱う後の各章を参照されたい。

2.3.1.2　文法モデル

　DM の基本的な文法モデルの設計は，現在の生成統語論の主流であるミニマリスト・プログラム (Minimalist Program: 以下 MP) の枠組みをベー

2.3 分散形態論とパラダイム関数形態論 19

スにしていると考えてよい[4]。本書では生成統語論および MP について詳細に紹介することはできないので，その基礎についてはたとえば 田窪他 (1998)，ラドフォード (2006) 等を参照されたい。

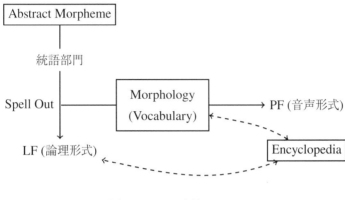

図 2.4 DM の文法モデル[5]

DM において何が「分散 (Distributed)」しているのか，という点に触れられることはそれほど多くない。語形成 (word formation) が 1 つの部門ではなく複数の部門で行われるということを指しているとともに，それまでのモデルでは「レキシコン (Lexicon)」にまとめて貯蔵されていた情報が複数の箇所に「分散」している[6]という点を指していると考えるとこのモデルの特徴がつかみやすくなるだろう。

---

[4] DM の嚆矢であるとされる Halle and Marantz (1993) ではいわゆる統率・束縛 (Government & Binding: 以下 GB) 理論がベースになっているが，本書の内容にとってはこの違いは問題にならない。生成言語学の研究史から見た DM の位置づけについては西山 (2013) を参照されたい。

[5] 最近の DM の概観としては Embick and Noyer (2007), McGinnis-Archibald (2016), Bobaljik (2017) も参照されたい。

[6] この点で，DM の特徴を指す際に用いられることがある "There is no Lexicon." というフレーズはミスリーディングになることがある。これは語形成の場としてのレキシコンを仮定しないという意味で，情報の貯蔵場所がないというわけではなく 1 箇所にまとまっていないという点が重要である (Harley and Noyer 1999: 3)。

20   第 2 章　形態論への 2 つのアプローチ

　図 2.4 における，3 つの囲み文字で示された箇所が分散された貯蔵場所 (list) である。1 つ目の "Abstract Morpheme" は，統語部門の計算（句および語の構造の形成）の対象になる名詞の数，動詞の時制などの形式素性と Root を提供する[7]。2 つ目の "Morphology" は「形態部門」と呼ぶこととする[8]。統語部門の出力結果（構造）に対して種々の操作が行われ，ここで表出形が決定する。最後の "Encyclopedia" には語彙意味や百科事典的知識などが貯蔵されているとされ，形態部門や LF からアクセス可能であるとされるが，その位置付けについてはあまりはっきりしておらず，研究もそれほど進んでいない[9]。

2.3.1.3　統語論でどこまでも：Root 仮説

　Bobaljik (2017) は DM の基本的な考え方として，「統語論でどこまでも (Syntax all the way down)」と「後期挿入 (Late Insertion)」（第 2.3.1.4 節を参照）の 2 つを挙げている。前者が「語彙的・構成的」，後者が「具現的」な特徴に対応するものである。

　「統語論でどこまでも (Syntax all the way down)」とは，語の内部の構造形成も基本的には統語部門において行われるという考え方である。ここで "down" という表現が用いられているのは，語が統語部門で形成される構

---

[7] "Morphology", "Encyclopedia" と比べて，この箇所については名称が安定しない。部門の名称のようなものとしてはかつて "Pure Lexicon" という呼び名が用いられたこともあった (Marantz 1997: 201) が，定着しなかった。最近では "feature bundles" や "terminal nodes" といった存在するもの自身の名前で呼ばれるか，あるいは単に言及されないことが多いようである。本書では，形式素性と Root をまとめて呼べる名称として "Morpheme" を採用し，表出形がまだ決定されていないということを示す意味で "Abstract" を付した。

[8] 語彙項目 (Vocabulary Item) の情報があるという点に焦点を当てる場合，"Vocabulary" という名称が用いられる。

[9] Encyclopedia から他への関係を破線で示しているのはその位置付けがはっきり分かっていないという事情を反映している。本書でもあまり触れることはできないが，積極的に言及している研究として Harley and Noyer (2000), 森田 (2005) を参照されたい。

造の終端節点[10] (terminal node)，すなわち構造の一番「下」に位置し，語の構造を同じように樹形図で表すならそのさらに「下」に樹形図が伸びていくという事情と対応している。

DM はこの考え方を採用していることで，明らかに語の内部に形態素によって形成される内部構造を仮定していると言え，「語彙的・構成的」なモデルである。一方で，この考え方は句の構造（形成）と語の構造（形成）を分けずにすべて統語部門で取り扱う[11]という文脈では，「語彙主義 (lexicalism)」と呼ばれるような語形成をレキシコン内で行うモデルと対比され「反語彙主義 (anti-lexicalism)」と呼ばれる。

DM において統語部門における計算の対象になる要素には，大きく分けて形式素性（例：[+plural], [+past]）と Root（例：$\sqrt{\text{CAT}}$, $\sqrt{\text{OPEN}}$）がある。前者は時制や数のような機能範疇的要素と呼ばれるようなもの，後者は伝統的には動詞や名詞のような意味内容を持った語彙範疇的要素と呼ばれるようなものに相当する。Root は従来形態論で用いられてきた用語・概念である「語根 (root)」と紛らわしいので，本書では一貫して大文字始まりのアルファベット表記で "Root" と記す。また，本書では個別の Root に言及する際には，記号「$\sqrt{}$」に代表的な語形をスモールキャピタルで表記する。

Root 仮説 (Root Hypothesis) とは，動詞や名詞といった従来多くの生成統語論のモデルで統語的原子 (syntactic atom) として扱われてきた語彙範疇的要素も，範疇未指定の Root と文法環境あるいは範疇決定主要部 (category-defining head) の組み合わせによって，統語部門で形成されるとする考え方である。

---

[10] DM では，終端節点のことを「形態素 (morpheme)」と呼ぶ。ただし文献によっては DM における "morpheme" と伝統的な用語としての "morpheme" が両方用いられることがあり，多くの場合説明が付されているものの注意が必要である。

[11] この考え方を示す用語として，「単一動力仮説 (Single Engine Hypothesis)」が用いられることもある (Arad 2003)。

(2.4)　名詞／動詞 "record" は √RECORD と名詞／動詞素性を持つ範疇決定主要部 n/v の組み合わせから成る

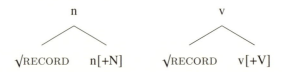

　実際には，Root は語彙素と同じように特定の語彙的要素に言及する際に用いられ，「√RECORD」という表記は「何らかの環境において "record" という語形になることがある要素」と考えておいて問題ないが，語彙素と異なりそれ自身では文法的特性を持たず，パラダイムも形成しない。このように多くの場合において「語」は Root という核になる要素と形式素性の組み合わせから成るという点が，DM が WP モデルと対立する「語彙的・構成的」な特徴であると言える。

2.3.1.4　形態部門における後期挿入

　DM は「後期挿入 (Late Insertion)」という考え方を採用している。後期挿入とは，語彙挿入 (Vocabulary Insertion: VI) が統語部門の後に行われ，その時点で各終端節点にある形式素性に対応する表出形が決定されるという考え方である。この考え方を採用していることによって DM は具現的なモデルとなっている。また，この特徴を指して「形態部門は統語部門の出力の解釈 (interpretation) を行う」と言われることもある。

　(2.5a) に示すように，従来の増分的な形態素基盤モデル（Selkirk (1982), Lieber (1992) および本書 16 ページを参照）においては，形態辞（ここでは "-s"）と素性（ここでは [+plural]）がセットになっており（すなわち古典的形態素），まとめて統語部門における計算の対象となる。一方で，DM では (2.5b) に示すように素性のみが統語計算の対象になり，表出形は形態部門において決定されると考える。ここでは Num が数 (Number) の機能範疇を表し，nP と組み合わさって NumP (Number Phrase) を形成している。

2.3 分散形態論とパラダイム関数形態論

(2.5) a. 古典的 IA モデル

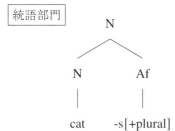

b. DM

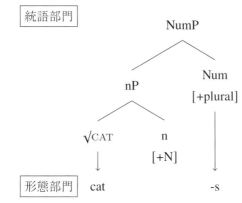

(2.6) (2.5b) の形態部門で挿入される語彙項目の候補

　　a. [+plural] ↔ -en/{√OX, √CHILD, ... }＿＿
　　b. [+plural] ↔ -∅/{√SHEEP, √FOOT, ... }＿＿
　　c. [+plural] ↔ -s

ここで規則の形をしているものそれぞれが個々の語彙項目である。語彙項目は一般的に「A ↔ a」という形をしており，「A の情報を参照し当てはまる場合は a の表出形を挿入する」と読むと分かりやすい。"↔" は素性と表出形の対応を示す記号であり，DM で語彙項目の表記に一般的に使われる。"/" は環境，"＿＿" は挿入の対象となっている素性の位置を表す。よって例えば (2.6a) は [+plural] が √OX, √CHILD などに後続する環境にお

いては，[+plural] は -en という表出形になるということを表している．

形式素性だけでなく Root も後期挿入の対象になるのかという点については議論があるが，補充法 (suppletion) の存在を考えると，Root に対しても後期挿入が行われることがあるという可能性が高い (Harley (2014), cf. Embick and Noyer (2007))．この点について詳しくは第4章で述べる．

2.3.1.5 DM における形態構造

DM を用いた研究では語に仮定する内部構造を「形態構造」と呼ぶことがある．理論的に厳密に言えば，統語部門で構築されるものが統語構造であるのと同様に，形態部門で構築される構造そのものが形態構造であるが，実際には音形化した時に語に相当する部分のみを取り出して議論の対象にすることがほとんどである．

まず，次のような構造が統語部門において構築されると考える．

(2.7)　仮想的な統語構造

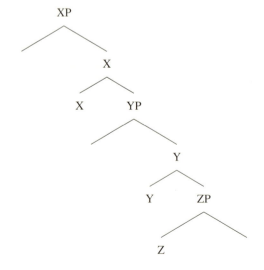

さらに，この構造に何らかの操作が適用されて X, Y, Z の主要部が1つ

にまとまる場合について考える。たとえば、ZがYに主要部移動し、その結果として形成されたZとYのまとまりがさらにXに主要部移動したとする。下記の構造において四角で囲まれた部分が1つにまとまった主要部である。

(2.8) 主要部移動が適用された構造

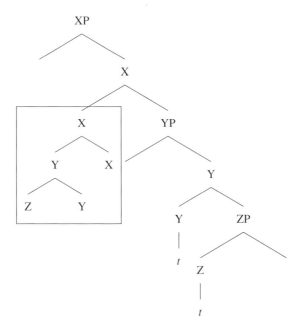

この構造を形成する点においては、統語部門で適用される主要部移動、形態構造で適用される形態的併合のどちら（あるいはその複合）が適用されても良い。

DMを用いた研究、特に語の構造や構造と表出形の対応に関する分析ではこの四角で囲まれた部分のみを形態構造として示すことが多いが、実際には統語部門において構築された構造を基本にした大きな構造の一部である。主要部のまとまりなのでこの部分だけを見るとラベルにPが現れない（句ではない）ことが多く、統語構造とのつながりが分かりにくいこともあ

26　第 2 章　形態論への 2 つのアプローチ

る。しかし常に構造すべてを表示するとかえって分かりにくくなるため，本書でも必要に応じて関連する部分のみを形態構造として示す。形態構造と語および表出形のまとまりについて詳しくは第 8 章を参照されたい。

2.3.1.6　装飾的形態論と統語部門後の操作

　DM における形態部門では，単に統語部門の出力が解釈され表出形が決定されるだけでなく，その出力に対して「形態操作 (morphological operations)」と呼ばれるいくつかの操作が適用可能であると考えられており，それらを用いて様々な形態現象の分析が行われる。この特徴に対する表現として，「装飾的形態論 (Ornamental Morphology)」という言い方がある (Embick and Noyer 2007: 305)。これは，統語部門の出力に対して形態部門において統語や意味に由来しない要素をさらに付け加えることを「装飾的」と表現したものである。この表現は Embick and Noyer (2007) 以外ではほとんど用いられたことがなく，またここでも形態部門における新たな形態素や素性の導入を行う操作に焦点が当てられているが，形態部門が統語や意味（厳密に言えば LF）には反映されない様々な「調整」を行うという DM の特徴をうまく言い表している。

　形態操作は，何らかの点で対・組になっているものが多い。詳細についてはこの後の章で随時解説するが以下のようなものを挙げることができる。節点および表出形の順序やまとまりを変更する操作として，線形化 (linearization) の前に適用される「形態的併合 (Morphological Merger)」と後に適用される「局所的転移 (Local Dislocation)」（詳細は第 8 章 迂言法を参照），異なる節点に存在する素性をまとめる操作である「合着 (Fusion)」とその逆で素性を切り離して新たな節点とする「分裂 (Fission)」，また何が導入されるかによって区別されている「解離素性 (Dissociated Features)」および「解離節点 (Dissociated Nodes)」の追加（詳細は第 6 章 虚形態を参照）が挙げられる。素性の削除操作である「消去 (Impoverishment)」（詳細は第 3 章 融合を参照）に対しては，節点の削除操作である「切除 (Obliteration)」

（Arregi and Nevins (2012) など）やゼロ形態の削除操作である「刈り取り
(Pruning)」（Embick (2010)，詳細は第 5 章 ゼロ形態を参照）の存在が議論
されるようになってきている。

　また，形態部門の後で適用され形態分析に用いられる操作として「再調
整 (readjustment)」がある。DM 以外のモデル，分析でも用いられてきた概
念・用語であるが，DM では Root に対して形態統語的な条件で適用され
る音韻規則を指す。たとえば，$\sqrt{\text{SING}}$ が動詞として用いられ過去時制の環
境におかれた場合に "sang" になるようなケースを取り扱う。この規則を
用いた分析は他の形態操作を用いた分析や音韻的な分析との間でどちらが
より妥当な分析なのか検討されることがある (Embick 2010: 97–108)。

2.3.2　パラダイム関数形態論

　パラダイム関数形態論 (Paradigm Function Morphology: 以下 PFM) は
推論的・抽象的な理論である。Stump (2001) において最初の包括的な
枠組みが提示され，その後様々な理論的修正が加えられてきた。Stump
(2006) では統語と意味とのインターフェイスとなる内容パラダイム (con-
tent paradigm) と純粋に屈折形態のみを規定した形態パラダイム (form
paradigm) の区別が導入された。さらに Stump (2016) ではその 2 つを対応
させた結果得られる具現化パラダイム (realized paradigm) という 3 つのパ
ラダイムが提案され，これらをパラダイム連結 (paradigm linkage) によっ
て結びつけるというメカニズムが提示された。Stump (2016: 115) はこの
ようなメカニズムを仮定した理論をパラダイム連結理論 (paradigm-linkage
theory) と呼んでいる。ここではパラダイム連結理論の基礎となる理論的
仮定を中心に PFM の基本的な考え方と形式的な側面を導入する。

2.3.2.1 素性

　パラダイム内のセルは 18 ページの図 2.3 にあるように，素性の集合と結びついている。これらの素性を PFM では形態統語素性 (morphosyntactic property) と呼ぶ[12]。形態統語素性は屈折範疇 (inflectional category) とその値の対からなるが，値は**原子値** (atom-value) と**集合値** (set-value) の 2 通りの可能性がある。(2.9a) は値が原子値となる例で，TENSE（時制）と ASPECT（アスペクト）という屈折範疇に対してそれぞれ pst（past; 過去），prfv（perfective; 完了）という値が定められている。(2.9b) は集合値の例である。AGR（agreement; 一致）という屈折範疇に対し PERSON:3（人称:3），NUMBER:pl（数:複数），GENDER:fem（性:女性）という 3 つの要素を含む集合が値となっている。表記上の煩雑さを避けるため原子値から屈折範疇の値が明らかな場合は屈折範疇を省略した (2.9c) のような略表記を用いることもある。

(2.9)　a.　TENSE:pst, ASPECT:prfv

　　　　b.　AGR:{PERSON:3, NUMBER:pl, GENDER:fem}

　　　　c.　AGR:{3 pl fem}

　語彙素が n 個の屈折範疇 $I_1, \ldots, I_n$ について活用する場合，理論上はそれぞれの屈折範疇が取り得る値の数を掛け合わせた数のセルを持つパラダイムを構築することとなる。例えば動詞が TENSE, ASPECT, MOOD という 3 つの屈折範疇について活用し，TENSE の値として pst, prs, fut の 3 つ，ASPECT の値として prfv, ipfv の 2 つ，MOOD の値として ind, sbjct の 2 つを取り得るとすると $3 \times 2 \times 2 = 12$ のセルを持つこととなる。しかし言語には多くの場合，ある素性の値が他の素性の値と共起しない**素性共起制限** (property coöccurrence restriction) があり，すべての素性:値の組み合わせがあるわ

---

[12] 本書では feature と property ともに「素性」という訳語をあてる。

2.3　分散形態論とパラダイム関数形態論　　29

けではない。例えばラテン語において，未来時制は仮定法では現れないため TENSE:fut は MOOD:sbjct とは共起しないという素性共起制限がある。ある素性の集合がその言語のすべての素性共起制限に違反していない時，その素性の集合は**適格** (well-formed) であると言う。また素性の集合 σ を真部分集合とし，より多くの要素 (member) を含んだ適格な素性の集合が存在しないとき，σ は**完全** (complete) であると言う (Stump 2016: 46)。語彙素は完全な素性の集合の数だけセルを持つパラダイムを形成する。

　　素性は集合で表されるので，(2.10) のように集合論的に関係を表したり，操作を行うことができる (Stump 2016: 46)。

(2.10)　　a.　**恒等関係** (identity relation)

　　　　　　　　{3 pl fem} と {3 pl fem}

　　　　　b.　**真部分集合** (proper subset relation)

　　　　　　　　{pl fem} と {3 pl fem}

　　　　　c.　**交わりを持つ関係** (intersection relation)

　　　　　　　　{pl fem} と {sg fem}

　　　　　d.　**交わりを持たない関係** (disjoint relation)

　　　　　　　　{pl fem} と {sg masc}

　　　　　e.　**和集合** (union)

　　　　　　　　{3 pl} ∪ {fem pl} = {3 fem pl}

ただ集合値の扱いには注意が必要で，例えば (2.11b) は (2.11a) の真部分集合ではない。これは集合値 AGR:{NUMBER:pl}は (2.11b) の要素ではあるが，(2.11a) の要素ではないためである ((2.11a) の要素はAGR:{NUMBER:pl, GENDER:fem})。

(2.11)　　a.　{AGR:{NUMBER:pl, GENDER:fem}}

　　　　　b.　{AGR:{NUMBER:pl}}

30 　第 2 章　形態論への 2 つのアプローチ

よって (2.11a) と (2.11b) のような関係を表すのに (2.12) のように定義される**外延** (extension) という概念が使われる (Stump 2016: 47)。

(2.12) 　σ と τ が適格な形態統語素性である時，σ は以下の (i), (ii) の場合 τ の外延である（$\tau \sqsubseteq \sigma$ と表す）：

　　(i) 　原子値を取る屈折範疇 F とその値 v について F:v $\in \tau$ なら F:v $\in \sigma$

　　(ii) 　集合値を取る屈折範疇 F と F が取り得る値 ρ について F:$\rho \in \tau$ なら F:$\rho' \in \sigma$，ただし ρ' は ρ の外延

外延について具体例を用いて考えてみよう。まず原子値についてであるが，以下の (2.13a) の {NUMBER:pl, PERSON:3, GENDER:fem} を σ，(2.13b) の {NUMBER:pl, PERSON:3} を τ とする。ここで τ の要素 NUMBER:pl と PERSON:3 はともに σ の要素でもある。よって (2.12)–(i) により σ は τ の外延である（$\tau \sqsubseteq \sigma$）。

(2.13) 　a. 　{NUMBER:pl, PERSON:3, GENDER:fem}

　　　　b. 　{NUMBER:pl, PERSON:3}

次に集合値について (2.14a) の {AGR:{NUMBER:pl, PERSON:3, GENDER:fem}} を σ とし，(2.14b) の {AGR:{NUMBER:pl, PERSON:3}} を τ とする。このとき AGR:{NUMBER:pl, PERSON:3} は τ の要素であり，AGR:{NUMBER:pl, PERSON:3, GENDER:fem} は σ の要素である。また上で見たように {NUMBER:pl, PERSON:3, GENDER:fem} は {NUMBER:pl, PERSON:3} の外延である。よって (2.12)–(ii) により σ は τ の外延となる。

(2.14) 　a. 　{AGR:{NUMBER:pl, PERSON:3, GENDER:fem}}

　　　　b. 　{AGR:{NUMBER:pl, PERSON:3}}

原子値と集合値両方を含む形態統語素性の集合を比べてみよう。以下の (2.15a, b) を考える。(2.15a) の集合を σ，(2.15b) の集合を τ とすると，原

子値に関しては TENSE:pst は τ の要素であり，σ の要素でもある。よって
(2.12)–(i) を満たしている。集合値に関しても，AGR:{NUMBER:pl, PERSON:3}
は τ の要素であり，AGR:{NUMBER:pl, PERSON:3, GENDER:fem} は σ の要素
で，かつ {NUMBER:pl, PERSON:3, GENDER:fem} は {NUMBER:pl, PERSON:3} の
外延である。よって (2.12)–(ii) を満たす。したがって原子値に関する
(2.12)–(i)，集合値に関する (2.12)–(ii) をともに満たす σ は τ の外延で
ある。

(2.15)　a.　{TENSE:pst, ASPECT:prfv, AGR:{NUMBER:pl, PERSON:3,
　　　　　　　GENDER:fem}}

　　　　b.　{TENSE:pst, AGR:{NUMBER:pl, PERSON:3}}

　次に**単一化** (unification) という操作を定義する。まず (2.16a) と (2.16b)
という 2 つの集合を考える。これらから (2.16c) を作りたいのだが，(2.16a)
と (2.16b) は集合値を含むため，和集合では (2.16c) とはならない。そこで
単一化によって 2 つの集合を合成する。単一化は (2.17) のように定義さ
れる。

(2.16)　a.　{TENSE:pst, ASPECT:prfv, AGR:{NUMBER:pl, GENDER:fem}}

　　　　b.　{TENSE:pst, AGR:{PERSON:3, NUMBER:pl}}

　　　　c.　{TENSE:pst, ASPECT:prfv, AGR:{PERSON:3, NUMBER:pl,
　　　　　　　GENDER:fem}}

(2.17)　σ と τ が適格な形態統語素性である時，σ と τ を単一化すると
　　　　($\sigma \sqcup \tau$ と表す) は σ と τ 両方の外延となるような最小の適格な
　　　　集合 ρ となる。

上で見たように (2.16c) は (2.16b) の外延である。また (2.16c) は (2.16a) の
外延でもある。さらに (2.16c) はその他に余分な素性を含まない最小の適
格な集合である。したがって (2.17) により (2.16c) は (2.16a) と (2.16b) の
単一化した結果の集合となる。これは (2.18) のように表すことができる。

32   第 2 章　形態論への 2 つのアプローチ

(2.18)　{TENSE:pst, ASPECT:prfv, AGR:{NUMBER:pl, GENDER:fem}}

⊔ {TENSE:pst, AGR:{PERSON:3, NUMBER:pl}}

= {TENSE:pst, ASPECT:prfv, AGR:{PERSON:3, NUMBER:pl,

GENDER:fem}}

　以下の第 2.3.2.2 節で導入する表出規則や上述の素性共起制限などを定式化する際に素性に言及することが多いが，その際には (2.19) のように定義される**素性制約** (property constraint) という形式が用いられる (Stump 2016: 48)。

(2.19)　素性制約

P が形態統語素性の集合，C_P が素性制約のとき，

a. $\sigma \subseteq P$ であるなら，$\sigma \in C_p$

b. $\kappa_1, \kappa_2 \in C_p$ であるなら，$[\kappa_1 \wedge \kappa_2], [\kappa_1 \vee \kappa_2], \neg\kappa_1 \in C_p$

(2.19a) は素性の集合はそのまま素性制約の要素となることを表している。
(2.19b) は素性制約の要素に対して連言 (∧ "and")，選言 (∨ "or")，否定 (¬ "not") というブール演算 (Boolean operation) が可能であることを述べている[13]。

　ある素性の集合が素性制約を満たす (satisfy) かどうかは (2.20) のように定義される。

(2.20)　$\sigma \subseteq P$ かつ $\kappa_1, \kappa_2 \in C_p$ において，

---

[13] ブール演算とは以下の (i) 結合法則 (associative laws)，(ii) 交換法則 (cummutative laws)，(iii) 分配法則 (distributive laws)，(iv) ド・モルガンの法則 (DeMorgan's laws) などの一連の法則に基づく演算である。詳細については Partee et al. (1993: Ch. 12) などを参照。

(i)　$a \wedge (b \wedge c) = (a \wedge b) \wedge c$ および $a \vee (b \vee c) = (a \vee b) \vee c$

(ii)　$(a \wedge b) = (b \wedge a)$ および $(a \vee b) = (b \vee a)$

(iii)　$a \wedge (b \vee c) = (a \wedge b) \vee (a \wedge c)$ および $a \vee (b \wedge c) = (a \vee b) \wedge (a \vee c)$

(iv)　$\neg(a \vee b) = \neg a \wedge \neg b$ および $\neg(a \wedge b) = \neg a \vee \neg b$

a. σ が κ_1 と κ_2 をともに満たすときかつそのときに限り，σ は $[\kappa_1 \wedge \kappa_2]$ を満たす。

b. σ が κ_1 か κ_2 のどちらか一方（もしくは両方）を満たすときかつそのときに限り，σ は $[\kappa_1 \vee \kappa_2]$ を満たす。

c. σ が κ_1 を満たさないときかつそのときに限り，σ は $\neg\kappa_1$ を満たす。

d. $\kappa_1 \subseteq \mathrm{P}$ で，$\kappa_1 \subseteq \sigma$ のときかつそのときに限り σ は κ_1 を満たす。

まず (2.20d) から考えると，ある素性制約 κ_1 が形態統語素性の集合であるとき (cf. (2.19a))，その集合が別の集合 σ の部分集合になっていれば，σ は素性制約 κ_1 を満たしていることになる。(2.20a) は 2 つの素性制約を同時に満たす場合（連言），(2.20b) は 2 つの素性制約のどちらか一方を満たす場合（選言）の定義であり，(2.20c) は否定素性制約を満たす場合の定義である。この定義に従うと，例えば (2.21a, b) の素性制約を満たす集合としては {fem pl} が考えられる。(2.21a) に関しては，(2.22a) にあるように {fem} は {fem pl} の部分集合であり，{fem pl} は (2.20a) を満たしている。(2.21b) については (2.22b) にあるように {fem pl} は 2 つの制約を同時に満たしていることが分かる。

(2.21)   a. $[\{\text{fem}\} \vee \{\text{masc sg}\}]$

　　　　 b. $[\{\text{pl}\} \wedge \neg\{\text{masc}\}]$

(2.22)   a. $\{\text{fem}\} \subseteq \{\text{fem pl}\}$

　　　　 b. $\{\text{pl}\} \subseteq \{\text{fem pl}\}$ かつ $\{\text{masc}\} \nsubseteq \{\text{fem pl}\}$

　素性共起制限も素性制約によって規定することができる。例えば上述したラテン語の動詞が未来時制の時は仮定法にならず，必ず直説法になるという制限は (2.23) のように 2 通りの素性制約によって表すことが可能である。

34   第 2 章 形態論への 2 つのアプローチ

(2.23)   a. ¬[{fut} ∧ {sbjct}]

b. [{fut} ∧ {ind}]

2.3.2.2 **表出規則**

パラダイム基盤の形態理論において，形態統語素性がどのような表出形
として現れるかは表出規則 (rules of exponence) として規定される。PFM
において表出規則は (2.24) のように定式化される (Stump 2016: 48)。

(2.24) **表出規則**：

$X, C, \kappa \rightarrow f(X)$

- X: 語幹
- C: 語幹が属する活用型 (inflectional class)
- κ: 素性制約
- f: 語幹に対して適用される形態操作（接辞化など）

この規則は以下のように解釈する。

(i) $\langle Y, \sigma \rangle$ が語幹対（stem pairing; 語幹 Y と完全な形態統語素性 σ の対）
において，Y が活用型 C に属しており σ が 素性制約 κ を満たすとき，
規則 (2.24) が $\langle Y, \sigma \rangle$ に適用される。

(ii) その規則適用の結果は $\langle f(Y), \sigma \rangle$ となる。

簡単な具体例として (2.25) のような英語動詞の表出規則の適用を考え
る[14]。

(2.25)   a. X, V, {3sg prs} → X*s*

b. X, V, {pst} → X*ed*

c. X, V$_{ablaut}$, {pst} → X のアプラウト形

---

[14] 説明を単純化するためここでは異形態の [s], [z], [əz] および [t], [d], [əd] については考
えず綴り字で表記する。異形態の分析の詳細については後述する。

2.3 分散形態論とパラダイム関数形態論 35

TALK という語彙素の語幹は talk なので，(2.26a) のような形態統語素性
{3sg prs} との語幹対に対しては (2.25a) の規則が適用され，(2.26b) のよう
な表出形と形態統語素性の組が出力される。ここでは形態操作 $f(X)$ は語
幹に対する接辞 s の付加である。形態統語素性が{pst} のときは，(2.25b)
が適用され，-(e)d 接辞によって (2.27b) のように ⟨talked, {pst}⟩ が出力さ
れる。(2.28) は入力される語幹対の形態統語素性が {1pl prs} の例である。
{1pl prs} は (2.25a) の素性制約 {3sg prs} を満たしておらず，その他にも
適用する表出規則はない。このような場合は恒等関数デフォルト (Identity
Function Default: IFD) が適用される。IFD とは入力に何の形態操作も行わ
れずそのまま入力と同形が出力される関数である。これはデフォルトとし
て，適用する表出規則がないときは，常に適用される関数である。よって
形態統語素性が {1pl prs} の場合，(2.28) に示すように入力である talk がそ
のまま出力される。

(2.26)　a.　入力：⟨talk, {3sg prs}⟩

　　　　b.　出力：⟨talks, {3sg prs}⟩ ((2.25a) 適用)

(2.27)　a.　入力：⟨talk, {pst}⟩

　　　　b.　出力：⟨talked, {pst}⟩ ((2.25b) 適用)

(2.28)　a.　入力：⟨talk, {1pl prs}⟩

　　　　b.　出力：⟨talk, {1pl prs}⟩ (IFD)

語彙素 SING の語幹は V の中でも特殊な活用型（ここでは V_{ablaut} と表記）
に属している。この場合，(2.25b) ではなく (2.25c) が適用され，アプラウ
ト形が出力される。

(2.29)　a.　入力：⟨sing, {pst}⟩

　　　　b.　出力：⟨sang, {pst}⟩ ((2.25c) 適用)

このように規則同士が競合した際に，どの規則が適用されるかはパーニニ

36   第 2 章　形態論への 2 つのアプローチ

の原理 (Pāṇini's Principle) によって決定される （Stump 2016: 50, Stump 2001: 52 も参照）[15]。

(2.30) パーニニの原理：

2 つの規則が競合しているときは，より狭い規則がより一般的な規則に優先して適用される。より狭い規則とは

(i) X, C, κ_1 と X, C, κ_2 において，κ_1 が κ_2 の外延であり $\kappa_1 \neq \kappa_2$ のときかつそのときに限り，X, C, κ_1 は X, C, κ_2 より狭い。

(ii) X, C, κ_1 と X, C', κ_2 において，$C \subset C'$ のときかつそのときに限り，X, C, κ_1 は X, C, κ_2 より狭い。

(2.25c) と (2.25b) の競合を考えると，$V_{ablaut} \subset V$ であるため，(2.30)–(ii) により (2.25c) の方が狭いことになり優先的に適用される。

2.3.2.3 パラダイム関数

表出規則はブロック (block) ごとに分けられ，各ブロックから一度ずつ適用される。PFM ではパラダイム関数 (Paradigm Function: 以下 PF) という関数を立て，ブロックが 2 つある場合は (2.31) のように語幹選択とブロックごとの表出規則の適用を規定することですべての語彙素が素性とそれに対応する語形と対になるパラダイムを持つと考える。

(2.31) パラダイム関数：

$PF(\langle L, \sigma \rangle) = [\,II : [\,I : \langle X, \sigma \rangle\,]\,]$，ただし X は σ を具現化するのに適切な L の語幹

- L: 語彙素
- σ: 形態統語素性の集合
- I, II, III, . . . : 表出規則のブロック

_____

[15] 原理はその他条件 (Elsewhere condition) と同じである。第 3 章の (3.6) を参照。

2.3 分散形態論とパラダイム関数形態論　37

(2.31) にあるように PF は語彙素 L と具現化すべき素性 σ の組という入力
に対して，語幹を適切に選択し，その語幹にブロックごとに分けられた表
出規則を適用して正しい語形を出力する関数として規定されている。その
語幹選択には語幹形成規則 (stem formation rule) が用意されており，以下
のように *Stem* という関数を適用することで適切な語幹が選ばれる。

(2.32)　**語幹形成関数：**

　　Stem($\langle$L, $\sigma\rangle$) = X

(2.32) が示すように，*Stem* 関数は語彙素 L と素性の集合 σ を入力すると
適切な語幹 X を出力する関数である[16]。

　ここでは簡単な適用例として以下のトルコ語名詞の活用形がどのように
して PF で導かれるかを示す。

	単数	複数
主格	adam	adam-lar
対格	adam-ı	adam-lar-ı
与格	adam-a	adam-lar-a
場所格	adam-da	adam-lar-da
奪格	adam-dan	adam-lar-dan
属格	adam-ın	adam-lar-ın

表 2.2　トルコ語の名詞 adam 'man' の活用形

　まず (2.33) のように，PF が語彙素 ADAM と具現化される素性の集合 σ
の組という入力に対して，語幹選択を行い，2 つのブロックで表出規則を
適用することが規定される。

(2.33)　**パラダイム関数：**

　　PF($\langle$ADAM, $\sigma\rangle$) = [II: [I: $\langle$X, $\sigma\rangle$]]

---

[16] 形態統語素性ではなく音韻に基づく語幹選択関数として *SC* (syntagmatic context) があ
る。詳細は第 4 章 4.3.3 節を参照。

38 第 2 章 形態論への 2 つのアプローチ

次に (2.34) のように ADAM という語彙素の語幹が選択される。ADAM の場合は具現化される素性に関わらず常に語根と同形なので，adam が語幹として出力される。

(2.34) **Stem** 適用による語幹選択：

Stem($\langle$ADAM, $\sigma\rangle$) = *adam*

表出規則は規則的に活用する名詞すべてに適用されるので活用型は N (noun) となり，**Block I** と **Block II** の 2 つに分かれる。**Block I** は NUMBER に関する規則が収められており，複数 (plural: pl) という素性は *lar* という接辞として表出し，それが語幹 X に付加され X*lar* という語形が出力される。**Block II** は CASE に関する規則で対格 (accusative: acc)，与格 (dative: dat) などの具現化に関する規則が規定される[17]。

(2.35) **表出規則：**

- **Block I:**

  X, N, {pl} → X*lar*

- **Block II:**

  a. X, N, {acc} → X*ı*

  b. X, N, {dat} → X*a*

  ⋮

　(2.36a, b) は adamlara, adam が PF によってどのように派生されるかを示したものである。どの場合も語幹形成関数 (2.34) によって語幹が指定される。(2.36a) では (2.35) の **Block I** の規則が適用され lar 接辞化を受け，その後 **Block II** の b が適用され a が付加される。(2.36b) は **block I, II** ともに適用可能な規則がなく，どちらにおいても IFD によって全く接辞が付加されず語幹と同じ形が出力される。

---

　[17] 説明の簡略化のためここでは母音調和については考えない。またその他の格については章末の練習問題で扱う。

(2.36)　a.　PF(⟨ADAM, {pl dat}⟩)

　　　　=　[II: [I: ⟨*adam*, {pl dat}⟩]]（語幹選択）

　　　　=　[II: ⟨*adamlar*, {pl dat}⟩] (**Block I**)

　　　　=　⟨*adamlara*, {pl dat}⟩ (**Block II**)

　　b.　PF(⟨ADAM, {sg nom}⟩)

　　　　=　[II: [I: ⟨*adam*, {sg nom}⟩]]（語幹選択）

　　　　=　[II: ⟨*adam*, {sg nom}⟩] (**Block I**; IFD)

　　　　=　⟨*adam*, {sg nom}⟩ (**Block II**; IFD)

　以上のように PFM は各語彙素がパラダイムを構成するという仮定の下，特定の素性の組み合わせの時に当該語彙素がどのような語形として表出するのかを語幹選択と表出規則という形態的操作を適用することで規定している。実際の言語データでは異なったセルの語形が同一になったり，パラダイム内の特定のセルに固有の語幹や複数の語幹が選択されたり，パラダイム内のセル同士は多様な関係性を示す。その多様性を捉えるためにPFM では内容パラダイム，形態パラダイム，具現化パラダイムという 3 つのパラダイムを仮定し，それらが相互に関係し合っていると考える。複数のパラダイムがどのように連結し，セル同士の多様な関係性を捉え得るのかは，この後の章で適宜導入していく。

2.4　まとめ

　DM も PFM も古典的な IA において仮定されている増分的な語形成は仮定せず，具現的なアプローチを採用しているという点では共通している。特定の素性が具現化される際どのような表出形となるかは DM では語彙項目として記載され形態部門において挿入され，PFM では表出規則として規定される。これらは似ているようにも見えるが，DM において語彙項目が挿入されるのは統語計算が行われた後の終端節点であり，各終端節点において形態素の表出形が決定される。一方，PFM では表出形は形態素

40 第2章 形態論への2つのアプローチ

ごとに規定することはできないと仮定し，語彙素と形態統語素性の組に対
して適切な語幹が選択され，その語幹と素性の組に対して表出規則が循環
的に適用されることで表出形が決定される。またDMではRoot仮説に基
づき，語の中心となる要素であるRootは範疇未指定の要素として存在し
ているが，PFMにおける語彙素は意味内容と文法特性を抽象化した要素
であり範疇も指定されている。これらの理論的仮定の違いは，語形成に関
わる現象を分析する際に，様々な形で表出することとなる。この後の章で
具体的に現象の分析を概観することで，理論間の比較，対照を行い，各理
論の利点，問題点を考察する。

練習問題

問1 37ページの表2.2にあるトルコ語名詞 adam に関して：

　(1) 38ページの (2.35) にある PFM の表出規則を完成させなさい。

　(2) DM において数，格の接辞の表出形を導くための語彙項目を提
　　　案しなさい。語彙挿入が行われる数，格を含む形態構造につい
　　　ては考えなくて構わない。

　なお格の素性として主格は nom (nominative)，対格は acc (ac-
cusative)，場所格は loc (locative)，奪格は abl (ablative)，属格は gen
(genitive) を用いること。

問2 英語の名詞は複数形で-s や-en の接辞化が行われたり，sheep のよ
うに単数と複数が同形のもの以外にも，leaf ~ leaves, criterion ~
criteria, radius ~ radii, analysis ~ analyses のように様々に語形変化
する語が存在する（102ページの表5.1も参照）：

　(1) これらの語の複数形の DM における形態構造を書きなさい。

　(2) PFM の *Stem* 関数でこれらの複数形に見られる語幹を指定しな
　　　さい。

2.4 まとめ 41

┌─ コラム：素性について ─────────────────────

　素性は古くは音声学，音韻論において，その後統語論や意味論にお
いても言語の理論的分析には欠かせないものとして用いられてきた。
形態論においてもその役割は重要で，すでに見たように DM では統
語計算や語彙項目，PFM では語幹選択や表出規則など，多くの場面
で素性による形式化が行われている。素性の形式的な扱い方にはいく
つか可能性がある。例えば数の素性を考えると，(2.37a) のような単
一素性 (unary/monovalent/privative feature)，(2.37b) のような二値素性
(binary/bivalent feature)，(2.37c) のような多値素性 (*n*-ary/multivalent
feature) などがある (Corbett 2012)。

　(2.37)　a.　[singular] [plural]

　　　　　b.　[−plural] [+plural]

　　　　　c.　[NUMBER:singular] [NUMBER:plural]

単一素性ではそれぞれの素性が独立しており，例えば (2.37a) はと
もに数に関する素性だが，その関係性は素性には表されない。ただ
Harley and Ritter (2002) のように素性が幾何学的構造 (geometry) を
成すと仮定することで，単一素性同士の関係性を捉えたり，有標性
(markedness) という概念を導入し，有標な素性の存在のみを仮定し，そ
の不在は無標 (unmarked) を表すと考えることも可能である。二値素
性では + と − (もしくは 0 と 1) によって素性の存在・不在を表す。複
数の二値素性を組み合わせることで，表すことができる値を増やすこ
とができ，例えば [±singular] と [±plural] を組み合わせて，[+singular,
−plural] で単数，[−singular, +plural] で複数，[−singular, −plural] で双
数 (dual) を表すことが可能となる。多値素性では，属性と値の対が用
いられ，ある属性に関して取りうる値が規定される。単一素性や二値
素性は原子値 (atomic value) として素性が表されるが，多値素性で例
えば [agreement: [number: singular]] のように属性と値の対を別の属

42　第 2 章　形態論への 2 つのアプローチ

性の値とすると複雑値 (complex value) となる。素性をどのように形式化するかは理論的仮定に左右され，DM では二値素性が，PFM では多値素性がそれぞれ用いられる（生成統語論において二値素性を用いることに関しては Adger (2006b, 2010) の議論を参照）。

第3章

融合

3.1 融合とは

　語は形態統語素性によって語形を変化させるが，特定の環境や語彙素において区別が消失する場合がある。例えば英語の write という動詞は以下の (3.1a) のように過去時制を表す過去形としては wrote, (3.1b) のように現在完了で使われる過去分詞形としては written という形で現れる。しかし (3.1c, d) が示すように，大多数の動詞において過去形と過去分詞形は同形となる。

(3.1)　　a.　Sue *wrote* a letter to Sam.

　　　　b.　Sue has never *written* a letter to Sam.

　　　　c.　John *thought* about going to college when he was young.

　　　　d.　John has never *thought* about going to college in his life.

　異なった形態統語素性が同形で表される例は代名詞にも見られる。3 人称単数男性の代名詞は (3.2a, b) にあるように対格としては him, 属格（所有格）としては his で現れるが, (3.2c, d) のように 3 人称単数女性の代名詞ではどちらも her と同形になる。

44　第3章　融合

(3.2)　a.　I called *him* when I arrived.

　　　b.　I called *his* son when I arrived.

　　　c.　I called *her* when I arrived.

　　　d.　I called *her* son when I arrived.

さらに名詞において通常は (3.3a, b) のように複数形で接辞が付加されるが，(3.3c, d) が示すように sheep や cattle のような一部の名詞は複数においても語形変化がおこらず，単数形と複数形が同形となる[1]。

(3.3)　a.　There is a *cow* in the meadow.

　　　b.　There are so many *cows* in the meadow.

　　　c.　There is a *sheep* in the meadow.

　　　d.　There are so many *sheep* in the meadow.

このように異なった素性が同じ語形によって具現化される現象は**融合** (syncretism) と呼ばれ，様々な言語において広く見られる。理論的には語形成においてこのような同形性をどのように捉えるかが焦点となる。

3.1.1　標準型屈折からの逸脱

融合の特性を捉えるために，まず融合が通常の屈折形態とどのように異なるのかを考える。Corbett (2007a) は標準型類型論 (canonical typology) という枠組みに基づいて，屈折の標準型というのを提示している。標準型類型論とは，ある言語現象を特徴づける要素を列挙することでその現象の標準型を規定するアプローチであり，屈折は表 3.1 のように規定される。

語の内部構造を考えると，同一語彙素の活用形においても，異なった語彙素間においても同じ構造をしているのが標準型と言える。例えば，名詞

---

[1] 複数では音形化されない要素（ゼロ形態）が付加されていると考える立場も存在する。詳細は第 5 章を参照。

3.1 融合とは 45

	同一語彙素	異語彙素
構造	同	同
語幹	同	異
接辞	異	同

表 3.1 標準型屈折の例 (Corbett 2007a: 23)

が格変化を示す際に，主格と対格は接尾辞，与格は接頭辞というように格
によって異なった構造となるのは標準的ではないということになる。また
ある語彙素では主格は接尾辞で，別の語彙素では主格が接頭辞で標示され
るのも非標準的となる。語幹に関しては，語彙素が同じであれば一貫して
同じ語幹が用いられるのが標準的であるので，例えば主格と対格で語幹が
異なるのは非標準的ということになる。一方，語彙素が異なる場合は，語
幹も異なるのが標準的である。接辞は同一語彙素においては，素性の値ご
とに異なっているのが標準的で，語彙素が異なっていても素性が同じであ
れば同じ接辞が使われるのが標準的である。例えば，主格，対格，与格の
接辞がすべて異なっている方が標準的で，それらの格接辞が異なった語彙
素に一貫して用いられればより標準的ということになる。表 3.2 が標準型
屈折を示す仮想の言語の活用形である。

	単数	複数	単数	複数
主格	DOG-a	DOG-i	CAT-a	CAT-i
対格	DOG-e	DOG-o	CAT-e	CAT-o

表 3.2 標準型屈折を示す仮想言語の例 (Corbett 2007a: 24)

　ここでは DOG と CAT という 2 つの語彙素が数と格に関して活用してお
り，それぞれの語幹が DOG と CAT で表されているとする。主格単数は
-a，主格複数は -i，対格単数は -e，対格複数は -o と異なった素性がすべて
固有の接辞で具現化されているため標準型に合致している。また語彙素が

46　第 3 章　融合

DOG と CAT と異なっていても同じ接辞が一貫して使われており，これも標準型屈折の特徴を有している。

37 ページでも紹介したトルコ語の数と格の活用は比較的標準型に忠実な屈折を示す。主格と単数はともに接辞がつかないためゼロ形態 (zero morph) となるが，複数は -lar，対格は -ı，与格は -a，場所格は -da，奪格は -dan，属格は -ın と異なった素性が固有の接辞で具現化されている[2]。

	単数	複数
主格	adam	adam-lar
対格	adam-ı	adam-lar-ı
与格	adam-a	adam-lar-a
場所格	adam-da	adam-lar-da
奪格	adam-dan	adam-lar-dan
属格	adam-ın	adam-lar-ın

表 3.3　トルコ語の名詞 adam 'man' の活用形

しかし言語は標準型から様々な形で逸脱した特徴を示す。例えば，異なる素性の値は異なった接辞で常に表されるとは限らず，言語は標準型の表 3.2 から逸脱した以下の表 3.4 のようなパターンを示すことがある。

	単数	複数	単数	複数
主格	DOG-a	DOG-i	CAT-a	CAT-i
対格	DOG-e	DOG-i	CAT-e	CAT-i

表 3.4　標準型からの逸脱 (cf. Corbett 2007a: 26)

表 3.2 では主格複数と対格複数はそれぞれ -i と -o という固有の接辞で具

---

[2] 接辞は母音調和を示すため，異なった語彙素間を比べると一定程度の標準型からの逸脱が見られる。例えば kedi 'cat' の複数奪格形は kedi-ler-den，göz 'face' の単数属格形は göz-ün のようになる。

3.1 融合とは 47

現化されていたが，表 3.4 ではどちらも同じ -i という接辞で具現化されている。これが融合である。上で英語の融合の例を見たが，さらに実際の言語の例を見てみよう。表 3.5 に見られるように，ロシア語の名詞 komnata 'room' は単数において与格と場所格が同形，複数においては主格と対格が同形となり，2 か所で融合が見られる。

	単数	複数
主格	komnata	**komnaty**
対格	komnatu	**komnaty**
属格	komnaty	komnat
与格	**komnate**	komnatam
具格	komnatoj	komnatami
場所格	**komnate**	komnatax

表 3.5 ロシア語の名詞 komnata 'room' に見られる融合 (Corbett 2007a: 26)

英語のコピュラも現在時制においては 1 人称単数と 3 人称単数はそれぞれ am と is という固有の語形で表されるが，その他の人称と数の組み合わせはすべて are によって表される。過去時制では am と is の対立もなくなり，1 人称と 3 人称が中和 (neutralize) して同形になり，6 つの人称と数の組み合わせに対して was と were という 2 つの語形のみが存在し，融合がより一層広く見られる。

	現在		過去	
	単数	複数	単数	複数
1	am	are	was	were
2	are	are	were	were
3	is	are	was	were

表 3.6 英語のコピュラに見られる融合

3.1.2 融合の種類

融合によって同形となる素性の組み合わせには，いくつか種類が存在する。1つ目は素性が自然類 (natural class) を構成する場合である。例えば表3.7 に示すボジュプリー語 (Bhojpuri) の動詞活用では，3 人称主語に対しては現在時制，過去時制ともに男性単数，男性複数，女性単数，女性複数がすべて固有の語形として具現化されるが，2 人称主語に対しては数の区別が中和され，単数も複数も同形となっている。この融合はそれぞれ 2 人称男性，2 人称女性という共通する素性でまとめることができ自然類を構成している。さらに 1 人称においては性の区別も中和され，1 人称という自然類によってまとめられる素性で融合が規定できる。

	現在		過去	
	単数	複数	単数	複数
1 人称男性	dēkh-īl-ā		dekh-al-ī̃	
1 人称女性				
2 人称男性	dēkh-āl-ā		dekh-al-ā	
2 人称女性	dēkh-æl-iu		dekh-al-iu	
3 人称男性	dēkh-āl-ā	dēkh-æl-æ̃	dēkh-al	dekh-al-æ̃
3 人称女性	dēkh-ēl-ē	dēkh-æl-ini	dēkh-al-i	dekh-al-ini

表 3.7　ボジュプリー語の動詞 dēkh 'see' の活用 (Stump 2016: 171–172)

一方自然類を形成しない素性が融合によって同一の語形で具現化されるパターンもある。例えば表 3.8 のラテン語の第二活用型名詞の単数の格変化では中性名詞の主格と対格に融合が見られる。ここでの-um 接辞は，男性名詞では対格のみに現れるため，中性名詞では対格の活用形が主格に取って代わるような形で融合している。このような融合を一方向的融合 (directional syncretism) と呼ぶ。

	中性 bell 'war'	男性 serv 'slave'
主格	**bell-um**	serv-us
対格	**bell-um** ←	**serv-um**
属格	bell-ī	serv-ī
与格	bell-ō	serv-ō
絶対格	bell-ō	serv-ō

表 3.8　ラテン語の第二活用型名詞（単数）の格変化 (Baerman 2004: 811)

　このような融合が双方向的 (bi-directional) に起こっているように見える
パターンもある。表 3.9 のロシア語名詞の o 語幹と i 語幹の複数における
格変化では，太字で示してあるように無生物においては主格と対格が同形
となり，その接辞は有生物の主格と同じである。しかし，斜字体で示して
あるように有生物においては対格と属格が同形になるが，その接辞は無生
物の属格と同形となっている。よって，有生物から無生物への方向を考え
ると主格の接辞が対格に取って代わっており，無生物から有生物への方向
では属格の接辞が対格に取って代わっていることとなり，双方向的融合
(bi-directional syncretism) と考えることができる。

　最後に自然類も形成せず，方向性もない対称的融合 (symmetrical syn-
cretism) というのも存在する。表 3.10 はサンスクリット語の男性名詞 kartṛ
の活用を示しているが，単数においては奪格と属格に融合が見られるのに
対し，複数では主格と呼格，与格と奪格という 2 つの融合が見られる。さ
らに双数においては主格・呼格・対格，具格・与格・奪格，属格・場所格と 3
つの融合が見られる。これらの融合する格は自然類を構成しているわけで
はない。Stump (2016) はこのような融合を**純形態的** (morphomic) 融合と呼
んでいる（純形態的という概念については 97 ページのコラムを参照）。ま
たこの融合ではある語形が別の語形に取って代わっているというような方

50   第3章　融合

	o 語幹		i 語幹	
	無生物 stol 'table'	有生物 student 'student'	無生物 kost 'bone'	有生物 mater 'mother'
主格	**stol-y**	← **student-y**	**kost-i**	← **mater-i**
対格	**stol-y**	*student-ov*	**kost-i**	*mater-ej*
属格	*stol-ov*	⟶ *student-ov*	*kost-ej*	⟶ *mater-ej*
場所格	stol-ax	student-ax	kost-jax	mater-jax
与格	stol-am	student-am	kost-jam	mater-jam
具格	stol-ami	student-ami	kost-jami	mater'-mi

表 3.9　ロシア語名詞（複数）の格変化 (Baerman 2004: 812)

向性があるわけでもない。よって対称的融合の例と考えることができる。
　このように融合にも方向性があるものとないもの，さらに方向性がある
ものにも一方向的なものと双方向的なものがある。これらがどのように
DM と PFM で分析されうるかを次節以降で見ていくことにしよう。

	単数	双数	複数
主格	kartā	kartārau	kartāras
呼格	kartar	kartārau	kartāras
対格	kartāram	kartārau	kartr̄n
具格	kartrā	kartr̥bhyām	kartr̥bhis
与格	kartre	kartr̥bhyām	kartr̥bhyas
奪格	kartur	kartr̥bhyām	kartr̥bhyas
属格	kartur	kartros	kartr̄ṇām
場所格	kartari	kartros	kartr̥su

表 3.10　サンスクリット語の男性名詞 kartr̥ 'mother' の活用 (Stump 2016: 180)

3.2 DM における融合

DM では，融合は規則とその適用によって結果的に現れる形態の分布として分析が試みられ，融合そのものに対して特定の規則や操作が仮定されることはない。パラダイムという概念そのものを疑似的であると考えるDM においては，パラダイムにおけるセルとセルの「融合」という考え方も採用されないのは自然なことである[3]。

具体的には，競合 (competition) 関係にある語彙項目のどれが挿入されるかを決定する上で中心になる考え方である不完全指定 (Underspecification) と，形態操作の 1 つである消去 (Impoverishment) による分析方法を紹介する。

3.2.1 語彙項目の優先順位

まず，形態の分布と対応する語彙項目について簡単な例を見る。

	現在		過去	
	単数	複数	単数	複数
1 人称	play-∅	play-∅	play-[d]	play-[d]
2 人称	play-∅	play-∅	play-[d]	play-[d]
3 人称	play-[z]	play-∅	play-[d]	play-[d]

表 3.11　英語の時制と人称 (Bobaljik 2002: 53)

表 3.11 の形態の分布を実現するために (3.4) のような語彙項目を考える。これらの語彙項目はそれぞれ上から順に優先的に適用される。

---

[3] DM のような理論では，パラダイムの特性を参照する文法的な原理や規則はないと考える (Bobaljik 2002: 55)。

52   第 3 章　融合

(3.4)　英語の時制と人称・数に関する語彙項目

a.　[3sg, pres] ↔ -z

b.　[past] ↔ -d

c.　[pres] ↔ -∅　　　　　　（Bobaljik (2002:53, 2017) を元に作成）

まず (3.4a) の語彙項目が適用されるかどうかが優先的に判定され，その指定を唯一満たす現在時制三人称単数の環境においてのみ-z が挿入される。次に (3.4b) の語彙項目の挿入が試みられ，この条件を満たす過去時制の環境すべてにおいて-d の形が現れる。最後に (3.4c) の語彙項目が適用され，三人称単数以外の現在時制の環境における表出形が -∅ になることが決定される[4]。

　ここでは，3 つの語彙項目によって表 3.11 に見られる 12 の統語環境に対する表出形の分布を導き出すことが可能になっている。以下では，DMにおいて語彙項目の優先的な適用がどのように決まるのか，さらに詳細に見ていく。

3.2.2　語彙項目の優先順位：競合と不完全指定

　上で見たように，DM では表出形の分布を語彙項目がそれぞれの統語環境に応じて挿入された結果実現されたものとして考える。融合もその例外ではない。

　語彙項目の挿入に際して重要な役割を果たすのが競合と不完全指定という考え方である。

　DM では，同一の終端節点，すなわち形態素（具体的には形式素性と形態部門で追加される素性あるいは Root）に対して挿入される可能性がある語彙項目が複数ある場合，それらは競合していると考える。競合している

---

[4] ここでは -∅ を表出形の 1 つとしているが，デフォルトとしてのゼロ形態については第 5 章で詳しく取り扱う。

語彙項目の中から優先的に挿入されるものが選ばれる。

さらにどの点で競合しているかによって，下記の2つを区別することができる。

(3.5)　競合の種類

a. 文脈自由競合 (context-free competition): 挿入の際に参照される素性を比べる競合

b. 文脈依存競合 (context-dependent competition): 挿入の際に参照される環境を比べる競合　　(Halle and Marantz 1993: 123)

DM では，いずれの比較においてもより特定的 (specific) な語彙項目が優先されると仮定する[5]。これをその他条件と呼ぶ。

(3.6)　その他条件

1つ以上の相互排他的な規則が適用可能な場合，その中で最も特定的な規則が適用される。　　　　　　　　　(Bobaljik 2017)

不完全指定とは，語彙項目が挿入される際に満たす条件は必ずしもすべて指定されているのではなく，必要なだけ指定されているとする考え方である。

その他条件と不完全指定を仮定すると，語彙挿入の際には「語彙項目に記載されている条件に完全に一致する表出形」ではなく「語彙項目に記載されている条件の指定を最も多く満たす表出形」が挿入されるということになる[6]。

文脈自由競合の具体例として Embick (2004) が挙げているルーマニア語を用いた説明を簡略化して紹介する。まずルーマニア語の形容詞は性，数

---

[5] 36 ページの「パーニニの原理」も参照されたい。

[6] DM では文脈自由競合を用いる分析の際に部分集合原理 (Subset Principle (Halle 1997: 128)) がよく言及される。これは不完全指定とその他条件を用いた競合の解消を具体化したものの1つと言えるが，この原理だけでは表出形を決定できない場合があることも知られている (Embick and Noyer 2007: 298, fn.14)。

54   第3章　融合

に関して次のような接辞を持つ。

	単数	複数
男性	-∅	-i
中性	-∅	-e
女性	-ă	-e

表 3.12　ルーマニア語の形容詞の接辞 (Embick 2004: 149)

ここでは，-∅, -e という表出形は 2 つの環境に現れている（融合）。仮にそれぞれの表出形が性，数の素性それぞれについて完全指定 (fully specified) されていると考えると，その語彙項目は次のようになる。

(3.7)　a.　[+masc +sg] ↔ -∅

　　　b.　[+neut +sg] ↔ -∅

　　　c.　[+fem +sg] ↔ -ă

　　　d.　[+masc +pl] ↔ -i

　　　e.　[+neut +pl] ↔ -e

　　　f.　[+fem +pl] ↔ -e

この方法では分布の広い表出形とそうでない表出形に対応する語彙項目の素性の指定に差はない。

　一方，語彙項目は不完全指定されていると考えると，次のようなより少数の語彙項目を考えれば良い。ここで，(3.8c, d) においては性に関する素性が指定されていない。

(3.8)　a.　[+fem +sg] ↔ -ă

　　　b.　[+masc +pl] ↔ -i

　　　c.　[+sg] ↔ -∅

　　　d.　[+pl] ↔ -e

その他条件に従い，より指定が多い規則から順に適用されていくので，ま
ず [+fem +sg]，[+masc +pl] という素性が揃った時は (3.8a, b) の 2 つの規則
が適用されてそれぞれ対応する表出形 -ă, -i が挿入される。それ以外の場
合では性に関する素性は無視され，(3.8c, d) に指定されている [+sg]，[+pl]
のどちらかだけを参照してそれぞれの表出形 -∅, -e が挿入される。

　この方法では，語彙項目が簡潔になるだけではなく融合が持つ「複数の
環境に現れる形態の同一性」という性質を取り扱うことが可能となってい
る。一般に特定的で指定が多い語彙項目ほど分布が限られており，指定が
少ない語彙項目は複数の環境に現れる可能性が高い。

　素性の情報だけでは挿入される語彙項目が決まらず，文脈の特定性が決
定要因になることがある。これが文脈依存競合である。例として英語の過
去時制の語彙項目を見る。

(3.9) 　英語の過去時制の語彙項目

    a.　[past] ↔ -t/{√LEAVE, √BEND, . . .}＿＿＿

    b.　[past] ↔ -∅/{√HIT, √QUIT, . . .}＿＿＿

    c.　[past] ↔ -d　　　　　　（Embick (2008: 64) より一部改変）

　ここではいずれの場合も参照される素性は [past] のみで同じであり，ど
の表出形が挿入されるかは文脈（ここでは Root の種類）によって決定さ
れている。語彙項目は指定の多い方から順に挿入が検討されるという点は
文脈自由競合と同じである。(3.9a, b) は文脈による指定がある分，(3.9c)
よりも特定的な語彙項目である。仮に (3.9c) が優先されると，この規則は
いずれの動詞の場合にも当てはまるので誤って *leaved や *hitted のような
語形を派生してしまう。文脈依存競合においても最も指定の多いものが勝
つ (most highly specified wins (Embick 2008: 64)) のである。

　さらに，DM では文脈自由競合が文脈依存競合より優先されると考え
る。まず素性による競合が検討され，もしその点で同じ条件であれば次に
文脈による競合が検討されて挿入される語彙項目が決定される (Halle and

Marantz 1993: 124)。

　また，ここまで見てきたように 2 種類の競合によって最も優先順位が低い語彙項目がその他形態 (elsewhere form) を決定するので，DM においてはその他規則を指定する必要がない（分かりやすさのためにどの語彙項目がその他規則に相当するのかを示すことはある）。

　これが DM において融合を分析する基盤となる考え方であるが，この方法では基本的に自然類を形成する融合しか取り扱うことができない。DM ではさらにその他のタイプの融合を分析する手法として消去を用いる。

3.2.3　消去を用いた分析

　DM で融合を捉えるもう 1 つの道具立てとして消去がある[7]。

(3.10)　消去 (Impoverishment)
　　　　素性を削除する形態操作。形態部門において語彙挿入の前に適用される。

Frampton (2002) による Halle (1997) の紹介が例として分かりやすい。ここでは英語の動詞 be の形態が取り上げられている。表 3.6 の過去時制における形態の分布を分析するために，(3.11) の 2 つの語彙項目と (3.12) の消去の規則が仮定される。

(3.11)　英語の √BE の語彙項目

　　　　a.　√BE ↔ was/___[−pl, +past]

　　　　b.　√BE ↔ were/___[+past]

(3.12)　消去の規則[8]
　　　　[−pl] → ∅/___[prs:2]

---

[7] 元々は Bonet (1991) によって提案されたものである。

[8] この規則はおおよそスラッシュの後に書かれている条件（ここでは人称素性の値が 2）を満たした場合に特定の素性（ここでは −pl）が消去されるということを示している。

3.2 DM における融合　57

消去は形態部門において語彙挿入の前に適用される規則である。従って，2 人称の環境ではまず (3.12) が適用され数の素性 [−pl] が削除され，その後に語彙挿入が行われる。(3.11a) と (3.11b) を比べると (3.11a) の方が文脈として参照される素性の数が多いという点でより指定が多い語彙項目になっているので，(3.11a) の適用が優先的に試みられる。1 人称単数と 3 人称単数では (3.11a) で指定されている文脈を満たすので表出形 was が現れる。複数の場合は人称に限らず数の素性が [+pl] であり，また 2 人称単数の場合も (3.12) によって [−pl] が削除されているので (3.11a) の適用条件に合わず (3.11b) の語彙項目が挿入され were が現れる。ちなみに，現在時制で are が融合を起こしていることも同様に分析できる。

ここで問題になっているのは 2 人称単数の場合のみ複数と融合して同形になっていることであるが，このように 2 人称の場合のみ [−pl] の素性を削除する消去の規則を仮定することによって，1 人称単数と 3 人称単数の過去の場合にどちらも was が現れること，その他の場合には were が現れることを，2 つの語彙項目で分析することが可能になっている。

消去は語彙項目の競合と不完全指定だけでは扱うことのできないタイプの融合現象，すなわち一方向的／双方向的融合や対称的融合を分析する際の鍵となる操作である。ただし消去そのものはあくまで素性を削除する操作であり，消去が適用されたからといって必ず融合が起こるわけではない。また，現在の生成統語論ではこのような素性を完全に消してしまうような強力な操作は仮定されないが，消去は統語部門の後に形態部門で適用される操作であり，統語構造の性質や原理とは独立している。(3.12) によって形態部門で削除される素性は統語部門には残ったままなので，たとえば統語部門後の LF で参照することができる[9]。このような削除を担う形態操作については第 5 章ゼロ形態でも取り上げる。

---

[9] DM が仮定しているモデルと各部門の位置づけ・関係については 19 ページの図 2.4 を参照。

3.2.4 その他の融合現象の分析

不完全指定を用いた分析は，その性質から基本的に自然類を構成する融合に対して有効である。その他のタイプの融合については不完全指定と消去を用いた分析を試みることになるが，それによって様々な言語の現象が説明できるかどうかについてはそれほど幅広く検証されているわけではなく，個別に確かめる必要がある。

例えば，表 3.8 で示されているラテン語の一方向的融合に対する分析を例に考えてみる。格に対しては，より細かい要素に分解するアプローチが有効であると考えられる。ここでは，Müller (2005) のアイスランド語に対する分析から素性の組み合わせを援用して分析例を示す。

(3.13)　[±n(ominal)], [±v(erbal)], [±obl(ique)] による格の分解

    a.　nominative: [−n,−v,−obl]

    b.　accusative: [−n,+v,−obl]

    c.　dative: [−n,+v,+obl]

    d.　genitive: [+n,+v,−obl]　　　　　　　(Müller 2005: 241, (8))

次に，語彙項目と消去の規則を以下のように仮定する。

(3.14)　ラテン語の主格と対格に関する語彙項目

    a.　[−n,−v,−obl] ↔ -us

    b.　[−n,−obl] ↔ -um

(3.15)　ラテン語の消去の規則[10]

    [−v] → ∅/{[+neuter], [−n, ___, −obl]}

---

[10] 分かりやすくするため，Müller (2005) で示されている消去の規則とは少し異なり，素性の集合の中に直接下線を引く書き方を採用している。

3.2 DMにおける融合　59

　男性の環境ではより素性の指定が多い (3.14a) が優先的に適用され主格
では -us が挿入されるが，中性の環境では (3.15) の消去の規則によって
[−v] の素性がなくなるため，(3.14b) が適用されて主格でも -um が挿入さ
れる。[−n, −obl] の組み合わせは主格か対格にしか含まれず，また消去の
対象である [−v] も主格にしか関わらないので，この語彙項目と消去の規
則の組み合わせが他の環境で与格など他の格を誤って導くことはない[11]。

　このアプローチではある特徴をさらに細かい素性等の要素に分解するこ
とによって構成される自然類の可能性を広げている。例えば，上記の分析
例では主格に対して [+Nom]，対格に対して [+Acc] のような素性を仮定す
ると両者の共通性が見えないところを，(3.13) のように分解することで，
[−n] や [−obl] という共通性を取り出せるようにしている。しかし，これ
は自然類を構成する融合として分析できるようになったということで，消
去を組み合わせても分析できる現象の幅が劇的に広がるわけではない。そ
の他の一方向的融合や双方向的融合に対しても同様の分析が可能かどうか
は保証されない。

　また，純形態的融合についても，表 3.10 のサンスクリット語のように数
によって融合の組み合わせが異なるのであれば数の値を条件にした消去に
よるアプローチが可能であるが，すべての形態の分布を過不足なく捉えら
れる語彙項目と消去の規則の組み合わせが可能であるとは限らない。

3.2.5　まとめ

　以上見てきたように，DM では融合現象に対して特定の道具立てを仮定
しないという点が特徴的である。自然類を形成する融合に対しては語彙項
目の競合と不完全指定・その他条件によって複数の環境にまたがる表出形
の分布を捉え，それだけでは分析が難しい場合は消去を仮定することもあ

---

[11] もちろん最終的にはその他の格や融合を含めてすべての格に関する形態をカバーできる
分析にならなければ妥当とは言えない。

60 第 3 章 融合

る。ただし，不完全指定と消去の組み合わせですべてのタイプの融合が分析可能かどうかは検証されておらず，DM の課題の 1 つである。

また，DM で仮定される形態操作全般に言えることであるが，消去は言語固有の規則なので分析が過剰にアドホックなものになっていないか，その他の語彙項目や形態操作を仮定する分析方法と比較してより妥当かどうかという点に常に気をつける必要がある。さらに，形態操作は形態部門で適用され統語構造や LF 等に影響を与えないために，本当にそのような操作が行われているかという点の統語的・意味的なテスト・検証方法が基本的には使えないのも難点の 1 つである。

3.3 PFM における融合

Zwicky (1985) 以降，パラダイム基盤の理論において融合は参照規則 (rules of referral) によって分析されるのが一般的であった。参照規則とはある素性を具現化するための表出規則を別の素性にも適用する規則である。PFM でも初期の分析では参照規則を明示的に規定することで融合を捉える試みがなされていた (Stump 1993, 2001)。しかし参照規則によって自然な分析が可能なのは方向性をもった融合のみであり，参照規則を使わずより包括的に融合を捉える提案が Stump (2016) によりなされている。そこで中心となるのは内容パラダイムと形態パラダイムの対応と素性写像関数である。以下でそのメカニズムについて説明する。

3.3.1 内容パラダイムと形態パラダイム

融合では異なった素性が同一の語形によって具現化されるため，形態的に素性間の対立がなくなり中和される。しかし語自体が形態統語素性を失ったわけではない。例えば，英語の sheep は単数と複数が同形であり，形態的には数の対立がなくなっていると考えられるが，統語的には単数と複数の対立はある。(3.16a) では sheep に単数の限定詞が現れており，後続

3.3 PFM における融合　61

するコピュラも単数形 was が使われていることから，sheep という語は単数という素性を有していると考えることができる。一方 (3.16b) では sheep に先行する数量詞 many は加算複数名詞につくもので，後続するコピュラが were となっていることから，sheep は複数という素性を有している。

(3.16)　a.　A sheep was caught in the meadow.

　　　　b.　Many sheep were caught in the meadow.

よって sheep という語は統語のレベルでは (3.17a) のように数の素性が区別されるパラダイムを成す一方で，屈折形態のレベルでは (3.17b) のように数未指定の語が 1 つあるだけである。PFM ではこのように語は相互に関係し合う 2 つのパラダイムを構成すると考える。(3.17a) のように語の統語的振る舞いを規定する素性を元に構築されるパラダイムを内容パラダイム (content paradigm) と呼び統語構造とのインターフェイスとなる。一方，(3.17b) のように語がどのように具現化されるかを規定する素性を元に構築されるパラダイムを形態パラダイム (form paradigm) と呼ぶ。

(3.17)　a.　⟨SHEEP, {sg}⟩, ⟨SHEEP, {pl}⟩

　　　　b.　⟨*sheep*, { }⟩

内容パラダイムは語彙素と形態統語素性の集合の組から構成され，形態パラダイムは語幹と形態統語素性の集合の組から構成される。よって，内容パラダイムと形態パラダイムの対応関係は図 3.1，図 3.2 のように表すことができる。図 3.1 は cat のような通常の名詞に見られる対応関係で，内容パラダイムのセルと形態パラダイムのセルが一対一対応している。一方，単数と複数が同形になる sheep のような名詞は図 3.2 のように内容パラダイムの 2 つのセルが形態パラダイムでは 1 つのセルに対応することになる。

内容パラダイムと形態パラダイムの対応関係は *Corr* という関数によって規定される。例えば英語名詞のパラダイムの対応関係は (3.18), (3.19) のように表すことができる。

62　第 3 章　融合

内容パラダイム：　　〈CAT, {sg}〉　　〈CAT, {pl}〉

↓　　　　　　↓

形態パラダイム：　　〈*cat*, {sg}〉　　〈*cat*, {pl}〉

図 3.1　英語名詞 cat の内容パラダイムと形態パラダイムの対応関係

内容パラダイム：　　〈SHEEP, {sg}〉　　〈SHEEP, {pl}〉

↘　　　　　↙

形態パラダイム：　　　　　　〈*sheep*, { }〉

図 3.2　英語名詞 sheep の内容パラダイムと形態パラダイムの対応関係

(3.18)　　a.　***Corr***(〈CAT, {sg}〉) = 〈*cat*, {sg}〉

　　　　　b.　***Corr***(〈CAT, {pl}〉) = 〈*cat*, {pl}〉

(3.19)　　a.　***Corr***(〈SHEEP, {sg}〉) = 〈*sheep*, { }〉

　　　　　b.　***Corr***(〈SHEEP, {pl}〉) = 〈*sheep*, { }〉

　英語の名詞には (3.20) のような表出規則が仮定される[12]。これらの表出規則を形態パラダイムの各セルに適用することで表出形が特定され，具現化パラダイム (realized paradigm) が構築される。例えば 〈*cat*, {pl}〉 には (3.20a) の規則が適用され cat が cats となり 〈*cats*, {pl}〉 という具現化パラダイムのセルに対応する。一方 〈*cat*, {sg}〉 には適用可能な表出規則がないため IFD により入力と同形の cat が出力される。同様に 〈*sheep*, { }〉 にも適用可能な規則がないため，sheep は語形変化しない。

(3.20)　　a.　X, N, {pl} → X*s*

　　　　　b.　X, N, {pl en-decl} → X*en*

---

[12] (3.20a) は正確には環境により異形態があるが，ここでは説明を簡略化するために綴り字で表記する。(3.20b, c) にある en-decl, a-decl, i-decl については後述するが，en-decl は ox ~ oxen, a-decl は phenomenon ~ phenomena, i-decl は radius ~ radii のような語に適用される。

c. X, N, {pl a-decl} → Xa

d. X, N, {pl i-decl} → Xi

⋮

内容パラダイム，形態パラダイム，具現化パラダイムの各セルの対応関係をまとめると図 3.3 と図 3.4 のようになる．

内容パラダイム： 〈CAT, {sg}〉　〈CAT, {pl}〉
　　　　　　　　　　↓　　　　　　↓
形態パラダイム： 〈*cat*, {sg}〉　〈*cat*, {pl}〉
　　　　　　　　　　↓　　　　　　↓
具現化パラダイム： 〈*cat*, {sg}〉　〈*cats*, {pl}〉

図 3.3　英語名詞 cat の 3 つのパラダイムの対応関係

内容パラダイム： 〈SHEEP, {sg}〉　〈SHEEP, {pl}〉
　　　　　　　　　　　↘　　　　↙
形態パラダイム：　　　　〈*sheep*, { }〉
　　　　　　　　　　　　　↓
具現化パラダイム：　　　〈*sheep*, { }〉

図 3.4　英語名詞 sheep の 3 つのパラダイムの対応関係

3.3.2　素性マッピング

前節で sheep のような名詞は内容パラダイムの 2 つのセルが形態パラダイムの 1 つのセルに対応することを見たが，それは 2 つのパラダイムの対応関係において単数と複数という数の対立が中和された結果である．PFM ではこのような素性の中和は素性写像関数よって規定される．

(3.21)　***pm***$_{\text{syncr-decl}}(\sigma) = \sigma \backslash \{\text{num} : \alpha\} \cup \{\text{syncr-decl}\}$

64   第 3 章   融合

ここでは sheep などの単複同形名詞は syncr-decl（syncretic declension; 融合的活用型）に属すると仮定しておく。$pm_{\text{syncr-decl}}$ はそのような名詞に適用される素性写像関数である。右辺にあるバックスラッシュ (\) は以下のように定義される。

(3.22) $\sigma \backslash \tau$ は σ の要素のうち τ の要素でないものの集合

(Stump 2016: 135)

よって (3.21) にある $\sigma \backslash \{\text{num} : \alpha\}$ というのは σ から数の素性を除いた素性の集合ということになり，これにより数の素性が中和されることになる。さらに活用型自体も素性として入ることになる。これは (3.23) のような一般的な形で規定される。(3.23) では c が活用型を表している。

(3.23) $pm_{\text{c}}(\sigma) = \sigma \cup \{c\}$ (Stump 2016: 118)

よって複数形が-en 接辞や-a 接辞で表出する名詞には以下のような素性写像関数が適用され，その結果上述の (3.20b) や (3.20c) のような表出規則によって適切な接辞化が行われる。

(3.24)   a. $pm_{\text{en-decl}}(\sigma) = \sigma \cup \{\text{en-decl}\}$

b. $pm_{\text{a-decl}}(\sigma) = \sigma \cup \{\text{a-decl}\}$

さらに素性マッピングによる融合の分析を見るために，英語のコピュラの活用を取り上げる。表 3.6 に示したように，英語のコピュラは現在時制においては 1 人称単数の am と 3 人称単数の is が固有の語形でその他はすべて中和して同形になり，過去時制においては 1 人称単数と 3 人称単数も was へと融合している。よって内容パラダイムと形態パラダイムはそれぞれ表 3.13 と表 3.14 のようになる。ここではコピュラは copula という活用型に属すると考える。

これらのパラダイム間の対応関係を規定するために (3.25) のような素性写像関数を提案する。現在時制において are，過去時制において were として表出する組み合わせは人称と数が完全に中和していると考えられるた

3.3 PFM における融合　65

$\langle \text{BE}, \{1 \text{ sg prs}\}\rangle$　　$\langle \text{BE}, \{1 \text{ sg pst}\}\rangle$

$\langle \text{BE}, \{2 \text{ sg prs}\}\rangle$　　$\langle \text{BE}, \{2 \text{ sg pst}\}\rangle$

$\langle \text{BE}, \{3 \text{ sg prs}\}\rangle$　　$\langle \text{BE}, \{3 \text{ sg pst}\}\rangle$

$\langle \text{BE}, \{1 \text{ pl prs}\}\rangle$　　$\langle \text{BE}, \{1 \text{ pl pst}\}\rangle$

$\langle \text{BE}, \{2 \text{ pl prs}\}\rangle$　　$\langle \text{BE}, \{2 \text{ pl pst}\}\rangle$

$\langle \text{BE}, \{3 \text{ pl prs}\}\rangle$　　$\langle \text{BE}, \{3 \text{ pl pst}\}\rangle$

表 3.13　英語のコピュラの内容パラダイム

$\langle be, \{1 \text{ sg prs copula}\}\rangle$　　$\langle be, \{\text{sg pst copula}\}\rangle$

$\langle be, \{3 \text{ sg prs copula}\}\rangle$　　$\langle be, \{\text{pst copula}\}\rangle$

$\langle be, \{\text{prs copula}\}\rangle$

表 3.14　英語のコピュラの形態パラダイム

め，2 人称は単数・複数ともに，1 人称と 3 人称は複数において，人称と数
の素性が形態パラダイムに存在しないこととなる。これらは (3.25a, b) で
規定される。1 人称単数と 3 人称単数は過去形において人称の対立がなく
なるため (3.25c) のようになる。どれにも当てはまらない現在時制におけ
る 1 人称，3 人称では (3.25d) によりそのまま素性がマッピングされる。

(3.25)　　a.　$\boldsymbol{pm}_{\text{copula}}(\{\alpha \text{ pl } \beta\}) = \{\beta \text{ copula}\}$　（α は人称，β は時制の素性）

　　　　b.　$\boldsymbol{pm}_{\text{copula}}(\{2 \text{ sg } \alpha\}) = \{\alpha \text{ copula}\}$　（α は時制の素性）

　　　　c.　$\boldsymbol{pm}_{\text{copula}}(\{\{1 \vee 3\} \text{ sg pst}\}) = \{\text{sg pst copula}\}$

　　　　d.　その他，$\boldsymbol{pm}_{\text{copula}}(\sigma) = \sigma \cup \{\text{copula}\}$

　表出規則は (3.26) のようになる。現在時制では 1 人称単数と 3 人称単数
にそれぞれ (3.26a) と (3.26b) が適用され，それら以外は (3.25a, c) により人
称・数の素性がなくなるため (3.26c) が適用される。過去時制では (3.25c)
によって人称の対立がなくなった 1 人称と 3 人称単数に (3.26d) が，その
他には (3.26e) が適用される。

66   第 3 章   融合

(3.26) a. *be*, V, {1 sg prs copula} → *am*

b. *be*, V, {3 sg prs copula} → *is*

c. *be*, V, {prs copula} → *are*

d. *be*, V, {sg pst copula} → *was*

e. *be*, V, {pst copula} → *were*

　方向性のある融合の場合は，素性マッピングにおいて素性が 1 つに収斂していくこととなる。例えば，表 3.8 で見たラテン語の第二活用型名詞の単数中性では対格が主格に取って代わっているため，(3.27) のような素性写像関数を提案することができる。

(3.27) $pm_{\text{2nd-decl}}(\{\text{sg neut \{nom} \vee \text{acc}\}\}) = \{\text{sg neut acc 2nd-decl}\}$

この素性写像関数によって内容パラダイムのセルにおいて主格 (nom) と対格 (acc) の素性はともに形態パラダイムにおいては対格 (acc) になるため，内容パラダイムの主格と対格 2 つのセルが形態パラダイムでは対格のセル 1 つに対応することになる。

　純形態的な融合は内容パラダイムにおける形態統語素性が素性写像関数によって純形態的素性 (morphomic property) へとマッピングされることで分析することができる。Stump (2016: 180–181) は表 3.10 で見たサンスクリット語の融合に関して，(3.28) のような素性写像関数を提案している。

(3.28) サンスクリット語の素性写像関数（ただし γ は性の素性，c は活用型）：

a. $pm_c(\{\gamma \text{ abl sg}\}) = pm_c(\{\gamma \text{ gen sg}\}) = \{\gamma \textbf{ AbG} \text{ sg } c\}$
（ただしここでは c は a 語幹名詞以外の活用型）

b. $pm_c(\{\gamma \text{ nom du}\}) = pm_c(\{\gamma \text{ voc du}\}) = pm_c(\{\gamma \text{ acc du}\})$
$= \{\gamma \textbf{ NVA} \text{ du } c\}$

c. $pm_c(\{\gamma \text{ inst du}\}) = pm_c(\{\gamma \text{ dat du}\}) = pm_c(\{\gamma \text{ abl du}\})$
$= \{\gamma \textbf{ IDAb} \text{ du } c\}$

d. $pm_c(\{\gamma \text{ gen du}\}) = pm_c(\{\gamma \text{ loc du}\}) = \{\gamma \text{ } \mathbf{GL} \text{ du c}\}$

e. $pm_c(\{\gamma \text{ nom pl}\}) = pm_c(\{\gamma \text{ voc pl}\}) = \{\gamma \text{ } \mathbf{NV} \text{ pl c}\}$

f. $pm_c(\{\gamma \text{ dat pl}\}) = pm_c(\{\gamma \text{ abl pl}\}) = \{\gamma \text{ } \mathbf{DAb} \text{ pl c}\}$

g. その他, $pm_c(\sigma) = \sigma \cup \{c\}$

単数においては奪格 (abl) と属格 (gen) が同形となるので, (3.28a) にあるようにこれらの素性が形態パラダイムにおいては **AbG** という純形態的素性となる。(3.28b–d) は双数における純形態的素性へのマッピングを規定しており, 主格 (nom), 呼格 (voc), 対格 (acc) が **NVA**, 具格 (inst), 与格 (dat), 奪格 (abl) が **IDAb**, 属格 (gen) と場所格 (loc) が **GL** となる。複数においては (3.28e, f) にあるように主格 (nom) と呼格 (voc) が **NV** へ, 与格 (dat) と奪格 (abl) が **DAb** へとマッピングされる。

3.3.3 パラダイム間のインターフェイス

3.3.1 節において内容パラダイムと形態パラダイムの対応を規定する **Corr** という関数を導入したが, この関数は内容パラダイムにおけるセル（語彙素と形態統語素性の組）を形態パラダイムにおけるセル（語幹と形態統語素性の組）へと写像する関数なので, 典型的には (3.29) のように表すことができる。**Stem** は第 2 章で導入したように, 語彙素と形態統語素性の組から語幹を選択する語幹形成関数である。よって **Corr** というのは, **Stem** で語幹を選択し, **pm** で内容パラダイムの素性を形態パラダイムの素性へと対応づけるという 2 つの下位関数を適用することで内容パラダイムと形態パラダイムの対応を規定していることになる。

(3.29) $\quad \textbf{\textit{Corr}}(\langle \text{L}, \sigma \rangle) = \langle \textbf{\textit{Stem}}(\langle \text{L}, \sigma \rangle), \textbf{\textit{pm}}(\sigma) \rangle$ $\qquad$ (Stump 2016: 114)

また第 2 章において語彙素と形態統語素性の組を適切に具現化するための関数として以下のようなパラダイム関数 (PF) を導入した。

(3.30) パラダイム関数：

PF($\langle L, \sigma \rangle$) = [II : [I : $\langle X, \sigma \rangle$]], ただし X は σ を具現化するのに適切な L の語幹

- L: 語彙素
- σ: 形態統語素性の集合
- I, II, III, . . . : 表出規則のブロック

表出規則の適用を受ける語幹と形態統語素性の組は形態パラダイムのセルであるので、PF は (3.31) のように規定することができる。

(3.31) PF($\langle L, \sigma \rangle$) = PF($\langle$***Corr***($\langle L, \sigma \rangle$)$\rangle$)

よってパラダイム間のインターフェイスを図式化すると図 3.5 のようになる。

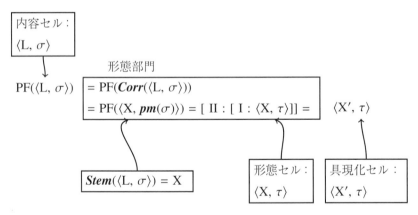

図 3.5 パラダイム間のインターフェイス (Stump 2016: 115)

内容パラダイム内のセル $\langle L, \sigma \rangle$ がパラダイム関数 PF へ入力されると、形態部門においてまず ***Corr*** 関数が適用される。(3.29) で見たように、***Corr*** は ***Stem*** 関数を適用することで $\langle L, \sigma \rangle$ に対して適切な語幹 X を選択する。そして ***pm*** 関数の適用によって σ が τ となり、形態パラダイム内のセル

$\langle X, \tau \rangle$ へと写像される。この $\langle X, \tau \rangle$ に対して表出規則が適用される（図3.5 では I と II の 2 つのブロックで規則が適用されている）。その結果，語幹 X が X′ という語形になり，$\langle X', \tau \rangle$ という具現化パラダイム内のセルへと写像されることとなる。

3.4 まとめ

　同じ語形が異なった文法機能を担う，あるいは統語環境に現れる融合という現象に対して，先駆的研究となる Zwicky (1985) や初期の PFM の Stump (1993, 2001) では参照規則を用いた分析が提案されていた。これらの分析では融合に見られる同形性を直接的に指定することになるが，本章で見たように DM や現在の PFM はそれとは異なったアプローチを取っている。DM においては消去という語彙挿入の前段階での素性削除の操作を，PFM においては素性マッピングという内容パラダイムから形態パラダイムへの対応における素性集合の変更の操作を仮定しており，ともに素性に対して操作を行い融合を捉えようとしている[13]。しかし消去が形態的に区別の不要な素性を削除する操作にとどまっているのに対し，素性マッピングは制約のない素性への操作であり，活用型に関する素性を付加したり，内容パラダイムの素性を純形態的素性へと置き換えたりといったことまで可能である。Stump (2001: 235–241) は DM における消去では説明できない現象があることを指摘し，制約のない素性操作の必要性を主張する一方，Bobaljik (2002: 65–67) は理論が持つ予測可能性という観点から制約のない素性操作を行うことの妥当性に疑問を呈している。この点については，消去では説明できないような融合に対して，素性操作を無制約に行う以外のアプローチによって説明が可能になるのかどうか，など今後の研究を待たねばならない。

---

[13] Bobaljik (2002: 64) や Trommer (2012: 332–334) が指摘するように，参照規則も実質的には表出規則内における素性の操作であると考えることもできる。

70   第3章　融合

　またDMにおいて語彙挿入の際の不完全指定によって捉えられる融合
は，PFMにおいても表出規則における素性の不完全指定によって同様に
分析される。これは2つの理論がともに規則適用の際にその他条件または
パーニニの原理を採用しているからである。この素性の具現化のメカニズ
ムという点においては，DMとPFMは類似していると言えよう。

練習問題

問1　50ページの表3.9にあるロシア語名詞 stol 'table' と student 'student'
　　に見られる融合に関して：
　　（1）DMにおいて主格，対格，属格の接辞を表出するための語彙項
　　　　目を提案しなさい。
　　（2）PFMにおいて主格，対格，属格に見られる双方向的融合を捉え
　　　　るための素性写像関数 *pm* を提案しなさい。なお stol, student
　　　　ともに第1活用型 (class I) 名詞に属する。
　　素性は有生物が anim (animate)，無生物が inanim (inanimate) とする。
問2　日本語の屈折形態で融合として記述・分析できるものがないか探し
　　なさい。

第 4 章

補充法

4.1 補充法とは

まず以下の英語の例文を見てみよう。(4.1) では動詞 play が使われており，現在時制の (4.1a) においては play という語形で，過去時制の (4.1b) においては -(e)d 接辞が付加され played という語形で表出している。一方 (4.2) では動詞 go が使われており，現在時制では go という語形なのに対し，過去時制では went となり語幹が変化している。また形容詞においても (4.3) に見られる tall のように通常は原級，比較級，最上級の語幹は同一であるが，(4.4) の good は原級が good なのに対し比較級が better，最上級が best となり異なる語幹が用いられている。

(4.1)　a.　Our daughters play football on weekends.

　　　　b.　Our daughters played football last Sunday.

(4.2)　a.　Our kids go to music school on Saturdays.

　　　　b.　Our kids went to music school last Saturday.

(4.3)　a.　Tom is tall.

　　　　b.　Tom is taller than John.

72　　第 4 章　補充法

    c.　Tom is the tallest in the class.

(4.4)　　a.　This room is good.

    b.　This room is better than the other one.

    c.　This room is the best in this building.

　通常同一語彙素の活用においては，同じあるいは形態的に類似した語幹を基体として語形成が行われるが，このようにある活用形においてその他の活用形と異なる語幹が表出することは多くの言語において見られ，この現象を**補充法** (suppletion) と呼ぶ。

4.1.1　標準型屈折と補充法

　補充法の特性を概観するのに，前章同様標準型類型論の枠組みに基づき，標準型屈折からどのように逸脱しているか考えてみよう。Corbett (2007a)が示す屈折の標準型を表 4.1，標準型屈折を示す仮想言語の活用形を表 4.2として以下に再掲する。

	同一語彙素	異語彙素
構造	同	同
語幹	同	異
接辞	異	同

表 4.1　標準型屈折の例 (Corbett 2007a: 23)

	単数	複数	単数	複数
主格	DOG-a	DOG-i	CAT-a	CAT-i
対格	DOG-e	DOG-o	CAT-e	CAT-o

表 4.2　標準型屈折を示す仮想言語の例 (Corbett 2007a: 24)

　融合は同一の接辞が異なった素性の組み合わせを具現化するのに用いら

れることでこの標準型から逸脱していたが，補充法はある特定の素性を具
現化する際に特別な語幹が用いられることで標準型から逸脱していると考
えることができる。これらをまとめると表 4.3 のようになる。

	標準型		融合		補充法	
	単数	複数	単数	複数	単数	複数
主格	DOG-a	DOG-i	DOG-a	DOG-i	DOG-a	DOG-i
対格	DOG-e	DOG-o	DOG-e	DOG-i	DOG-e	CAT-o

表 4.3　標準型からの逸脱 (cf. Corbett 2007a: 25)

　標準型ではすべて DOG という同一の語幹が用いられ，すべての素性の
組み合わせが異なった活用語尾として表出している。前章で見たように融
合では複数において格が中和し -i という同一の活用語尾が用いられてい
る。一方補充法では，活用語尾は標準型と同様すべての素性の組み合わせ
において固有の形となっているが，複数の対格において他の素性の組み合
わせとは異なった CAT という別の語幹が用いられている。上述の英語の
例では good ~ better ~ best のように比較級，最上級において異なった語幹
be(t)- が用いられているが，接辞はそれぞれ -er, -est というデフォルトの
表出形として具現化されている。このような語幹のみが交替する補充法を
部分補充法 (partial suppletion) と呼ぶ[1]。一方，go ~ went のように語形全
体が完全に異なる補充法を**完全補充法** (total/full suppletion) と呼ぶ。
　様々な言語で補充法が起こる語について見てみると，高頻度の語彙素
により補充法が起こりやすいという傾向が観察される (Corbett et al. 2001,
Hippisley et al. 2004)。例えば，繋辞や「行く」「来る」「言う」などの動詞，
「子」「人」「母」などの名詞は通言語的に補充法がより多く見られる。

---

[1] 語幹のみの交替ではなく think ~ thought, write ~ wrote ~ written のように語形の一部の
みが不規則に変化する例も部分補充法に含めることもある。補充法の定義に関する歴史
的な変遷については Veselinova (2006: Ch. 1) を参照。

74　第 4 章　補充法

4.1.2　補充法の種類

　本節では補充法の詳細についてまとめる。まず補充法がどのような条件
の下で起こるかについて，統語情報が関わっているもの，純形態的なもの，
音韻的要因によるものの 3 種類が考えられる。例えば，表 4.4 に示すロシ
ア語の名詞 rebenok 'child' は格に関わらず複数において det という異なっ
た語幹が用いられることから，複数という数の素性が補充法の適用条件と
して機能していると考えることができる。

	単数	複数
主格	rebenok	deti
対格	rebenka	detej
属格	rebenka	detej
与格	rebenku	detjam
具格	rebenkom	det'mi
場所格	rebenke	detjax

表 4.4　ロシア語 rebenok 'child' の活用 (Corbett 2007b: 18)

　一方表 4.5 に示されるフランス語の動詞の屈折形態では規則的な laver
'wash' のような語幹が一貫している動詞と異なり，mourir 'die' では 1 人
称複数と 2 人称複数において補充形が現れている。このように 1 人称複数
と 2 人称複数の語幹が他と区別されるパターンは mourir における補充法
以外にもフランス語動詞活用形態全般に見られる (Bonami and Boyé 2002,
Corbett 2007b)。表 4.4 のロシア語のように単数と複数の対立といった特
定の形態統語素性の違いによって補充形の表出が条件づけられているわけ
ではないため，これは純形態的な補充法と考えることができる。同様に表
4.6 にあるポーランド語の繋辞 być や wiedzieć 'know' などの動詞では 3 人
称複数にのみ異なった語幹が用いられており，純形態的な補充法の例で

ある。

	単数	複数	単数	複数
1 人称	lave /lav/	lavons /lavɔ̃/	meurs /mœr/	**mour**ons /murɔ̃/
2 人称	laves /lav/	lavez /lave/	meurs /mœr/	**mour**ez /mure/
3 人称	lave /lav/	lavent /lavə/	meurt /mœr/	meurent /mœrə/

表 4.5　フランス語の laver 'wash' と mourir 'die'（現在形）の活用

(Bonami and Boyé 2002)

	単数	複数	単数	複数
1	jest-em	jest-eśmy	wie-m	wie-my
2	jest-eś	jest-eście	wie-sz	wie-cie
3	jest	**s-ą**	wie	**wiedz-ą**

表 4.6　ポーランド語繋辞 być と wiedzieć 'know'（現在形）の活用

(Corbett 2007a: 26)

　音韻的要因によって補充法が起こる例として Carstairs-McCarthy (1994)
はイタリア語の動詞 andare 'go' を挙げている．表 4.7 にあるように，andare
は語幹自体に強勢が置かれる場合は vad が語幹となり，そうでない場合
は and が語幹となる．強勢の有無という音韻的特性が語幹の選択に関わっ
ているため，音韻的要因による補充法の例と考えることができるわけで
ある．

	単数	複数
1 人称	vád-a	and-iámo
2 人称	vád-a	and-iáte
3 人称	vád-a	vád-ano

表 4.7　イタリア語の andare 'go'（接続法現在）の活用

76   第4章 補充法

　またサンスクリット語の中性名詞 ahan 'day' には強語幹 ahān，中語幹
ahas，弱語幹 ahn があり，表 4.8 のような分布を示す。Stump (2016) は語
幹に接続する接辞が母音で始まるか否かによって選択される語幹が異なる
ことを指摘している。主格，呼格，対格では，主格と呼格が対格へと融合
しており，-ī が付加される双数では弱語幹の ahn が選択され，-i が付加さ
れる複数では強語幹の ahān が選択されるが，接辞がつかない単数では中
語幹の ahas となる。属格では，単数，双数，複数すべてにおいて，母音で
始まる接辞が付加され，語幹はすべて弱語幹の ahn となる。これらの語幹
選択も音韻的な要因によって補充形が条件づけられる現象と考えることが
できるだろう[2]。

	単数	双数	複数
主格	ahas	ahn-ī	ahān-i
呼格	ahas	ahn-ī	ahān-i
対格	ahas	ahn-ī	ahān-i
属格	ahn-as	ahn-os	ahn-ām

表 4.8　サンスクリット語の中性名詞 ahan 'day' の活用の一部 (Stump 2016: 186)

　ここまでは単独の語彙素の活用形に特異な語幹・語形が現れる補充法を
見てきたが，同じ補充形が複数の語彙素に対して現れることがあり，重
複補充法 (overlapping suppletion) と呼ばれる。Corbett (2007b: 25–26) は表
4.9 に見られるように，スペイン語の ir 'go' と繋辞 ser は点過去 (preterite)
において同一の補充形が用いられることを指摘している。
　また前章で扱った融合との関連で興味深い現象が観察される。スロベニ
ア語の名詞は属格と場所格において双数と複数に融合が見られ，同形とな
る。これは複数形が双数形に取って代わる一方向的融合である（49 ページ
の表 3.8 を参照）。človek 'man, person' のような名詞は複数において補充

---

[2] その他様々な音韻的要因による補充法が Carstairs (1988, 1990) にまとめられている。

	ser （繋辞）		ir 'go'	
	現在	点過去	現在	点過去
1 人称単数	soy	fui	voy	fui
2 人称単数	eres	fuiste	vas	fuiste
3 人称単数	es	fue	va	fue
1 人称複数	somos	fuimos	vamos	fuimos
2 人称複数	sois	fuisteis	vais	fuisteis
3 人称複数	son	fueron	van	fueron

表 4.9　スペイン語の重複補充法

形が現れるが，融合も同時に起こるために表 4.10 に示されるように双数においても属格と場所格にのみ補充形が現れることになる (Baerman et al. 2005, Corbett 2007b)。

	単数	双数	複数
主格	člověk	člověka	ljudje
対格	člověka	člověka	ljudi
属格	člověka	**ljudi**	ljudi
与格	člověku	člověkoma	ljudem
具格	člověkom	člověkoma	ljudmi
場所格	člověku	**ljudeh**	ljudeh

表 4.10　スロベニア語の člověk 'man, person' の活用 (Corbett 2007b: 30)

　74 ページで形態統語素性が補充法の適用条件になっている例を見たが，語自体が持つ形態統語素性ではなく，語が生起する特定の統語環境が補充法を引き起こすこともある[3]。Hippisley et al. (2004: 396–397) は (4.5),

---

[3] 語自体が持つ素性を内在的素性 (inherent feature)，語が生起する環境に関する素性を外在的素性 (contextual feature) と呼ぶ (Booij 1996)。

78   第 4 章　補充法

(4.6) のようにデンマーク語の形容詞に見られる補充形が形容詞自体の素
性ではなく，形容詞が修飾する名詞によって引き起こされていることを指
摘している。デンマーク語では名詞句内で主要部の名詞が修飾部の形容詞
に対し数素性に関して一致を引き起こす[4]。(4.5) に見られるように形容詞
が単数名詞を修飾しているときは glad という語形であるが，複数名詞を
修飾しているときは glad-e と接辞が付加される。一方 (4.6) では「小さい」
を表す形容詞が単数の名詞を修飾するときは lille であるのに対し，複数の
名詞を修飾するときは små と補充形が現れている。

(4.5)　　a.　en glad　　hund
　　　　　　　a　happy.SG dog.SG
　　　　　　　'a happy dog'

　　　　　b.　glad-e　　hund-e
　　　　　　　happy-PL dog-PL
　　　　　　　'happy dogs'

(4.6)　　a.　et lille　　barn
　　　　　　　a　small.SG child.SG
　　　　　　　'a small child'

　　　　　b.　små　　born
　　　　　　　small.PL child.PL
　　　　　　　'small children'

　また Bobaljik and Harley (2017) はヤキ語 (Yaqui)[5] では動詞の補充形が項

---

　[4] このような一致関係にあるとき，一致を引き起こす要素をコントローラー (controller)，
　　引き起こされる要素をターゲット (target) と呼ぶ (Corbett 2006)。例えば，以下の英語の
　　例においては主語と動詞が数と人称の素性に関して一致関係にあり，主語である John が
　　コントローラー，動詞の loves がターゲットとなる。

　(i)　　John loves his children.

　[5] ヒアキ語 (Hiaki) と表記されることもある。

の数素性によって引き起こされると主張している。(4.7) に示されるように補充自動詞 (intransitive suppletive verb) では，主語の情報によって補充が左右される。ここでは主語が複数の場合，weeye の補充形 kaate が現れている。一方，補充他動詞 (transitive suppletive verb) の場合，補充形の出現を決定するのは主語ではなく目的語である。(4.8) の対比では，主語の数に関する情報に関わらず，目的語が複数である場合は me'a の補充形 sua が現れている。

(4.7)　a.　aapo weeye
　　　　　　3sg　walk.sg
　　　　　　'S/he is walking.'

　　　　b.　vempo kaate
　　　　　　3pl　　walk.pl
　　　　　　'They are walking.'

(4.8)　a.　aapo/vempo uka　　koowi-ta　　me'a-k
　　　　　　3sg/3pl　　the.sg pig-acc.sg kill.sg-perf
　　　　　　'He/They killed the pig.'

　　　　b.　aapo/vempo ume　kowi-m sua-k
　　　　　　3sg/3pl　　the.pl pig-pl　kill.pl-perf
　　　　　　'He/They killed the pigs.'　　　(Bobaljik and Harley 2017: 144)

　(4.5) と (4.6) のデンマーク語における形容詞と名詞の一致の例とは異なり，ヤキ語の動詞は一致による形態変化を起こさない。よってヤキ語の動詞の補充形は目的語との一致によって引き起こされていると考えることはできない (Bobaljik and Harley 2017: 155)。

4.2 DM における補充法

DM においては，補充形はその他の規則的な表出形と同じように取り扱われる。例えば，Embick (2010) では，$\sqrt{\text{GO}}$ の語彙項目として (4.9) を提案している[6]。$\sqrt{\text{GO}}$ が過去の値を持つ機能範疇 T を文脈に持つ場合には (4.9a) が適用されて補充形である went が挿入され，それ以外の場合には (4.9b) が適用されて表出形 go が挿入される。ここで，補充形 went の扱いはこれまで DM の分析で見てきたその他の異形態とまったく同じである。

(4.9)　a.　$\sqrt{\text{GO}} \leftrightarrow$ went/＿＿＿[past]

　　　　b.　$\sqrt{\text{GO}} \leftrightarrow$ go　　　　　　　（Embick (2010: 84) を元に作成）

このように，DM では補充現象を分析する上で特別な方法を取る訳ではないが，DM を分析の枠組みとして採用すると，1) Root は後期挿入の対象になるのか，2) 語彙挿入の際にどのような情報が参照されるのか，という 2 つの問題が生じる。

4.2.1　Root に対する後期挿入

Halle and Marantz (1993) に代表されるような DM の最初期の研究では，後期挿入を用いた分析の対象になっていたのは，文法的要素，すなわち形式素性であった。Root に対する後期挿入をどのように考えれば良いのかという問題提起自体は Marantz (1994) によるものなど早い段階からあり，その後もいくつかの方向性が示唆されたものの，しばらくはそれほど大き

---

[6] Embick (2010: 84) で実際に提案されている語彙項目では，第 4.2.1 節で取り上げる Root Suppletion の問題もあって，went は機能範疇 v_{go} の表出形と仮定されている。また，(4.9) では形態の前後関係を表す記号も省いている。

な研究上の課題としては取り上げられなかった[7]。

そのような状況において，Harley (2014) で指摘されたように，補充がこの問題を考える上で避けては通れない現象であるということが意識されるようになった。すなわち，完全補充形は同一の Root のその他の表出形から音韻的に導くことが不可能なため，Root に対しても後期挿入を適用し表出形を遅いタイミングで決めないと分析が難しいのではないかと考えられるのである。

DM の研究では "Root Suppletion" という言い方がなされることがある (Harley 2014)。Corbett (2007b) の整理に従えば補充の対象が Root 部分であることは言わば当然なのだが，上述の理由により，DM における Root 部分が対象になっていることの重要性に焦点を当てた言い方だと考えておくと良いだろう。

4.2.2 補充の際に参照される統語情報

DM では後期挿入が統語部門の後に位置し，また統語部門で形成された構造の情報がほぼそのまま形態部門で利用可能なため，補充を後期挿入によって分析する場合，統語的な情報はかなり自由に参照することが原理的に可能である。

これは方法論的な観点から言い換えると，統語的な情報を参照しなければならない補充現象の分析に強いということである。特に，非常に細かな統語環境に補充形の出現が左右されるような場合にその強みが発揮される。本節では，その具体例として Bobaljik and Harley (2017) のヤキ語の分析と Bobaljik (2012) の比較級・最上級の分析を紹介する。一方で，DM のモデルの特性上，形態部門の段階でいわゆる LF や Encyclopedia にアクセ

---

[7] Root も後期挿入の対象になるという立場をはっきり示しているものとして Harley and Noyer (1999) が，Root は後期挿入の対象にならないという立場をはっきり示しているものとして Embick and Noyer (2007) が挙げられるが，どちらも DM の概説としての性格が強いものである。

スすることは難しいので，それらの情報を参照しなければならない補充現象があった場合，DM の後期挿入による分析は難しくなることが予測される。

4.2.3 統語的な情報と補充

Bobaljik and Harley (2017) では，ヤキ語において，補充を起こす述語と項の距離という統語的な情報によって補充の可否が左右される現象の存在が指摘されている[8]。

(4.7) や (4.8) でも見たように，補充自動詞の場合は主語の情報によって補充の生起が左右され，補充他動詞の場合は主語ではなく目的語が補充形の出現を決定する。

この現象は，動詞に統語的に近い内項の情報のみが補充形出現の条件として参照できるということである[9]。これは，補充が動詞が持つ内在的素性だけでなく，その他の外在的な情報にも左右されるということを示している。

Bobaljik and Harley (2017) はこのような現象に対して，(4.10) の局所性を用いた分析を提案している。

(4.10)　局所性：β は a の関係にある時に α の条件になることができ，b の場合は不可能である。

　　　　a.　$\alpha \ldots]x^0 \ldots \beta$

---

[8] Bobaljik and Harley (2017) が公刊されたのは 2017 年であるが，草稿が少なくとも 2013 年から公開されており，公開直後から DM における補充の研究に影響を与えている。例えば，後に紹介する Oseki (2016) が Bobaljik and Harley (2017) に対して問題提起をしているにも関わらず先に発表されているように見えるのはそのためである。

[9] 「歩く」のような動詞はその唯一の項が外項である非能格動詞として分析されることも多いので，(4.7) の項が内項として分析されていることに違和感を覚える読者もいるかもしれない。この問題について，Bobaljik and Harley (2017) はヤキ語における補充自動詞はすべて非対格動詞であるという分析を提案している。詳細については Bobaljik and Harley (2017: 144–149) を参照。

b. $*\alpha\ldots]\mathrm{x}^\mathrm{n}\ldots\beta$ ただし n > 0　　(Bobaljik and Harley 2017: 150)

(4.11)　統語構造と局所性

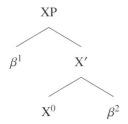

(4.10) の規定に従うと，(4.11) の構造において，X^0 と局所的な関係にあるのは β^2 のみで X^0 と β^1 は局所的な関係とはならない。

これを補充現象に適用すると，補充の対象になる要素とその条件になる要素の間に構造上投射が存在しない場合にのみ補充形が挿入される。例えば動詞に対して外項と内項では内項が，間接目的語と直接目的語では直接目的語が補充の条件として選ばれることになる[10]。つまり，条件になり得る複数の要素（ここでは項名詞句）が存在する場合，最も補充の対象になる要素に近いもののみが補充の条件になるのである。

内項が動詞と局所的な関係にあるということは，非対格性に関する研究やイディオムの解釈 (Marantz 1981, Kratzer 1996) 等，補充とは独立した現象によって明らかにされているという点も重要である。

---

[10] Oseki (2016) は，アイヌ語では，(ii) のように複数主語という外項の情報によって動詞に補充形が現れるか否かが左右される場合があると指摘しており，Bobaljik and Harley (2017) が主張した局所性に関する条件を緩めることが提案されている (Oseki 2016: 89)。

(i)　　nea kur　kamiyasi rayke
　　　the man monster　kill.SG
　　　'The man killed the monster.'

(ii)　　okkaypo nispa　　eci=ronnu
　　　boy　　headman　2PL=kill.PL
　　　'You killed the young headman (of the village).'

4.2.4 包含関係と局所性

Bobaljik (2012) は形態統語的に形容詞の比較級と最上級を持つ言語の補充法に対して興味深い一般化をいくつか提示し，DM を用いた分析を試みている。

まず，Bobaljik (2012) の比較級における補充の分析を英語を例に見る。英語の √GOOD とその補充形を含む比較級の bett-er の統語構造は (4.12) のように仮定される。

(4.12) 比較級の統語構造[11]

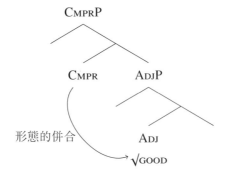

英語では統合的 (synthetic) な比較級・最上級の形成について音節数に関する音韻論的な条件があることがよく知られている。ここでの分析では Root の音節数が条件を満たす場合にのみ形態的併合が行われ，-er の接辞化によって統合的な形態となる。Bobaljik (2012) も指摘しているように politer/more polite といった両方の形が可能な Root もあり，このように Root 個別の対応や随意的な適用が可能な形態操作による分析が妥当であると考えられる。

さらに，bett-er の形成に関わる語彙項目は (4.13) のようになる。

---

[11] C<small>MPR</small> は比較級を形成する機能範疇である。同じ DM でも Embick and Marantz (2008) では機能範疇 Deg(ree) を用いた分析が提案されている。

4.2 DM における補充法　85

(4.13)　√GOOD と bett-er に関する語彙項目（の一部）

　　a.　√GOOD → be(tt)- / ___] CMPR]

　　b.　√GOOD → good

　　c.　CMPR → -er /]ADJ___]

　　d.　CMPR → more

　　　　　（Bobaljik (2012: 69) のギリシャ語の語彙項目を元に作成）

　(4.13a) は，CMPR によって c 統御される環境において √GOOD の表出形として be(tt)- が挿入されることを表している。この語彙項目は (4.13b) の語彙項目より特定的なので，条件が満たされた場合は優先的に適用される。(4.13c, d) は比較級を表す形態に関する語彙項目であり，CMPR が形態的併合によって形容詞と複合主要部を形成した場合は -er という形で接辞化され，それ以外では more が挿入され分析的 (analytic) な表出形となる。

　Bobaljik (2012) が明らかにした一般化の 1 つに，統合的最上級の一般化 (Synthetic Superlative Generalization: SSG) というものがある。これは，最上級が統合的な場合，比較級だけ分析的になることはないというものである。

(4.14)　統合的最上級の一般化
　　　　統合的最上級を持つ言語では必ず統合的に比較級を表すことができる。　　　　　　　　　　　　　　　　　　　(Bobaljik 2012: 3)

　Bobaljik (2012) はこの一般化を最上級の構造が比較級の構造を包含するという (4.15) の包含性仮説 (Containment Hypothesis) と，形態的併合の循環的適用によって説明している。

(4.15)　包含性仮説
　　　　最上級の表示は比較級の表示を完全に含む。　(Bobaljik 2012: 4)

最上級の統語構造は下記の通りである。

(4.16) 最上級の統語構造[12] （Bobaljik (2012: 82, (112a)) を元に作成）

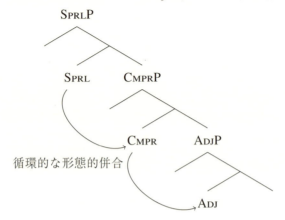

　統合的な最上級が可能な言語では，(4.16) に示すように，形態部門において まず S_PRL が C_MPR へ形態的併合によって繰り下げられ，それによって形成された複合主要部もさらに A_DJ へ形態的併合によって繰り下げられる。

　DM において形態的併合は循環的に適用され，必ず直近の主要部を一つずつ経由しなければならない (Embick and Noyer 2001)。すなわち，最上級の形態を接辞化で形成できる言語は，必ず比較級の形態を接辞化する操作を持っていることになる。これが統合的な最上級の一般化が成り立つ理由である。

　以上の分析は厳密に言うと統語的な局所性そのものを用いているわけではないが（形態的併合が統語的な局所性に従うことは統語論の原理からは導けない），統語部門で形成された構造が形態構造の基盤になっており，形態操作がその形態構造に対して適用されるという DM の特色を生かした分析になっている。

---

[12] S_PRL は最上級を形成する機能範疇である。

4.2.5　DM と補充の研究

　先に述べたように，DM において補充形はその他の表出形や異形態と同じように取り扱われる。補充形を特別扱いしないというのは理論的な利点の 1 つとも考えられる。補充現象の存在そのものが，Root という DM において重要な概念の 1 つに対して避けられない問題を提起することに加え，統語的な情報により補充の可否が左右される現象が注目されるようになり，近年研究が活性化している。

　しかし，DM による補充の分析は今のところこのような統語的な分析と相性の良い現象に集中しており，その他のタイプの補充現象をどのように分析するのかという点については課題が多く残されている。

　具体的に問題が生ずる可能性を予測できる現象もいくつかある。その 1 つが表 4.7 や表 4.8 で示された音韻的な要因による補充である。Root の表出形を音韻的な要因を条件にした後期挿入によって分析するのであれば，その条件となる形態（接辞）の表出形が先に決定されなければならない。たとえば表 4.7 のイタリア語の例を，屈折接辞に強勢がある場合には強勢が置かれない語幹 and が，屈折接辞に強勢がない場合には強勢が置かれる語幹 vad が現れる現象と考えると，√ANDARE の表出形を決めるために屈折接辞の表出形と強勢の有無が決まっている必要がある。しかし，もう一方の情報を参照して語彙挿入が行われるということは，両者が統語的に同じ領域に存在するということであるが，どちらの語彙挿入が先に行われるかを決める明解な原理を現在の DM は持っていない。「こちらが先に決まっていないといけないからそのように派生される」という形の分析は統語論の研究における「先読みの問題 (look-ahead problem)」と同様の問題が生じるので，挿入の順序を補充の分析とは独立した仕組みで保証しなければならない。これは今のところ解決が困難な問題であるように思われる。

4.3 PFM における補充法

補充法というのはある語彙素に対して複数の語幹が用いられる現象であるので、PFM においては内容パラダイムが分割され、それぞれが別の形態パラダイムへ対応すると考えることができる。補充法が形態統語素性によって条件づけられる場合や純形態的な補充法は、その素性が語幹選択に関わることでパラダイム間の対応関係を規定することとなる。また音韻的な要因によって補充法が現れる場合は、語幹選択に音韻規則を適用することで適切な語幹が選択される。以下でそのメカニズムを説明する。

4.3.1 形態統語素性による補充法

表 4.4 においてロシア語の rebenok 'child' は数の素性によって補充法が規定されることを見たが、数の素性によって分割された内容パラダイムと形態パラダイムへの対応関係は図 4.1 のように図式化することができる。ここで σ は sg を含む形態統語素性の集合、τ は pl を含む形態統語素性の集合であり、内容パラダイムが 2 つに分割され $\langle \text{REBENOK}, \sigma \rangle$ は reben を語幹とする形態パラダイムへ、$\langle \text{REBENOK}, \tau \rangle$ は det を語幹とする別の形態パラダイムへそれぞれ対応している。

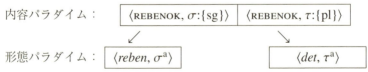

図 4.1　ロシア語の名詞 rebenok の内容パラダイムと形態パラダイムの対応関係

図 4.1 の形態パラダイムにおいて形態統語素性の集合が σ^a, τ^a となっているが、これは (4.17) のように定義される表記である。ic というのは (4.18) のように定義される活用型 (inflectional class) 関数であり、語幹を入

力すると活用型を出力する。つまり σ^a というのは活用型が素性として σ の要素に加えられたものである。

(4.17)　語幹 Z と形態統語素性の集合 σ の組を $\langle Z, \sigma \rangle$ とするとき，$\langle Z, \sigma^a \rangle$ は $\langle Z, \sigma \cup ic(Z) \rangle$ を表す。

(4.18)　$ic(Z) = C$，ただし Z は語幹，C は活用型　　　　(Stump 2016: 190)

よってロシア語の内容パラダイムと形態パラダイムを対応づける **Corr** 関数は (4.19) のように定義することができる。語幹の選択は数の素性によって決定されるため **Stem** 関数は (4.20) のように規定することができる。単数語幹の reben も複数語幹の det もともにクラス I の活用型であるため，**ic** 関数によって (4.21) のように規定される。

(4.19)　$\textbf{\textit{Corr}}(\langle L, \sigma \rangle) = \langle \textbf{\textit{Stem}}(\langle L, \sigma \rangle), \sigma^a \rangle$

(4.20)　a.　$\textbf{\textit{Stem}}(\langle \text{REBENOK}, \sigma{:}\{\text{sg}\} \rangle) = reben$

　　　　b.　$\textbf{\textit{Stem}}(\langle \text{REBENOK}, \sigma{:}\{\text{pl}\} \rangle) = det$

(4.21)　a.　$ic(reben) = \text{I}$

　　　　b.　$ic(det) = \text{I}$

　以上をまとめて内容パラダイム，形態パラダイム，具現化パラダイム間の対応関係を与格単数形，与格複数形の具現化を例に示すと図 4.2 のようになる。

内容パラダイム:　　　$\langle \text{REBENOK}, \{\text{anim sg dat}\} \rangle$　　　$\langle \text{REBENOK}, \{\text{anim pl dat}\} \rangle$

　　　　　　　　　　　　　↓　　　　　　　　　　　　　　　↓

形態パラダイム:　　　$\langle reben, \{\text{anim sg dat I}\} \rangle$　　　$\langle det, \{\text{anim pl dat I}\} \rangle$

　　　　　　　　　　　　　↓　　　　　　　　　　　　　　　↓

具現化パラダイム:　　$\langle rebenku, \{\text{anim sg dat I}\} \rangle$　　$\langle detjam, \{\text{anim pl dat I}\} \rangle$

図 4.2　ロシア語の名詞 rebenok の 3 つのパラダイムの対応関係

4.3.2 純形態的な補充法

純形態的な補充法に関しても，基本的なアプローチは前節の形態統語素性による補充法と同様で **Stem** 関数において特定の素性の組み合わせに対して固有の語幹が選択されるように指定することが可能であり，Stump (2016) でもそのような提案が行われている。例えば，ポーランド語に見られる補充法では 3 人称複数に補充形語幹が表出するので，(4.22) のように **Stem** 関数で定めることが可能である。ここでは σ: {3 pl} という条件がついているので，形態統語素性が 3 と pl を含む場合 s や wiedz という語幹が選択される。

(4.22)　a.　**Stem**(⟨jest, σ:{3 pl}⟩) = *s*

　　　　b.　**Stem**(⟨wie, σ:{3 pl}⟩) = *wiedz*

しかし，このアプローチは表 4.10 のスロベニア語のように補充形が融合にも現れる場合には問題となる。スロベニア語では複数に補充形が現れるので，(4.23) のように **Stem** 関数を指定することで補充語幹を選択する。

(4.23)　**Stem**(⟨človek, σ:{pl}⟩) = *ljud*

　　　　それ以外の場合，**Stem**(⟨človek, σ⟩) = *človek*

また 66 ページで見たように一方向性の融合においては素性写像関数で 2 つの素性が 1 つに収斂するよう規定する。スロベニア語の場合は属格と場所格において，双数と複数の 2 つの素性が複数へと収斂する。

(4.24)　**pm**({masc {gen ∨ loc} {du ∨ pl}}) = {masc {gen ∨ loc} pl}

よって，例えば双数属格形の語形成ではまず (4.23) の **Stem** 関数適用によって，語幹 človek が選ばれてしまい，次に (4.24) の **pm** 関数が形態統語素性の集合 {masc gen du} に適用された結果 {masc gen pl} となる。その後表出形規則の適用により接辞 -i が付加され človeki という誤った語形が出力されてしまう。

4.3 PFM における補充法 91

　正しく語幹が選択されるためには，第 3 章の (3.29) で規定された ***Corr***（以下に (4.25) として再掲）において，***Stem*** 関数に入力される形態統語素性の集合を σ ではなく ***pm***(σ) のようにしておく必要がある。よって言語によっては ***Corr*** は (4.26) のように規定されることとなる。

(4.25) 　***Corr***$(\langle \mathrm{L}, \sigma \rangle) = \langle$ ***Stem***$(\langle \mathrm{L}, \sigma \rangle),$ ***pm***$(\sigma) \rangle$ 　　　　　(Stump 2016: 114)

(4.26) 　***Corr***$(\langle \mathrm{L}, \sigma \rangle) = \langle$ ***Stem***$(\langle \mathrm{L},$ ***pm***$(\sigma) \rangle),$ ***pm***$(\sigma) \rangle$

　この修正により，スロベニア語の双数属格と双数場所格の場合，(4.23)の ***Stem*** 関数を適用する際に，(4.24) の ***pm*** によって双数が複数になっているため，正しく ljud という語幹が選択されることとなる。

4.3.3　音韻的要因による補充法

　語幹選択が音韻的な要因に左右される場合，PFM ではシンタグマティック文脈関数 ***SC*** (syntagmatic context) を適用する。***SC*** は語幹を入力すると特定の環境においてその語幹がどのように変化するのかを規定する関数である。例えば，表 4.7 でイタリア語の動詞 andare は接続法現在時制において語幹に強勢が置かれる場合は vad，そうでなければ and になることを見たが，この語幹選択は (4.27) と (4.28) のように指定することができる。

(4.27) 　***Stem***$(\langle \textsc{andare}, \{\text{subjunct prs}\} \rangle) = $ ***SC***(vad)

(4.28) 　***SC***$(vad) = vad$ 強勢が置かれる場合
　　　　　　　　$= and$ それ以外の場合

(4.27) では ***Stem*** 関数は直接語幹を指定するのではなく，vad に対して ***SC*** 関数を適用した結果が語幹となると規定している。(4.28) の ***SC*** 関数によって，強勢が置かれる場合は vad はそのまま語幹となり，強勢が置かれない場合は and と補充形語幹が選択される。

　表 4.8 で見たサンスクリット語の語幹選択は後続する接辞が母音かどうかに左右されるため，(4.29) のような ***Stem*** 関数と (4.30) のような ***SC*** 関数

を提案することができる。

(4.29) **Stem**(⟨AHAN, {neut acc pl}⟩) = *ahān*

それ以外の場合，**Stem**(⟨AHAN, σ⟩) = **SC**(*ahas*)

(4.30) **SC**(*ahas*) = *ahn* 母音の直前

ahas それ以外の場合

複数形では属格以外は強語幹の ahān となるので明示的に指定され，それ以外は ahas となる。入力される形態統語素性の集合が {neut acc pl} となっているのは，表 4.8 で見たように主格と呼格が対格へと融合して同形となることから，{neut nom pl} も {neut voc pl} も **pm** 関数によって，{neut acc pl} へと収斂していくからである。**SC** 関数は (4.30) にあるように，後続する接辞が母音であれば補充形語幹の ahn が，それ以外の場合はそのまま ahas となる。

4.3.4 統語環境による補充法

(4.6) で見たように，デンマーク語の形容詞 lille 'little' の語幹は一致のコントローラーである名詞が複数の際，補充形語幹の små となる。一致に関わる素性はターゲットである形容詞の形態統語素性に AGR(agreement) として指定されるので，この補充法は **Stem** 関数の出力を AGR の数素性によって変えることで捉えることができる。(4.31) に示されているように，一致の素性に sg が含まれていれば lille が，pl が含まれていれば små が選択される。

(4.31) a. **Stem**(⟨LILLE, σ:{AGR:{sg}}⟩) = *lille*

b. **Stem**(⟨LILLE, σ:{AGR:{pl}}⟩) = *små*

ヤキ語の補充法は上述したように一致によって条件づけられるわけではないので，違った分析が必要となる。Bobaljik and Harley (2017) による DM の分析では，(4.10) のように動詞句内の内項が主要部動詞の補充法を

4.3 PFM における補充法　　93

条件づける統語的なアプローチがとられていたが，類似現象の多くの先
行研究ではこれは動詞数 (verbal number) の例として扱われている (Durie
1986, Shibatani 1990: 50–54, Hale et al. 1991, Corbett 2000: Ch. 8)。動詞数
とは動詞が表す行為や出来事などの回数の素性である。例えば (4.32) はナ
ヴァホ語 (Navajo) の例であるが，動詞は主語と数において一致を示すと同
時に，動詞数によっても語形変化する。よって (4.32a) は主語が shí「私」
なので，動詞は 1 人称単数の一致を示すと同時に，「歩く」という動作は
「私」と「少年」2 人によって 2 回行われており動詞数が双数 (dual) となっ
ている。一方 (4.32b) では，主語は nihí「私たち」なので，動詞は 1 人称非
単数の一致を示しているが，「歩く」という行為を行うのは「私たちの中の
1 人」なので 1 回だけとなり動詞数は単数 (singular) となっている。

(4.32)　　a.　shí ashkii bił　　　yi-sh-'ash

　　　　　　　I　boy　him-with PROG-1SG-walk.DU

　　　　　　　'I am walking with the boy.'

　　　　　b.　nihí ła'　　di-iid-ááł

　　　　　　　we　subset FUT-1NONSG-walk.SG

　　　　　　　'One of us will go.'　　　　　　　　　(Hale et al. 1991: 268)

　ヤキ語の例 (4.7) と (4.8) も同様に動詞数による語形変化と考えることが
できる。つまり (4.7b) において動詞が複数形なのは非対格動詞の主語（内
項）が複数だからなのではなく，vempo「彼ら」という歩く行為を行う主
体が複数であるために，「歩く」という行為が複数回行われるからである。
同様に (4.8b) において動詞が複数形なのは他動詞の内項（目的語）が複数
だからではなく，殺すという行為の対象が kowi-m「豚たち」という複数の
豚に対して行われるため，「殺す」という行為が複数回行われるからとい
うことになる。

　よってヤキ語の補充法は動詞が持つ動詞数という素性によって条件づけ
られていることになり，(4.33) のように動詞数素性に基づく語幹選択関数

94   第4章　補充法

を定めることで捉えることができる[13]。

(4.33)　a.　***Stem***($\langle$ME'A, σ:{sg}$\rangle$) = *me'a*

　　　　b.　***Stem***($\langle$ME'A, σ:{pl}$\rangle$) = *sua*

4.3.5　統語構造と補充法

　PFM では語彙素が持つ内在的素性や AGR などの外在的素性によって補充形が表出する現象に対しては，内容パラダイムが素性によって分割され異なった形態パラダイムに対応する分析が可能であるが，統語「構造」が補充形の生起を決定する現象があるとするならば問題となる。第 4.3.4 節ではヤキ語の動詞に見られる補充法を動詞数として分析した。しかし，第 4.2.3 節で見た DM での分析で仮定されているように，統語構造上である特定の関係を結ぶ要素が補充法を引き起こすような現象があるとすると，語幹選択の段階でその語が現れる統語構造に言及するメカニズムが必要になる。

　また第 4.2.4 節で DM による比較級・最上級の分析を見たが，そこでは CMPR, SPRL と Root との統語的関係が重要となっている。Embick and Noyer (2001) や Embick (2007) は (4.34) のように形容詞 smart が副詞 amazingly で修飾されている場合は，形容詞の最上級は smartest と統合的にはならず，most を用いた分析的な形態となることを指摘し，副詞が最上級を表す機能範疇と形容詞との間に介在するためだとしている[14]。

(4.34)　a.　Mary is the most amazingly smart person.

---

[13] Durie (1986) が指摘するように動詞数は補充法を引き起こしやすい素性である。例えば英語の kill「殺す」と massacre「大虐殺する」のように行為や動作の回数の違いは意味的な違いを生みやすい。英語の kill と massacre は同一語彙素の補充形というよりは異なった語彙素と考えるのがより適切であり，ヤキ語を始めとする動詞数による補充法も異なった語彙素が派生されている可能性もある。

[14] この分析への批判として Williams (2011: 31) などがある。

b. *Mary is the amazingly smartest person.

同様の現象は補充形が現れる環境においても起こり，(4.35) のように副詞 amazingly の介在によって統合的補充形の best ではなく，分析的な most amazingly good が現れている。

(4.35) This is the most amazingly good story I have read.

PFM において good ~ best のような補充法は語幹選択によるものであり，語幹選択は統語構造を直接参照することはないため，このような現象は問題となりうる。特定の統語構造が語の生起を左右する場合は，統語的な原理による説明を試みることになる。例えば，(4.34) や (4.35) では，副詞は smartest や best といった最上級の素性をすでに持っている語は修飾できないという語形成ではなく統語構造レベルでの不適格性として扱うことになる。そのようなアプローチが妥当であるかどうかは，様々な同種の現象の分析から明らかになっていくことであろう。

4.4　まとめ

　補充法は語幹が通常とは異なった形で表出する現象であり，その特異性をどのように捉えるかが理論的課題となる。DM は語幹選択というメカニズムが存在せず，語彙挿入において Root を特殊な語形として具現化することになる。語彙挿入は統語部門で構造が構築された後に形態部門で行われるため，補充形の具現化に際して統語情報を広く参照することが可能である。一方で，語が音形化されるのは語彙挿入の後であり，例えば音韻的な要因で補充法が起こる場合などは，その情報を参照することが原理的に難しくなる。PFM は語幹選択を表出規則適用の前に *Stem* 関数によって行うため，形態統語素性を参照することで補充語幹を指定することになる。またシンタグマティック文脈関数 *SC* という音韻的特性に言及して語幹を変化・選択させる仕組みがあるため，音韻的特性が補充法に関わっている

96 第4章 補充法

現象も捉えることが可能である。一方で，PFM では内容パラダイムの素性によって統語部門とのインターフェイスを取っているため，語形成の際に素性を超えた統語構造的な情報を参照することはできない。よって，統語構造に左右される補充法は分析が困難になる。

このように2つの理論においてともに分析が困難となる可能性があるのは，補充法という現象の引き金となる情報が一枚岩ではないという観察に起因している。補充法が本当に音韻，形態，統語といった幅広い情報が要因となっているとすると，理論的には語形成の際にそれらの情報を参照できるような仕組みを導入する必要が出てくる。しかし，第4.3.4節で見たヤキ語の補充法を動詞数として捉える分析のように，補充法の引き金となっている情報の特定が誤っているという可能性もあり，現象レベルでの詳細な検討も必要である。同様のことは音韻的要因による補充法にも言え，Corbett (2007b: 21–22) が指摘しているように音韻的要因による補充法は形態的特性として捉えることも可能で，純粋に音韻的特性や音韻構造に基づく補充法が存在するのかどうかは考察の余地が残されている。

練習問題

問1 75 ページの表 4.5 にあるフランス語の動詞 mourir 'die' の屈折形態に関して：
  （1）DM において補充形語幹と活用語尾を具現化するための語彙項目を書きなさい。
  （2）PFM において補充形語幹を指定する *Stem* 関数と活用語尾を具現化するための表出規則を書きなさい。

問2 現代日本語の動詞の尊敬形 (honorifics) が元の動詞からは予測できない形になることがある（例：見る → ご覧になる／*お見になる）。この現象が補充法であると考えることができるか検討しなさい。

コラム：純形態的という概念について

純形態的レベル (morphomic level) とは Aronoff (1994) によって提案された概念で，文法には形態統語でも形態音韻でもない純粋に形態的な表示レベルが存在し，そこでは統語情報とその表出形との間を繋ぐ純形態関数 (morphome) が適用されると仮定される (Aronoff 1994: 25)。例えば英語において Perfect（完了）と Passive（受動態）は統語的な側面では共通するものはないにも関わらず，その統語情報が音形化される際にはすべての動詞において過去（完了）分詞形 (past/perfect participle) が使われる。Perfect と Passive というのは全く異なった統語情報であり，過去分詞形の語形成がこれらの統語情報に基づいて行われるとは考えられない。また過去分詞形は -(e)d 接辞で過去形と同形になる動詞もあれば，-en 接辞が使われる動詞，sung のようにアプラウトが起こる動詞など，様々な形で具現化されるため，音韻的に動機付けることもできない。よって統語情報や音韻情報とは独立した F_{en} という純形態関数を設定することで，Perfect や Passive という統語情報の始域 (domain) から過去分詞形という音形化された語形の終域 (codomain) への写像として捉えることが可能となる。Aronoff の提案以降，活用型 (inflectional class) や語幹選択 (stem selection) を始めとして様々な現象が純形態的なものとして分析されてきた（Luís and Bermúdez-Otero (2016) 収録の各論文などを参照）。このような純形態的なレベルの存在は，形態論の自律性 (morphological autonomy) の議論と関係してくる。PFM などの語・パラダイム基盤の理論では，語形成には純形態的なメカニズムが関わっていると仮定し，形態論の自律性を積極的に認めている。一方，DM のような形態論と統語論を連続的に捉える理論では，純形態的なものとして捉えられている現象も統語的，音韻的な動機付けに基づいて説明可能であるという立場を取る。よって例えば Embick (2016) は，Aronoff (1994) や Maiden et al. (2011) 収録の各論文で取り上げられるラテン語の語幹選択や補充法的異形態なども形態素基盤の局所的な分析が可能であると主張して

いる。ただ現在では morphomic を表示レベルというよりは，純粋に形態のみに関わる特性を指す概念として捉える傾向があり，その意味では DM にも第 6 章で見る Th 節点など統語論に還元できない素性は仮定されている（西山・長野 (2020: 15) の議論も参照）。

第 5 章

ゼロ形態

5.1 ゼロ形態とは

まず (5.1) にある英語の例を考えてみる。(5.1a) では名詞 dog に接辞 -s がついて複数形が dogs という語形で表出している。一方，(5.1b) の ox では -en という異なった接辞を語幹に付加することで複数形 oxen が形成されている。どちらの場合も，[plural] という素性がそれぞれ -s，-en という接辞によって具現化されていると考えることができる。

(5.1) a. All the dog-s are barking at the strangers.

    b. All the ox-en were swimming across the river.

では (5.2) に現れている sheep はどうだろうか。この語は (5.2b) のように複数であっても接辞の付加が行われず，(5.2a) の単数形と同形になっている。この場合，[plural] という素性はどのように具現化されているのであろうか。

(5.2) a. That sheep is eating grass in the meadow.

    b. All the sheep are eating grass in the meadow.

英語における [plural] という素性は一貫して同じ接辞で具現化されるわ

けではなく，以下の (5.3) に示されるように，接辞化が行われないものや -i や -en といった固有の接辞を伴うものもある。

(5.3) a. sheep, fish, deer, moose
b. radi-i, mag-i, alumn-i, sarcophag-i
c. ox-en, childr-en, brethr-en
d. dog-s, cat-s, fox-es　　　　　　　　　　(Halle 1990: 153)

Halle (1990) は，このことから sheep においては [plural] という素性が音形を伴わないゼロ (∅) で具現化されていると考えるべきだと提案している。ゼロによる具現化が行われているということを構造化すると，英語の複数形 dogs, oxen, sheep の構造は (5.4) のように表すことができる。これらが示しているのは dogs, oxen, sheep はすべて同じ構造をしており，違いは [plural] という素性[1]の具現化が -s になるのか -en になるのか，あるいは ∅ になるのかだけである。

(5.4)

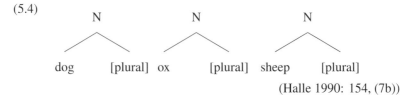

(Halle 1990: 154, (7b))

この Halle の提案に対し，Anderson (1992: 86) はゼロで具現化されていると仮定しなければならない強い形態論的動機はなく，素性にはそれに対応する形態素（終端節点）が必ず伴うという考えは誤りであると主張している。同様に Pullum and Zwicky (1991: 391–392) も音形化されない接辞は分析のために人為的に作られた産物に過ぎないと，その妥当性に疑問を呈している。もしゼロという要素を仮定しない場合，dogs や oxen，sheep の構造は (5.5) のように表すことができるだろう。

---

[1] Halle (1990) はこの [plural] のような終端節点の素性を抽象的形態素 (abstract morpheme) と呼んでいる（19 ページの図 2.4 も参照）。

(5.5)

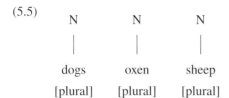

(5.5) では [plural] という素性に構造的位置が与えられていない。つまり素性はあくまで語に付随するもので，形態素として終端節点になることはない。よって sheep のように接辞化が行われない場合に，このアプローチでは形態素を具現化するものとしてゼロを導入する必要はない。

この2つのアプローチの違いは，形態素基盤の理論である DM と語・パラダイム基盤の理論である PFM にそのまま引き継がれている。この理論的基盤の違いが，ゼロにまつわる現象の分析にどのように現れてくるかは第 5.3 節と第 5.4 節で見る。

5.2 様々なゼロ

ゼロにも様々な種類がある。上述の sheep の例は [plural] という素性がゼロで具現化されており **ゼロ表出形** (zero exponence) と考えることができるが，その他にもデフォルト形 (default form) としてのゼロや形態音韻規則によるゼロがある。表 5.1 に示す英語の名詞の基本形，単数形，複数形を考えてみよう。

基本形というのは数が未指定の環境において表出する形で，dog race (もしくは dog racing)「ドッグレース」に含まれる dog や toothache「歯痛」に含まれる tooth など複合語の非主要部として現れる語形などが例として挙

102　第 5 章　ゼロ形態

基本形	単数形	複数形
dog	dog	dog-s
leaf	leaf	leav-es
ox	ox	ox-en
criterion	criterion	criteri-a
radius	radius	radi-i
analysis	analysis	analys-es
tooth	tooth	teeth
sheep	sheep	sheep

表 5.1　デフォルト形とゼロ表出形

げられる[2]。単数形は一貫して基本形と同形であり，[singular] という素性
がゼロで具現化されていると考える形態論的動機はない。数の素性におい
て [singular] と [plural] では通常 [singular] の方が無標である[3]。無標の素
性に対しては接辞化などの形態的操作が行われないことが多い。英語の単
数においてもそれは当てはまり，結果的に複数形では接辞が付加される部
分が単数形ではゼロになっている。これをデフォルト形としてのゼロと考
える。

　次に複数形を見てみると，[plural] という素性は大多数の名詞では dogs

---

[2] 複合語における主要部とは意味的，形態統語的により中心的な役割を担う部分のことで，
例えば dog race, horse race はともに race が主要部であり，dog や horse は race を修飾
する非主要部要素である。主要部と非主要部との関係は様々であり，truck driver のよう
に driver の元となる drive という動詞の目的語の truck が非主要部として現れるというこ
ともある。また windmill, water mill の対比に見られるように，複合語を一続きの語とし
て書くかどうかは表記上の慣習であり，二語に分かれていても音韻的，形態統語的に一
語をなしていれば，複合語である。複合語の詳細については Lieber and Štekauer (2009),
Bauer (2017) などを参照。

[3] 素性における無標と有標については，41 ページのコラムを参照。

のように -(e)s で具現化される[4]。接辞が付加される際，語幹が基本形から変化する場合もあり，例えば house /haʊs/ は houses /haʊzɪz/ と語幹末子音が有声化し，leaf, knife, wife, wolf などのように基本形が /f/ で終わる語は /f/ が有声化して /v/ となったりする。その他 ox ~ oxen のように中期英語の複数接辞 -en が残っているものや，criterion ~ criteria のようなギリシャ語由来の語で基本形末尾の -on が -a に置き換わるもの，radius ~ radii のようにラテン語男性名詞由来で語末の -us が -i に置き換わるもの，ギリシャ語由来でラテン語経由で入ってきた analysis, crisis などで語末の -is が -es /iːz/ に置き換わるものなどがある。またゲルマン由来の語で tooth ~ teeth のように語幹の母音の変化によって複数が具現化されるものもある。これらはすべて接辞化や語幹変化といった形態的操作によって [plural] という素性が音形化されているが，上で見たように sheep や deer の場合は複数形が基本形と同形であり，ゼロ表出形となる。では criterion や radius, analysis の複数形 criteri-a, radi-i, analys-es はどうだろうか。接辞 -a, -i, -es が接続する基体は criteri-, radi-, analys- であり，それぞれ基本形の -on, -us, -is が削除されている。これは複数の接辞が付く際に，語幹の末尾が形態音韻規則によって削除された結果 -on, -us, -is がゼロになっていると考えられる[5]。

　ゼロ表出形とデフォルト形としてのゼロ，形態音韻規則によるゼロの区別は英語の動詞の活用にも見られ，表 5.2 のようにまとめられる。

---

[4] 基本形の末尾が /s, z, ʃ, ʒ, tʃ, ʤ/ の時 /ɪz/，/p, t, k, f, θ/ の時 /s/ となり，その他の場合は /z/ という異形態として音形化される。

[5] これらの語においては語幹が criteri-, radi-, analys- であり，[singular] が -on, -us, -is で具現化され，[plural] が -a, -i, -es で具現化されていると考えることも可能である。その場合は形態音韻規則によって語幹末尾が削除されていると仮定する必要はないが，英語における基本形と単数形の同形性という広範に見られる特性からは逸脱して，[singular] と基本形の規則をこれらの語のみに立てる必要があり，分析としては望ましくない。

104   第5章　ゼロ形態

原形	現在形	過去形	過去分詞形
play	play	play-ed	play-ed
have	have	ha-d	ha-d
bend	bend	ben-t	ben-t
leave	leave	lef-t	lef-t
teach	teach	taugh-t	taugh-t
meet	meet	me(-)t	me(-)t
hold	hold	held	held
stand	stand	stood	stood
give	give	gave	giv-en
break	break	broke	brok-en
ride	ride	rode	ridd-en
beat	beat	beat	beat-en
sing	sing	sang	sung
come	come	came	come
hit	hit	hit	hit

表 5.2　英語動詞の非 3 人称単数主語の現在形と過去形

　3 人称単数以外の主語の時は現在形は一貫して原形と同形になる。これがデフォルト形として接辞がゼロになっている場合である。一方，過去形は多くの動詞において play のように -(e)d 接辞が付加される[6]。また have /hæv/, say /seɪ/ は語幹の縮約が行われ，それぞれ /hæ/ と /se/ に -(e)d 接辞が付加されることで had /hæd/, said /sed/ となる[7]。send や bend, lendのように一部の動詞は語幹に -t 接辞が付加され，語幹末尾の子音が削除される。また -t 接辞の付加の際に leave /liːv/ ～ left /lɛft/, lose /luːz/ ～ lost

---

[6] 基体の末尾が /t, d/ で終わる場合は /ɪd/ もしくは /əd/ となり，その他の有声音で終わる場合は /d/，無声音で終わる場合は /t/ という異形態になる。

[7] 語幹の縮約は has /hæz/, says /sɛz/ のように 3 人称単数現在形の -s 接辞付加の際にも起こる。

/lɔst/, keep /kiːp/ ~ kept /kɛpt/のように語幹の母音に変化が起こるもの
や（left と lost の場合は語幹末尾子音の無声音化も伴う），teach /tiːtʃ/ ~
taught /tɔːt/ や bring /brɪŋ/ ~ brought /brɔːt/ のように語幹の母音変化と
末尾子音削除を伴うものもある。同様に meet /miːt/ ~ met /mɛt/ や sit
/sɪt/ ~ sat /sæt/ も語幹の母音に変化が起こるが，-t 接辞の付加と語末子
音の削除が行われているとするか，母音の変化のみで語幹末尾子音は維持
され接辞付加は行われていないとするかの 2 通りの分析が可能だと考えら
れる。また read /riːd/ ~ /rɛd/, lead /liːd/ ~ led /lɛd/, hold /hoʊld/ ~ held
/hɛld/, stand /stænd/ ~ stood /stʊd/ なども母音の変化に加え，-(e)d 接辞
付加と語末子音削除が行われていると考えることも可能であるが，decided
や divided など通常 -(e)d 接辞は語幹末尾の d の削除を引き起こさないの
で，形態音韻規則による削除とは考えにくく，母音の変化のみが起こって
いると考える方が妥当と思われる[8]。

　これらの動詞はすべて過去形が過去分詞形と同形であるが，過去形が語
幹の母音の変化によって形成され，過去分詞形が -(e)n 接辞の付加によっ
て形成される語も一定数ある。さらに -en 接辞の際に give ~ gave ~ given
や eat ~ ate ~ eaten のように基体が原形・現在形と同形になるもの，break
~ broke ~ broken, hide ~ hid ~ hidden のように基体が過去形と同形になる
もの，ride /raɪd/ ~ rode /roʊd/ ~ ridden /rɪdn/ のように基体が特別な語
幹となるものなどのバリエーションが見られる。同じ -en 接辞で過去分詞
形を作る動詞でも過去形が現在形と同形になる beat のようなものもある。
過去形も過去分詞形もともに接辞ではなく語幹の母音交替（アプラウト）
によって具現化される動詞がゲルマン由来の sing ~ sang ~ sung や begin
~ began ~ begun といった動詞である。また過去分詞形が原形と同形にな
る動詞が come や become であり，ゼロ表出形として考えることができる。
また hit や cut のような動詞は過去形も原形と同形となるため，過去形，過

---

[8] これらの母音の変化に関しては，例えば Hoard and Sloat (1973) のように，より詳細な音
韻的分析も可能であるがここでは音韻的特性までは踏み込まない。

106　第 5 章　ゼロ形態

去分詞形ともにゼロ表出形となっている例である。

　ゼロ表出形とデフォルト形としてのゼロ，形態音韻規則によるゼロが活用形態の中に同居する例としてもう 1 つイタリア語の動詞活用を見てみよう。表 5.3 が直説法現在，接続法現在，直説法未完了過去（半過去）の活用を表したものである (Spencer 1991: 214–219)。

	直説法現在		接続法現在	
	単数	複数	単数	複数
1 人称	parl-o	parl-iamo	parl-i	parl-iamo
2 人称	parl-i	parl-a-te	parl-i	parl-i-ate
3 人称	parl-a	parl-a-no	parl-i	parl-i-no

	直説法未完了過去	
	単数	複数
1 人称	parl-a-v-o	parl-a-va-mo
2 人称	parl-a-v-i	parl-a-va-te
3 人称	parl-a-va	parl-a-va-no

表 5.3　イタリア語 parlare 'speak' の活用

　イタリア語の動詞は原則として語幹の後に 3 つの接辞が続く構造を成している。語幹直後の接辞は幹母音 (theme vowel) で，接続法のときは -i，それ以外の時は -a が付加される。それに続く接辞は未完了過去の時は -va が，それ以外の時は何も付かずゼロとなる。末尾の接辞が主語の数と人称を表し，様々な接辞が現れる。これらの接辞は形態音韻規則の適用によって削除されたりするが，その形態音韻規則の適用前の語形をゼロ形態も含めて明示的に記載すると表 5.4 のようになる。

　3 つ連続しうる接辞のうち，真ん中の -va は未完了過去に現れるが現在時制では一貫してゼロとなる。現在時制は無標の素性であり，これはデフォルト形としてのゼロであることが分かる。同様に末尾の主語の数・人

	直説法現在		接続法現在	
	単数	複数	単数	複数
1 人称	parl-(a)-∅-o	parl-(a)-∅-iamo	parl-i-∅-∅	parl-(i)-∅-iamo
2 人称	parl-(a)-∅-i	parl-(a)-∅-ate	parl-i-∅-∅	parl-i-∅-ate
3 人称	parl-a-∅-∅	parl-a-∅-no	parl-i-∅-∅	parl-i-∅-no

	直説法未完了過去	
	単数	複数
1 人称	parl-a-v(a)-o	parl-a-va-mo
2 人称	parl-a-v(a)-i	parl-a-v(a)-ate
3 人称	parl-a-va-∅	parl-a-va-no

表 5.4　ゼロ形態を含むイタリア語 parlare 'speak' の活用

称との一致を表す接辞は 3 人称単数において一貫してゼロであり，この素性の組み合わせは無標でデフォルト形としてゼロとなっている[9]。一方，1 人称・2 人称単数の接辞はそれぞれ -o, -i であるが，接続法現在においてのみ parl-i-∅-∅ とゼロになっている。よってこれはこの法・時制に固有のゼロ表出形と考えることができる[10]。幹母音に関しては，表 5.4 では丸括弧で示されているように直後に母音で始まる接辞が付く場合に，原則として形態音韻規則によって削除される（接続法現在の 2 人称複数を除く）。よって例えば直説法現在において 1 人称単数や 2 人称単数は数・人称の接辞の -o や -i が付加されることによって，幹母音の -a がゼロになる[11]。

---

[9] 英語では現在時制において，3 人称単数主語との一致で動詞に -s の接辞が付くが，通言語的には 3 人称単数が無標であるケースが広く見られる。

[10] 接続法現在は単数がすべて同形であることから，無標の 3 人称単数に中和し融合が起こっているとみなすことも可能である。中和と融合については 47 ページを参照。

[11] 接続法現在では 2 人称単数はゼロではなく，通常通り -i が付加され，parl-(i)-∅-i となり，その結果幹母音の -i が形態音韻規則でゼロになると分析することも可能である。この場合，上述の人称・数のゼロ表出形は 1 人称単数のみということになる。

108 第 5 章 ゼロ形態

　上述のイタリア語における形態音韻規則による母音の削除を見ると，デフォルト形としてのゼロやゼロ表出形は形態音韻規則適用段階においては不可視なもので，その前後の接辞間におこる形態音韻的変化を阻止しないことが分かる。また Embick (2010: 70–74) はその前後の要素間の関係を阻害しないゼロ形態としてラテン語の直説法完了形における時制要素を挙げている。表 5.5 にあるように，動詞語末の主語との一致接辞は直説法完了において 1 人称単数が -ī, 2 人称単数が -istī, 2 人称複数が -istis, 3 人称複数が -ērunt と固有の形態となっている。Embick (2010) はその理由として，その直前の時制辞がゼロであることでさらに前の完了を表す要素の影響を受けるためとしている（具体的な分析は第 5.3 節で見る）。

	直説法完了	直説法過去完了	接続法完了
1 人称単数	amā-v-∅-ī	amā-ve-ra-m	amā-ve-ri-m
2 人称単数	amā-v-∅-istī	amā-ve-rā-s	amā-ve-rĭ-s
3 人称単数	amā-vi-∅-t	amā-ve-ra-t	amā-ve-ri-t
1 人称複数	amā-vi-∅-mus	amā-ve-rī-mus	amā-ve-rī-mus
2 人称複数	amā-v-∅-istis	amā-ve-rĭ-tis	amā-ve-rĭ-tis
3 人称複数	amā-v-∅-ērunt	amā-ve-ri-nt	amā-ve-ri-nt

表 5.5　ラテン語 amō 'love' の活用 (Embick 2010: 71)

　一方，Trommer (2012: 344–345) はゼロ形態が形態部門において可視 (visible) で，形態操作に影響を与えると考えられる例も存在すると主張している。例えば，ネパールで話されているハユ語 (Hayu) では一致のコントローラーとなる項は 1 つだけであり，それは人称と数に基づく指示階層 (referential hierarchy) において最上位の項である（一致のコントローラーについては 78 ページの注4 を参照）。一致のコントローラーの人称と数に従い動詞に 1 つだけ接辞が付加される。他動詞文で 1 つの項が複数でもう 1 つの項が単数の場合，常に複数の項が一致のコントローラーとなるが，

それ以外の場合は「1人称 > 2人称 > 3人称」という階層の上位の項がコントローラーとなる。表 5.6 において，SUBJは主語を，OBJは目的語を表している。2人称単数はゼロ (∅)，2人称双数は -tʃik，2人称複数は -ne，3人称双数は -tʃe，3人称複数は -me という接辞で表され，3人称単数では接辞は付かない。2つの項が2人称単数と3人称複数の組み合わせでは，3人称複数がコントローラーとなり接辞 -me が付加されるが，2人称双数・複数と3人称の組み合わせでは，2人称の方が上位のため，3人称の接辞は現れることができず，-tʃik か -ne となる。興味深いのは2人称単数と3人称双数の組み合わせの場合で，2人称単数のゼロ接辞 (∅) が3人称双数の -tʃe の表出を阻み bʊk-∅ となる。Trommer はこれは2人称単数のゼロ接辞が形態部門において可視的であるためだとしている。

	3SG.OBJ	3DU.OBJ	3PL.OBJ
2SG.SUBJ	pʊk-∅	pʊk-∅	pʊk-me
2DU.SUBJ	bʊk-tʃik	bʊk-tʃik	bʊk-tʃik
2PL.SUBJ	pʊk-ne	pʊk-ne	pʊk-ne
	2SG.OBJ	2DU.OBJ	2PL.OBJ
3SG.SUBJ	bʊk-∅	bʊk-tʃik	pʊk-ne
3DU.SUBJ	bʊk-∅	bʊk-tʃik	pʊk-ne
3PL.SUBJ	pʊk-me	bʊk-tʃik	pʊk-ne

表 5.6　ハユ語の他動詞 bʊk/pʊk 'get up' の主語・目的語一致

　また形態音韻規則の結果削除されてゼロになるのではなく，元々音韻的ゼロの要素の存在が仮定されることもある。Trommer (2012: 335–336) はその例として無音子音 (mute consonant) を挙げている。(5.6) はスーダン・エチオピアで話されているアニュアク語 (Anuak/Anywa) の例であるが，この言語では通常母音で始まる語根が母音で終わる要素に接続する際，(5.6a) のように接続先の末尾母音が削除される。しかし (5.6b) では

110   第 5 章　ゼロ形態

/kī/ の母音は削除されていない。Reh (1993) はその理由として，一見母音
で始まるように見える /'ɔtɔ̄/ は実は語頭に無音子音 /'/ が存在し，それが
削除を阻止していると仮定している。この分析が正しければ，語根に元々
音韻的なゼロ要素が含まれているということになる。

(5.6)　a.　　/kī/　　＋　/āwā:l/　→　[kāwā:l]
　　　　　　'with'　　　'gourd'　　　　'with a gourd'

　　　　b.　　/kī/　　＋　/'ɔtɔ̄/　→　[kī'ɔtɔ̄]
　　　　　　'with'　　　'house'　　　　'with a house'

　このように同じゼロ形態であっても，その形態論的位置づけは一様では
なく，主にゼロ表出形，デフォルトとしてのゼロ，形態音韻規則での削除
によるゼロと 3 種類が存在する。これら異なったタイプのゼロがどのよう
に理論的に分析されうるかは次節以降で見ていく。

　最後に機能的，意味的変化に語形変化が伴わない形態的現象として**転換**
(conversion) について見てみよう。転換とはある語が同じ語形のまま別の
品詞として使われることで，英語には (5.7) のような動詞から名詞への転
換や，逆に (5.8) のような名詞から動詞への転換がある。

(5.7)　　to cut 「切る」 → a cut 「切ったもの」
　　　　to run 「走る」 → a run 「走ること」
　　　　to ring 「鳴らす」 → a ring 「ベルの音」
　　　　to walk 「歩く」 → a walk 「歩くこと」

(5.8)　　a hand 「手」 → to hand 「手渡す」
　　　　an orbit 「軌道」 → to orbit 「軌道を描く」
　　　　a ring 「輪」 → to ring 「輪をはめる」
　　　　a grandstand 「正面観覧席」
　　　　　　　　　→ to grandstand 「スタンドプレーをする」

(Spencer 1991: 19–20)

5.2 様々なゼロ　111

これらの例の中で「ベルの音」の意味を表す名詞 ring は「鳴らす」という意味の動詞からの転換であるが,「輪」という意味を表す名詞 ring は逆に「輪をはめる」という動詞に転換されている。この方向性の違いは,これらの語の形態的特性にも現れ,後者の名詞から転換された「輪をはめる」という ring は (5.9) のように過去形において rang という不規則変化はせず,-(e)d 接辞を付加され ringed という語形になる。

(5.9)　　a.　We rang the bell.

　　　　b.　We ringed/*rang the pigeon.（ハトの足に輪をつける）

また (5.10a, b) にあるように英語において -stand で終わる understand や withstand のような動詞は過去形において -stood という不規則変化を示すが,(5.8) の最後の例 grandstand「スタンドプレーをする」は (5.10c) のようにこの不規則変化を示さず,過去形は grandstanded となる。これは grandstand という語形成が (5.11) のような過程を経ていることによる。まず「立つ」という意味を表す動詞 stand が転換で「観覧席」という意味を表す名詞になる。この時点で名詞となっているので,stand という動詞が持つ過去形における不規則変化の特性が失われる。この名詞に grand- という接頭辞が付加され grandstand「正面観覧席」という名詞が派生される。この名詞が転換によって「スタンドプレーをする」という動詞となるが,すでに不規則変化の特性は stand が名詞へ転換された時点で失われてしまっているため,-(e)d 接辞による通常の過去形変化を示すことになる。

(5.10)　　a.　They understood the problem.

　　　　b.　They withstood the enemy.

　　　　c.　They grandstanded/*grandstood in the game.

（Kiparsky 1982a, Spencer 1991）

(5.11)　　stand「立つ」（動詞）→ stand「観覧席」（名詞）

　　　　→ grandstand「正面観覧席」（名詞）

→ grandstand「スタンドプレーをする」（動詞）

語の範疇が変わる派生形態においては多くの場合接辞の付加を伴う。例えば (5.12a, b) にあるように動詞から名詞への派生に -tion，形容詞から動詞への派生に -en といった接辞が現れる。これらと並行的に考えると，(5.12c) のように転換ではゼロ形態に範疇変化の情報が含まれていると分析することも可能である。

(5.12)　a.　destruct$_V$ → destruct-ion$_N$

　　　　b.　thick$_A$ → thick-en$_V$

　　　　c.　walk$_V$ → walk-$\varnothing_N$

また Trommer (2012: 345) が指摘するように，(5.13a) のような名詞から動詞への転換では強勢の位置に変化がないのに対し，(5.13b) のような動詞から名詞への転換では強勢の移動が起こる。これを (5.13c) のような -al 接辞に伴う強勢の移動と同様の現象だと考えると，ゼロ形態が形態音韻操作において可視的であり，強勢の移動を引き起こしているという分析が可能になる。

(5.13)　a.　páttern$_N$ → páttern$_V$

　　　　b.　tormént$_V$ → tórmènt-$\varnothing_N$

　　　　c.　órigin$_N$ → òrígin-al$_A$

5.3　DM におけるゼロ形態

DM の分析ではゼロ形態が仮定されることが珍しくない。DM の分析で仮定されるすべてのゼロ形態が必須というわけではないが，ゼロ形態をまったく仮定せずに分析を行うことは困難なこともあり，これは DM が形態素基盤モデルであることを示す性質であると言えよう。本節では DM

におけるゼロ形態を次のように分類することを提案し，それぞれの特徴と問題点の整理を行う．

(5.14) DM のゼロ形態

    a. その他 (Elsewhere) ゼロ形態：その他形態として分析できるゼロ形態．

    b. 優先的 (Preferential) ゼロ形態：他の表出形より特定的な語彙項目によって指定されているゼロ形態．

    c. 依存 (Dependent) ゼロ形態：上の2つに当てはまらず特定の統語環境で現れるゼロ形態．

5.3.1 その他ゼロ形態

ここでは，その他ゼロ形態の例として表 5.1 に示した英語の単数形を取り上げる．第 2 章の 22 ページでも触れたように，数の素性が機能範疇 Num にあると仮定すると単数の場合の形態構造は (5.15) のようになる．

(5.15) 英語の cat（単数）の形態構造と表出形

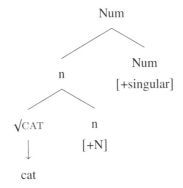

ここで，英語において単数に対するゼロ以外の表出形はないので，素性が必ず具現化される必要はなく，そもそも [+singular] に対しては語彙挿

入そのものが行われないと考えることによって適切な表出形を導くことができる。

このようにデフォルト，あるいはその他形態に当たるゼロ形態が「その他ゼロ形態」であり，DM では語彙挿入の不適用によって分析が可能であるため語彙項目として仮定する必要はない。言い換えれば，そもそもゼロの表出形としては考えないということである。

このようなゼロ形態は様々な言語に数多く存在しており，Halle and Marantz (1993) にもすでに次のような示唆がある。

(5.16)　ゼロ形態 (zero morpheme) の存在を否定するわけではないが，（英語の単数のような）無標の場合にゼロをデフォルトの具現形として書き出す (spell-out) ような仕組みを普遍文法が持っているのかもしれない。

(Halle and Marantz (1993: 133–134) に一部補足)

ただし，Trommer (2012) は DM の分析においては暗黙の内に (5.17) のような仮定が置かれていることが多いと指摘しており，実際にその他ゼロ形態に当たる語彙項目を DM の分析において削減できるかどうかについては個々の分析で検証していく必要がある。

(5.17)　義務的表出形の公理：形態論の出力において，すべての主要部に対して少なくとも 1 つの語彙項目が挿入されなければならない。

(Trommer 2012: 328)

この公理に厳密に従うと，(5.18) のような語彙項目を仮定し，(5.15) に対してもゼロ形態に関する語彙挿入を行う必要がある。

(5.18)　[+singular] $\leftrightarrow$ -∅

5.3.2 優先的ゼロ形態

優先的ゼロ形態は，1) ゼロ形態以外にその他形態が存在し，2) ゼロ形態がその異形態である場合に現れる。このゼロ形態については，DM の仕組み上必ず語彙項目として指定する必要があり，現在の枠組みでは破棄することが難しい。

さらに，優先的ゼロ形態は様々な言語の形態分析において現れる。まずは Embick (2010) の英語の過去時制の分析を挙げる。(5.19) のような形態の分布に対して，(5.20) に挙げた語彙項目のリストが仮定される[12]。

(5.19)　英語における T[past] の異形態

    a.　-t: bend/ben-t, leave/lef-t, buy/bough-t, etc.

    b.　-∅: hit/hit-∅, sing/sang-∅, break/broke-∅, etc.

    c.　-d: elsewhere　　　　　　　　　　　　(Embick 2010: 6)

(5.20)　英語における T[past] の語彙項目

    a.　T[past] ↔ -t/{ √LEAVE, √BEND, . . . }___

    b.　T[past] ↔ -∅/{ √HIT, √SING, . . . }___

    c.　T[past] ↔ -d　　　　　　　　　　　　(Embick 2010: 12)

ここではその他形態が-d であるため，もしゼロ形態に関する語彙項目 (5.20b) を仮定しないと √HIT や √SING に対して (5.20c) が適用され，*hitted や*sanged といった誤った形態が導き出されることになってしまう。

これは，英語の複数形に関しても同じことが言える。単数の場合と異なり，複数に関しては-s がその他形態なので (5.21b) の語彙項目を仮定しなければ √SHEEP の複数形として*sheeps という誤った形態が出力される。

---

[12] この形態の分布と DM による分析については第 3 章 3.2.2 節を参照。

(5.21)　英語の複数の語彙項目

　　　a.　[+plural] ↔ -en/{√OX, √CHILD, ... }＿＿

　　　b.　[+plural] ↔ -∅/{√SHEEP, √FOOT, ... }＿＿

　　　c.　[+plural] ↔ -s

(5.22)　英語の sheep（複数）の形態構造と表出形

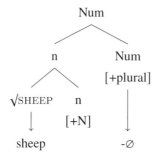

このようなケースでは必ずゼロ形態に関する語彙項目を仮定する必要がある．素性や環境等どこか一部が異なればすべて異なる語彙項目なので，様々な言語に対して多くの異なるゼロ形態が仮定されることになる (Anderson 1992: 86)．ここではさらにもう1つ日本語の例を紹介する．

Miyagawa (1998) などでは日本語の (s)ase が使役を担う機能範疇 CAUS(E) のその他形態であるという提案がされており，統語的な使役だけでなく他動詞もこの機能範疇を用いて分析している．この分析によって日本語の自他交替に見られる複雑な対応の一部に規則的な使役の形態である (s)ase が現れることを適切に捉えられるが，これを DM のモデルで実現するにはいくつかの動詞に関する語彙項目としてゼロ形態を仮定する必要が出てくる．

(5.23)　日本語の自他の形態と他動化辞としての (s)ase

　　　a.　sam-e : sam-as（「冷める～冷ます」）

　　　b.　kir-e : kir-∅（「切れる～切る」）

5.3 DM におけるゼロ形態　117

　　c. niow-∅ : niow-ase（「匂う～匂わせる」，その他に「咲く～咲
　　　　かせる」，「腐る～腐らせる」など）

(5.23c) に現れている -ase がその他形態であるとすると[13]，(5.23c) のよう
に他動詞を担う異形態として ∅ が現れる場合は上の英語の分析と同じよ
うに，(5.24b) のような語彙項目を仮定する必要がある。

(5.24)　日本語の CAUS の語彙項目

　　a. CAUS ↔ as/{ √SAM, √TOK, √MOR, . . . }___

　　b. CAUS ↔ ∅/{ √KIR, √TOR, √KUDAK, . . . }___

　　c. CAUS ↔ (s)ase

　Siddiqi (2009) では，このように多くのゼロ形態を設定する分析の代案
として，形態操作の 1 つである「合着 (Fusion)」を用いた分析を提案して
いる。合着については (5.25) の説明が分かりやすい。

(5.25)　合着は 2 つの姉妹関係にある節点とそこに位置する素性を 1 つ
　　　　にまとめる操作であり，結果として内部構造がなくなり，語彙挿
　　　　入の対象も 1 つに減る。　　　　　　　　　　　　　(Bobaljik 2017)

　例として英語の名詞の複数形 mice の分析を示す。形態構造と語彙項目
は下記のようになる。

---

　[13] (s)ase が他動詞形成においてその他形態であることは，和語のような形態的対応がない
　　漢語や外来語の動名詞において，(s)ase によって他動詞が形成されるケース（例：爆弾が
　　爆発する／爆弾を爆発させる）が多いことからも支持される。

118   第 5 章　ゼロ形態

(5.26)　英語の mice の形態構造

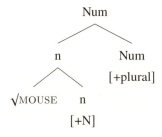

ここで，√MOUSE と n, Num の節点に対して合着を適用する。そうすると (5.27) に示すように 1 つの節点に √MOUSE と [+N] と [+plural] が同居することになる。

(5.27)　英語の mice の形態構造（合着の適用後）[14]

```
    Num
     |
  [+plural]
    [+N]
   √MOUSE
```

(5.28)　英語の √MOUSE の語彙項目
   a.　{√MOUSE, [+N], [+plural]} ↔ mice
   b.　{√MOUSE, [+N]} ↔ mouse

この Root と素性の集合に対してはより特定的な語彙項目である (5.28a) が適用され，mice という表出形をゼロ形態なしで挿入することが可能になる。合着が適用されない場合は，(5.26) の Num[+plural] の節点のみが語彙挿入の対象となるため，ゼロ形態の挿入を仮定しなければならない。

---

[14] 合着後の節点のラベルがどのように決定されるかは，合着が適用される形態構造が主要部移動や形態的併合によってどのように形成されるかに依存する。ここでは分かりやすく最も上にある Num をラベルとした。

この分析では確かにゼロ形態（に関する語彙項目）を減らすことができるが，一方で合着に関する規則を仮定しなければならず，また分析のカバー範囲も基本的に変わらないので個々の分析としての妥当性が高いとは必ずしも言えない[15]。

5.3.3 特定の環境において現れる依存ゼロ形態

生成統語論の分析・成果を直接活用できるのが DM の利点の 1 つであるが，カートグラフィー研究 (遠藤 2014) に代表されるように機能範疇を多く仮定することがある。統語構造が複雑になり範疇が増えればその分語彙挿入の対象になる節点・素性が増え，結果としてゼロ形態を仮定しなければならない場面も増える。

この問題に強く関わるゼロ形態として，依存ゼロ形態というタイプがある。これは，基本的には表出形があるものの，ある特定の統語的環境において一律ゼロ形態になるものである。ここでは依存ゼロ形態の例として，第 4 章でも取り上げた最上級・比較級の形態を見る。

Bobaljik (2012) が示したように最上級に必ず比較級が含まれるとすると，最上級の場合の形態構造は (5.29) のようになる。

(5.29) 最上級の形態構造

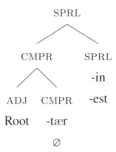

（Bobaljik (2012: 82) を元にペルシア語と英語の形態を追加して作成）

---

[15] Siddiqi (2009) に関するその他の問題点については Nishiyama (2010) も参照。

120   第 5 章　ゼロ形態

　ペルシア語では最上級の場合も，最上級の接辞-in だけではなく，比較級の接辞-tær も現れるので問題ないが，英語の場合は最上級になると Root の種類に関わらず比較級の形態は一切現れなくなる。この形態の振る舞いを分析するために，Bobaljik (2012) では (5.30) の語彙項目を仮定している。これは，SPRL に c 統御された場合には一律 CMPR に ∅ が挿入されるということを表している。

(5.30)　CMPR ↔ ∅/___] SPRL]

　これは，Bobaljik (2012) が最上級と比較級それぞれに機能範疇を仮定し，最上級が比較級を含む構造を仮定したことから必要になった語彙項目である。どの Root の場合も ∅ が挿入されるが，その他ゼロ形態との違いは，特定の統語的条件を満たさない場合に現れるその他形態（ここでは-er）があるという点である。

　依存ゼロ形態の存在は DM が統語構造と形態構造の強い結びつきを採用しているところに起因するが，統語分析によってその必要性は左右される。例えば，上記の例では最上級と比較級を同じ機能範疇によって分析すればゼロ形態に関する語彙項目を仮定する必要はない (Embick and Marantz 2008)。

　また，語彙項目を仮定するのではなく，切除 (Obliteration) という形態操作 (Arregi and Nevins 2012) によって特定の条件を満たした場合に語彙挿入の対象となる節点そのものを削除してしまう分析も可能である。Arregi and Nevins (2012) はバスク語において接語 (clitic) が現れなくなる参与者異化 (participant dissimilation) の現象に対して切除を用いた分析を提案している。

5.3 DM におけるゼロ形態　121

(5.31)　バスク語オンダロア方言の 1 人称複数絶対格接語の切除

Su-k　　　**geu**-∅ ikus-i　**d**-o-su (>su)　　　　　/
you(SG)-ERG **us-ABS** see-PERF **L**-PRES.1PL-CL.ERG.2SG /

*__g__-aitu-su (>gatxusu).
CL.ABS.1PL-PRES.1PL-CL.ERG.2SG

'You(SG) have seen us.'　　　　　　(Arregi and Nevins 2012: 215)[16]

(5.31) の例は，絶対格代名詞 geu があるにも関わらず 2 人称能格という
環境においては 1 人称複数絶対格接語が現れることができず，代わりに挿
入辞的左端形態素 (L-morpheme) が現れることを示している。この参与者
異化は特定の格，人称，数の組み合わせにおいて起き，たとえば (5.32) に
見られるように，同じく 2 人称能格の環境においても 1 人称単数絶対格の
場合は接語がそのまま現れる。

(5.32)　Ikus-i　　**n**-a-su
see-PERF **CL.ABS.1SG**-PRES.1SG-CL.ERG.2SG
'You have seen me.'　　　　　　(Arregi and Nevins 2012: 25)

Arregi and Nevins (2012) は様々なパターンがあるバスク語の参与者異化
の現象を分析するために素性の削除である消去と節点の削除である切除の
両方が必要であることを明らかにしている。

5.3.4　ゼロ形態の実在性

DM の分析ではそのモデルの特性から優先的ゼロ形態のように必ず仮
定しなければならないゼロ形態があるが，その他ゼロ形態については
Anderson (1992) や PFM の分析のように「何もしない」ことによる分析が
可能である。Trommer (2012: 330) ではより詳細な基準によって DM で仮

---

[16] Arregi and Nevins (2012) では言語の名称として "Ondarroa" ではなく "Ondarru" が採用
されている (Arregi and Nevins 2012: 13)。

122   第 5 章　ゼロ形態

定されるゼロ形態を分類しており，必要なゼロ形態，必須ではないゼロ形態についてさらに検討できる余地がある。

　また，分析の都合上仮定しなければならないゼロ形態については，独立した証拠・現象によってその存在を確かめることができるのかというのも大きな課題である。その具体的な議論として，Embick (2010) や Trommer (2012) で取り上げられている異形態への干渉が挙げられる。

　Embick (2010) では，ラテン語において 2 つの形態の間にゼロ形態が挟まれた場合にゼロ形態が両者の隣接性を邪魔しない[17]ということを適切に分析するために，語彙挿入後にゼロ形態に適用される刈り取り (Pruning) という削除操作を提案している[18]。

(5.33)　ラテン語

a.　am -ā -v　-∅ -ī
　　love TH ASP T　AGR
　　'I loved'

b.　am -ā -ve　-rā -m
　　love TH ASP T　AGR
　　'I had loved'　　　　　　　　　　　　　　　　(Embick 2010: 74)

　ここで，一致の形態は，時制の形態がゼロの場合にはアスペクトの形態に左右されて -ī になり，時制が音形を持つ場合にはデフォルトの形態である-m になる。これは時制が音形を持つ場合は一致要素がアスペクトの情報を参照できず，ゼロの場合にはそれが可能であるということであり，Embick (2010) の枠組では一致要素とアスペクトの関係を保証するためにゼロ形態を削除する必要があるのである。

---

[17] Embick (2010) の分析では異形態の条件として線状的な隣接性が重視されており，統語的な局所性に注目することが多い DM の研究の中ではやや独特と言える。

[18] これは語彙挿入後に表出形の音形に関する情報によって適用される操作であるため，音韻的な削除分析の一種であると考えられる。

このように，ゼロ形態の有無がその前後の要素の関係に影響する，あるいはしないという現象はゼロ形態の実在性について経験的な議論を提供できる。上記の現象はゼロ形態の不在を支持する現象であるが，表 5.6 で見たように Trommer (2012: 344–345) では，ゼロ形態が音形を持つ形態と同じように振る舞う現象が複数の言語において観察されると指摘されている。

5.4　PFM におけるゼロ形態

PFM は語・パラダイム基盤の理論であり，語内部の形態素の存在を仮定しておらず，音形化されない要素が構造的に存在することはない。では第 5.2 節で見たようなゼロ形態はどのように分析されるのだろうか。以下で表 5.2 にある英語の動詞活用パラダイムがどのように具現化されるのかを見ながらゼロ形態が PFM においてどのように処理されるかを概観する。

5.4.1　語幹選択と活用型指定

語幹選択において，play を始めとする多くの動詞では (5.34a) にあるように語根と語幹が素性に関わらず同形となる。(5.34b) にあるように，この点においては hit, put, cut および beat なども同様である。また bend や send のような語は過去形において -t 接辞が付加された結果，語幹末尾の子音 /d/ が削除されると考え，語幹選択の段階においては同様に語根と同形が選ばれると仮定する。また have や say は-(e)d と -s 付加の際に語幹縮約が起こるが，/v/ の削除や /eɪ/ から /e/ への短母音化というのはこれらの語においてのみ見られる固有のものなので形態音韻規則ではなく，(5.34d) のように語幹選択の段階で縮約された語幹が選択されると仮定する。leave や keep のような動詞は母音の変化を伴う語幹が選択される。ここでは leave の語幹末尾子音の無声音化は -t 接辞に伴う形態音韻規則の結果と考え，基体となる語幹は lev とする。break や give, ride, come などは

過去時制が語幹の母音変化によってのみ具現化されるのですべて語幹選択で規定される。

(5.34)   a. **Stem**($\langle$PLAY, $\sigma\rangle$) = *play*

b. **Stem**($\langle$HIT, $\sigma\rangle$) = *hit*

c. **Stem**($\langle$BEND, $\sigma\rangle$) = *bend*

d. **Stem**($\langle$HAVE, σ:{pst $\vee$ prs 3sg}$\rangle$) = *ha*

e. **Stem**($\langle$LEAVE, σ:{pst}$\rangle$) = *lev*

f. **Stem**($\langle$KEEP, σ:{pst}$\rangle$) = *kep*

g. **Stem**($\langle$BREAK, σ:{pst}$\rangle$) = *broke*

h. **Stem**($\langle$GIVE, σ:{pst}$\rangle$) = *gave*

i. **Stem**($\langle$RIDE, σ:{pst}$\rangle$) = *rode*

j. **Stem**($\langle$COME, σ:{pst}$\rangle$) = *came*

次にそれぞれの語幹がどの活用型に属するかを *ic* 関数で指定していく。過去形・過去分詞形において -t という接辞が付加される動詞をここでは t-conj (t-conjugation) という活用型に属すると考える。よって (5.35a–c) にあるように bend, lev, kep という語幹はともに *ic* 関数に入力すると t-conj が出力される。hit や cut, put などの動詞は過去形・過去分詞形において接辞が付加されない動詞であり，これらの語幹 hit, cut, put は invar-conj (invariable-conjugation) という別の活用型に属すると考える。よって (5.35d) のように規定される。一方，give, break などは過去形においては接辞を受けないが，invar-conj の動詞と異なり過去分詞形において given, broken のように -en という接辞が付加される。よってこれらの動詞の過去形語幹 gave, broke は en-conj (en-conjugation) という別の活用型に属すると考え，(5.35e) のようになる。また sang や began などは過去分詞形において sung, begun と別の語幹が選択される動詞であり，これらも ablaut-conj (ablaut-conjugation) という別の活用型に属すると考えられる。よって *ic* 関

5.4 PFM におけるゼロ形態　125

数の出力は (5.35f) のようになる。come, become, welcome などは現在形と過去分詞形が基本形と同形で過去形のみが固有な活用型で，すべて come を基体にした語なので come-conj として (5.35g) のように定める[19]。

(5.35)　　a.　*ic*(*bend*) = t-conj

　　　　　b.　*ic*(*lev*) = t-conj

　　　　　c.　*ic*(*kep*) = t-conj

　　　　　d.　*ic*(*hit*) = invar-conj

　　　　　e.　*ic*(*broke*) = en-conj

　　　　　f.　*ic*(*sang*) = ablaut-conj

　　　　　g.　*ic*(*came*) = come-conj

5.4.2　同形出力と恒等関数デフォルト

　89 ページの (4.17) で見たように *ic* 関数で出力された活用型は形態統語素性の集合の要素に加えられる。よって表出規則を活用型を含んだ形で規定することで，各語幹に適切な規則が適用されることとなる。(5.36) が英語動詞の表出規則である。最も広く見られる -(e)d 接辞は (5.36a) のように活用型未指定で規定される表出規則で出力される。一方 t-conj の動詞に対しては (5.36b) が適用されることとなる。その他の活用型に属する動詞は過去形においては語幹と同形が出力されるため，(5.36c) のような入力に対して何も形態操作を行わない表出規則が仮定される。これが PFM におけるゼロ表出形の形式化ということになる。

　3 人称単数現在形や現在分詞形は活用型に関係なくそれぞれ -s, -ing という接辞が付加されるため，活用型無指定の (5.36d, e) のような規則を規定することになる。3 人称単数主語以外の現在形は表出規則が存在しない。

---

[19] Bauer et al. (2013: 76) にまとめられているように，英語において動詞の活用型は様々な基準で定めることができる。ここでの分析はその 1 つであり，他の分析も可能である。

126 第5章 ゼロ形態

PFM では 35 ページで説明したように IFD という入力と同じ形を出力するデフォルトの関数が仮定されており，適用可能な表出規則が存在しない場合は IFD が適用される。よってすべての動詞は現在形の語形成に IFD が適用され，基本形と同形となる。これが PFM がデフォルト形としてのゼロを処理する方法となる。また en-conj の語幹に対しては過去分詞形の語形成の際 (5.36f) のように -en 接辞の表出規則が適用される[20]。

(5.36) **Block I:**

    a. X, V, {pst} → X*d*

    b. X, V, {pst t-conj} → X*t*

    c. X, V, {pst {invar-conj ∨ en-conj ∨ ablaut-conj ∨ come-conj}} → X

    d. X, V, {prs 3sg} → X*s*

    e. X, V, {prsprt} → X*ing*

    f. X, V, {pstprt en-conj} → X*en*

5.4.3　形態音韻規則によるゼロ

PFM では表出規則が適用されるたびに，その規則適用を評価するメタ規則として形態音韻規則の集合 ϕ_R があり，形態的メタ一般化 (morphological metageneralization) によってその適用が規定される。形態的メタ一般化とは表出規則適用に伴う形態音韻的規則性を捉えるために仮定されているものである。例えば英語で形容詞を -(i)ty 接辞によって名詞化する際に見られる，divine /dɪvaɪn/ → divinity /dɪvɪnɪty/ のように二重母音が単音化する 3 音節弛緩化 (trisyllabic laxing) は，-(i)ty 接辞の規則適用に伴う規則

---

[20] 過去分詞形が現在形・基本形，あるいは過去形と同形の場合は，第 3 章の融合の分析で示したように素性マッピングなどを用いて分析することになる。ここではその詳細は省略する。

5.4 PFM におけるゼロ形態　127

的な現象である。これは形態的メタ一般化によって -(i)ty 接辞の表出規則
が評価された結果，3 音節の語幹が二重母音を含む際に，それを単音化
するという形態音韻規則が適用されることによって捉えることができる
(Stump 2001: 47)[21]。

　まず bend や send など t-conj クラスの語幹において -t 接辞の付加の際に
末尾子音が削除される形態音韻規則は (5.37a, b) のように規定される。ま
た leave や cleave の語幹 lev, clev は -t 接辞付加の際に，末尾子音の無声音
化が起こるため，(5.37c) の規則を立てる。

(5.37)　形態音韻規則

　　　　X, V, {pst t-conj} → X*t* のとき:

　　　a.　X が /d/ で終わるならば，/d/ が削除される。

　　　b.　X が /t/ で終わるならば，/t/ が削除される。

　　　c.　X が C[+voiced] で終わるならば，C[−voiced] となる（C は子
　　　　　音を表す）。

　これらの形態音韻規則は表出規則適用の際にそれらを評価するものとし
て機能するため，以下のような形態的メタ一般化が定義される。

---

[21] 旧来の研究で仮定されてきたレベル順序仮説 (Level-Ordering Hypothesis; Siegel 1979)
に基づくと，英語の接辞には基体に近い Level I 接辞と，そのさらに外側に付く Level
II 接辞があると考えられている。3 音節弛緩化を始めとする形態音韻的規則性は対象
となる接辞が Level I に属しており，基体との緊密性が高く，基体に対し形態音韻的
影響を及ぼすためだと説明される（第 7 章第 1 節を参照）。しかしレベル順序仮説か
ら導かれる「接辞の付加には順序が存在する」という接辞順序一般化 (Affix Ordering
Generalization; Selkirk 1982) には反例も多く指摘されている (Spencer 1991: 179–183)。
例えば organization という語では -ation というレベル I 接辞の内側に -ize というレベル
II 接辞が現れている。同様に probability ではクラス II 接辞の -able がクラス I 接辞の
-ity の内側に現れる。これらの接辞の組み合わせは生産性が高く例外的なものと扱うこ
とはできないものである。また同一レベル内の接辞間の順序に関して，レベル順序仮説
は説明能力がないという問題も指摘されている。形態的メタ一般化は接辞のレベルを仮
定しないため，これらの問題を回避して形態音韻的規則性を捉えることができる仕組み
であると考えることができる。

128 第5章 ゼロ形態

(5.38) 形態的メタ一般化

Block I のすべての表出規則について，(5.37) $\in \phi_R$。

5.4.4 イタリア語動詞活用のゼロ形態

最後に表 5.3, 5.4 で示したイタリア語動詞活用に見られる 3 種類のゼロ形態がどのように分析されうるか見てみよう。イタリア語の動詞は語幹の後 **Block I** で幹母音，**Block II** で未完了接辞，**Block III** で主語の人称と数がそれぞれ具現化される[22]。ここでは Spencer (1991: 214–219) に従い，素性を ± を用いた二値素性で表すことにする[23]。幹母音は接続法においては -i，それ以外は -a となるので (5.39) のように表出規則を立てることができる。**Block II** において未完了では -va が付加され，それ以外では接辞化が行われないデフォルトのゼロなので，(5.40) のように -va の表出規則だけが規定され，未完了以外では IFD となる。人称・数の接辞は (5.41) のように **Block III** で規定される。1 人称複数は未完了以外では -iamo，未完了では -mo が付加されるため，(5.41a, b) のような表出規則を立てることができる[24]。接続法現在では単数形がすべてゼロ表出形となるので，(5.41c) のように入力と同形が出力される規則を立てることとなる。2 人称複数は一貫して -ate となるため，(5.41d) のように規定される。単数は無標の値と考え，1 人称単数，2 人称単数の接辞は人称に基づいてそれぞれ (5.41e, f) のように規定することができる。3 人称は無標の人称であり，複数のみ (5.41e) の規則を立て，3 人称単数はデフォルトとして表出規則はなく IFD

---

[22] 幹母音は屈折接辞として扱われないことも多く，本書でも第 6 章においてラテン語の幹母音を語幹選択によって選択する分析を提案しているが，Spencer (1991: 217) で言及されているようにイタリア語においては他の屈折接辞と相互に影響を及ぼし合う側面もあるため，ここでは屈折接辞とみなし表出規則により具現化する。

[23] 41 ページのコラムを参照。

[24] -mo の方の素性指定を {+1 +pl + imperfective} として，-iamo の方を {+1 +pl} とすることも可能である。

によりゼロとなる。

(5.39) **Block I:**

    a. X, V, {+subjunctive} → X*i*

    b. X, V, { } → X*a*

(5.40) **Block II:** X, V, {+imperfective} → X*va*

(5.41) **Block III:**

    a. X, V, {+1 +pl −imperfective} → X*iamo*

    b. X, V, {+1 +pl} → X*mo*

    c. X, V, {−pl +subjunctive} → X

    d. X, V, {+2 +pl} → X*ate*

    e. X, V, {+1} → X*o*

    f. X, V, {+2} → X*i*

    g. X, V, {+pl} → X*no*

これらの表出規則適用のたびに，形態的メタ一般化によりその出力が評価されることとなる。その結果，形態音韻規則によって，母音が削除されゼロとなる。

以上見てきたように PFM ではゼロ表出形は明示的な素性指定を持った表出規則が同形を出力することによって，デフォルトのゼロは適用できる表出規則がなく恒等関数デフォルトが適用されることによって，形態音韻規則によるゼロは表出規則適用後の形態的メタ一般化による評価を通じ規則適用で削除されることによって，それぞれ捉えられることになる。

パラダイム基盤の理論は屈折形態を中心に扱うため，派生形態の領域になる転換についてはここでは分析を示さなかったが，第 7 章で導入する一般化パラダイム関数 (Generalized Paradigm Function) という PFM を拡張した枠組みによって分析することが可能である。詳細については第 7 章を参照されたい。

5.5 まとめ

ゼロ形態を理論的にどう扱うかに関して，形態素基盤の理論である DM は形態構造上にゼロ (∅) を仮定し音形を伴わない要素として捉えることが多いのに対し，語・パラダイム基盤の理論である PFM には明示的なゼロ形態というのは存在しないという対比が見られる。ゼロ形態の中でもゼロ表出形に関しては，DM では ∅ を表出形とする語彙項目が仮定されるが，PFM では入力と同形を出力する表出規則を立てることで具現化される。しかしどちらも他の規則との競合の中でゼロ表出形を捉えようとしている点では共通している。またデフォルトのゼロに関しては，DM では語彙項目を立てないことでその他形態として扱い，形態構造上にも明示的に現れない。PFM においても表出規則が存在しないことにより，恒等関数デフォルトが適用される。よって 2 つの理論間に違いはないと言うことができる。形態音韻規則で削除された結果生まれるゼロ形態に関しても，2 つの理論は近い扱いをしているが，DM では形態部門後の操作の結果として出てくるのに対し，PFM では形態的メタ一般化が仮定されており，表出規則適用の度に表出形が評価され，必要に応じて形態音韻規則が適用される。

理論的に争点となるのは，ゼロ表出形において明示的なゼロを構造上仮定すべきか否かということになる。統語論においては，移動の痕跡などゼロが音形を伴わないものとして構造上存在していることを支持する経験的データも存在するが，形態論においては表 5.4 のイタリア語や表 5.5 のラテン語の例で見たように，構造的に不可視となるものが多く，DM のように理論的装置として仮定される以上の経験的証拠は乏しい。しかし一方で表 5.6 の一致接辞としてのゼロや (5.6) の無音子音のように，音形化されない要素が語内部に存在すると思われるようなデータも存在し，明示的なゼロ形態を完全に排除することが本当に妥当なのかどうかはさらなる議

5.5 まとめ 131

論が必要となるだろう。

練習問題

問 1（1）日本語には 116–117 ページの (5.23) 以外にも「開く (aku)」「開ける (akeru)」などの自他交替のパターンがある。これらを DM で捉えるための語彙項目を (5.24) に追加しなさい。

（2）PFM において 129 ページの表出規則 (5.39)–(5.41) を評価し，一部の末尾母音を削除する形態音韻規則を提案しなさい。

問 2 表 5.6 に見られるハユ語の一致接辞に関して，DM および PFM において考えられる分析を提案しなさい。

第 6 章

虚形態

6.1 虚形態とは

英語には (6.1a) のように末尾が -ed で終わる形容詞が多数ある。これら末尾の -ed は音韻的には動詞の過去時制を表す -ed 同様，直前の要素の音韻的特性により /t, d/ の直後では/ɪd/ もしくは /əd/，そのほかの有声音の直後では /d/，無声音の直後では /t/ というバリエーションが見られる。しかし，これらの形容詞にさらに接辞を加えると，特徴的な音韻変化が起こることがある。例えば，(6.1b) のように -ness という接辞を付け形容詞を名詞化すると，/d, t/ の前に /ə/ が挿入され，/t/ の場合はさらに有声化され /d/ となる。同様の現象は (6.1c) のように -ly を付加することによって形容詞から副詞を作る際にも見られる。

(6.1)　　a.　absorbed [əbzɔːrbd]

　　　　　　marked [mɑːkt]

　　　　　　well-formed [wɛɫfɔːmd]

　　　　　　amazed [əmeɪzd]

　　　　　　supposed [səpoʊzd]

　　　　b.　absorbedness [əbzɔːrbədnəs]

134　第 6 章　虚形態

　　　　markedness [mɑːkədnəs]

　　　　well-formedness [wɛɫfɔːmədnəs]

　　c.　amazedly [əmeɪzədli]

　　　　supposedly [səpoʊzədli]　　　　　　　(Bauer et al. 2013: 171–172)

　また (6.2) に示すように基数に -th を付加して序数を作る際に，基体と
-th の間に -e /ə/ が挿入されたり (6.3) のように -al 接辞によって名詞から
形容詞を派生するのに，-u が挿入されるといった現象が観察される。

　(6.2)　a.　thirty [θəːti]

　　　　　　ninety [naɪnti]

　　　　b.　thirtieth [θəːtiəθ]

　　　　　　ninetieth [naɪntiəθ]　　　　　　　　(Bauer et al. 2013: 425)

　(6.3)　a.　sense → sens-u-al (cf. base → basal)

　　　　b.　fact → fact-u-al (cf. post → postal)

　　　　　　　　　　　　　　　　(Katamba and Stonham 2006: 38)

　以上の例に見られる接辞が付加される際にある種のつなぎ要素として
表出する形態は**挿入辞** (epenthesis) と呼ばれる[1]。挿入辞には音韻的な動機
づけが可能なものもあれば，純形態的なものもある。例えば (6.1a) などは
語中の子音連続を避けるといった説明が可能であるが，(6.3) などは base
→ basal や post → postal などが可能であることから *sensal や *factal と
なりえない音韻的理由はなく純形態的なものと考えられるだろう。挿入辞
には意味的，機能的な動機づけがなく，これらの要素に対応する意味的・
文法的素性は存在しない。意味や文法機能を欠いた形態を**虚形態** (empty
morph) と呼び，挿入辞は虚形態の一種と考えることができる。

---

　　[1] 挿入位置によって，前に付く添頭辞 (prothesis)，後ろに付く添尾辞 (epithesis) など区別
　されることがあるが，本書ではこれらすべてをまとめて挿入辞と呼ぶことにする。

英語以外の言語における虚形態も見てみよう。表 6.1 はコーカサス諸語
に属するレズギ語 (Lezgian) の名詞の格変化である。3 つの名詞に共通し
て見られる接辞は -n が属格，-z が与格，-k が下格（subessive；場所格の 1
つ）であるが，これらの接辞が付加される際に名詞によって -re, -di, -a と
いった異なった接辞が挿入される。格の素性自体は末尾の接辞によって具
現化されており，これらの要素は機能的な動機づけを欠いた虚形態と考え
ることができるだろう。

	'bear'	'elephant'	'Rahim'
絶対格	sew	fil	Rahim
属格	sew-re-n	fil-di-n	Rahim-a-n
与格	sew-re-z	fil-di-z	Rahim-a-z
下格	sew-re-k	fil-di-k	Rahim-a-k

表 6.1　レズギ語の格 (Haspelmath and Sims 2010: 65)

またラテン語およびラテン語を祖先とするロマンス諸語には幹母音
(theme vowel) という要素が見られる。(6.4) はフランス語の例であるが，
末尾の接辞が主語の人称と数を表し，その前に時制を表す接辞が現れる。
これらと語幹との間に挿入されるのが幹母音である。幹母音自体は意味的
にも文法的にも何の機能も有しておらず，語幹と後続する接辞とをくっつ
ける役目しか果たしていないため，Anderson (1992: 54) は幹母音を形態的
接着剤 (morphological glue) と呼び，虚形態の例として挙げている。幹母
音に関しては次節で詳細に見る。

(6.4)　フランス語の幹母音

　　　a.　pens-e-r-ai
　　　　　think-TV-FUT-1SG

　　　b.　sent-i-r-ai
　　　　　feel-TV-FUT-1SG　　　　　　　　　　　　　(Anderson 1992: 54)

136   第 6 章　虚形態

Matthews (1972) はラテン語には形態音韻的に規定できる挿入辞と形態統語的な挿入辞があると述べている。ラテン語の動詞は通常末尾に主語の人称と数を表す接辞が現れるが，その接辞が m で始まっており，基体が r で終わっている場合，i が挿入される。よって (6.5a, b) では接辞がそれぞれ -mus, -minī であり，基体が fer なので，i が挿入されている。一方，同じ接辞であっても (6.5c, d) のように基体が da, monē と母音で終わっている場合は i は挿入されない。また (6.5e, f) のように fer と基体が r で終わっていても，接辞が m で始まっていない場合も i は挿入されない。この i 挿入辞は r と m の連続を避けるために挿入されている形態音韻的な挿入辞と考えることが可能である。

(6.5)　ラテン語の i 挿入辞

    a.　fer-i-mus

       carry-EP-1PL

       'We carry.'

    b.　fer-i-minī

       carry-EP-2PL.PASS

       'You.PL are being carried.'

    c.　da-mus

       give-1PL

       'We give.'

    d.　monē-minī

       advise-2PL.PASS

       'You.PL are being advised.'

    e.　fer-s

       carry-2SG

       'You.SG carry.'

6.1　虚形態とは　　137

   f.　fer-tis

     carry-2PL

     'You.PL carry.'　　　　　　　　　　　　　　　　　　(Matthews 1972: 78–79)

　さらに m で始まる接辞が r 以外の子音で終わる基体に接続するときは，u が挿入される。よって (6.6a, b, c) ではすべて u が挿入されている。同様の u 挿入は接辞が m で始まらない (6.6d, e) の場合には起こらない。

(6.6)　ラテン語の u 挿入辞

   a.　s-u-mus

     be-EP-1PL

     'We are.'

   b.　s-u-m

     be-EP-1SG

     'I am.'

   c.　wol-u-mus

     want-EP-1PL

     'We want.'

   d.　wul-t

     want-3SG

     '(S)he wants.'

   e.　wul-tis

     want-2PL

     'You.PL want.'　　　　　　　　　　　　　　　　　　　(Matthews 1972: 79)

　以上は鼻音 m が子音に接続するのを回避するために i 挿入辞や u 挿入辞などの形態音韻的な挿入辞があることを示しているが，そのような動機づけが不可能な is 挿入辞というものが存在すると Matthews (1972) は指摘している。(6.7a, b) が示すように，完了を表す接辞と 2 人称複数の接辞の間に is が挿入されている。(6.7a) と (6.7b) では語彙素が異なるため，完了

138　第6章　虚形態

の接辞もそれぞれ子音 -s, 母音 -u と異なっており，2 人称複数接辞 -tis との関係において形態音韻的理由で挿入されたとは考えにくい。また (6.7c, d) のように-s, -u という完了の接辞が現れていても，1 人称単数接辞 -ī の前では is は挿入されない。また (6.7e) は 2 人称複数接辞が現れていても，完了の接辞がない場合には is は挿入されないことを示している。よって is 挿入辞は完了の接辞と 2 人称複数接辞という形態的な動機づけによって表出していることになる。

(6.7)　ラテン語の is 挿入辞

    a.　rēk-s-is-tis

       rule-PERF-EP-2PL

       'You.PL ruled.'

    b.　mon-u-is-tis

       advise-PERF-EP-2PL

       'You.PL advised.'

    c.　rēk-s-ī

       rule-PERF-1SG

       'I ruled.'

    d.　mon-u-ī

       advise-PERF-1SG

       'I advised.'

    e.　fer-tis

       carry-2PL

       'You.PL carry.'　　　　　　　　　　(Matthews 1972: 77–78)

　虚形態は対応する意味や文法素性が存在しないため，それをどのように表出させるかが理論的な争点となる。古典的な IA モデルにおいては，虚形態は対応する形態素 (morpheme) が存在しない形態 (morph) として分析されるが (Hockett 1947: 333)，これまで見たように虚形態は一枚岩の現象ではなく，前接あるいは後接する接辞の異形態としたり，語幹の代替形

6.2 ラテン語の幹母音 139

(stem alternation) や拡張語幹 (extended stem) と考える可能性もありえる。また純形態的なものは純形態的な素性を仮定しその表出形として分析する方法や，音韻的な動機がある虚形態は形態音韻規則で挿入することも可能である。

6.2 ラテン語の幹母音

(6.4) でフランス語の幹母音について触れたが，ここではより複雑な体系を持つラテン語の幹母音について少し詳細に見てみよう。Aronoff (1994) はラテン語の幹母音は使用頻度の極めて高い一部の動詞を除き現在語幹 (present stem) で現れるとし，それらを活用型にしたがって表 6.2 のようにまとめている[2]。

活用型	幹母音	現在不定形	意味
I	ā	am-ā-re	'love'
II	ē	dēl-ē-re	'destroy'
III	e/ɨ	vīs-e-re	'see'
III(i)	i	cap-e-re	'take'
IV	ī	aud-ī-re	'hear'

表 6.2 ラテン語の幹母音（Aronoff (1994: 45), Embick (2010: 76) を元に作成）

さらに細かく活用型ごとに幹母音の表出条件を見ていくと，ほぼすべての I 型と IV 型の動詞において，現在（もしくは未完了）(present/imperfective)，完了 (perfective)，完了分詞 (supine)[3]すべての語幹で幹母音が現れる。表 6.3 は I 型動詞の，表 6.4 は IV 型動詞の幹母音の例である。

---

[2] III 型動詞の幹母音は Aronoff (1994) では e，Embick (2010) では ɨ と仮定されている（Embick (2010) の分析については第 6.3.2 節を参照）。また III(i) 型動詞 cap の幹母音 i は中和して e として表出するため cap-e-re となる。

[3] Aronoff (1994) は完了分詞を第三語幹 (third stem) と呼んでいる。

140 第 6 章 虚形態

一方，II 型と III 型の動詞では表 6.2 で示した現在語幹以外で幹母音が現れることはない (Aronoff 1994: 50)。

表層形	基底形	幹母音	グロス
armō	arm-ā-ō	ā	'I arm'
armāmur	arm-ā-mur	ā	'we are armed'
armāvistī	arm-ā-u-istī	ā	'you.SG armed'
armātus	arm-ā-t-us	ā	'armed.MASC.NOM.SG'

表 6.3　I 型活用動詞の語幹と語形の例 (cf. Aronoff 1994: 47)

表層形	基底形	幹母音	グロス
audiam	aud-ī-am	ī	'I may hear'
audīrēmus	aud-ī-rē-mus	ī	'we might hear'
audīverat	aud-ī-u-er-at	ī	'he had heard'
audīta	aud-ī-t-a	ī	'heard.FEM.NOM.SG'

表 6.4　IV 型活用動詞の語幹と語形の例 (Aronoff 1994: 47)

　表 6.3 と表 6.4 ではそれぞれ ā と ī という幹母音が表出しているが，これは幹母音が付加される基体によって決まっている。例えば vīso 'see' は III 型活用動詞で表 6.2 に示したように現在不定形では vīs-e-re のように幹母音 e が現れる。しかし語根に反復相 (iterative) の接辞 -it を付け vīsitō 'see often' とすると I 型活用動詞となり現在不定形は vīsit-ā-re というように幹母音 ā が現れる。このようにどの幹母音が現れるかは直前の形態によって決定されることから，幹母音の選択は純形態的であると言うことができる。また同時に，幹母音が選択されると後続する接辞もすべて決まることから，幹母音はそれが付加される動詞のすべての活用形を決定するという意味においても純形態的な要素であると Aronoff (1994: 52) は指摘している。

6.3 DM における虚形態

DM では，形態操作として素性・節点の挿入が仮定されている。この操作そのものは定義上統語構造・意味に影響を与えないので，虚形態のように文法機能や意味と対応していない形態の分析に適している。このような操作で形態部門において追加された素性や節点に対しては「解離した」という表現を用いる。この名称はそのような要素が統語部門における節点や素性，構造などから切り離されたものであることを表しており，(6.8) のように定義されている。

(6.8)　a. 解離素性 (Dissociated Features)：形態部門において特定の条件下で追加された素性

　　　　b. 解離節点 (Dissociated Nodes)：形態部門において特定の条件下で追加された節点　　　　　　　　　(Embick and Noyer 2007: 309)

解離素性・解離節点は形態操作の結果として追加されたものに対する名称であり，追加する操作そのものの名称ではないことに注意されたい。操作の名称としては，たとえば節点の追加を Choi and Harley (2019) では「節点添加 (node-sprouting)」と呼んでいる。

6.3.1 解離素性

解離素性の追加は，すでに存在する節点に対して行われる。Embick and Noyer (2007) では格素性が例として挙げられており，ラテン語では Num の節点にその環境に応じた格に関する素性が挿入されると提案している[4]。(6.9) の構造では，Num の節点にはもともと [+plural] だけがあったところに，形態部門で [+oblique], [+structural], [+superior] が追加されている。

---

[4] これは，Marantz (1991) をはじめとする格形態の決定を PF で行うアプローチを DM で実現したものである。

(6.9) ラテン語の解離素性の追加

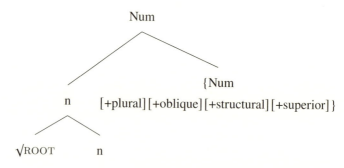

（Embick and Noyer (2007: 308) を元に作成）

これらの素性は統語部門の出力結果に応じて追加され，素性自体は統語部門の計算対象となる形式素性ではないため，形態の具現には関わるが意味（正確には LF）に対する影響力はない．その後，語彙挿入において格の形態が決まる．Embick and Noyer (2007) では Halle (1997: 134) の提案[5]を参考に，表 6.5 のような格の分解が仮定されている．この分析に従うと，(6.9) の構造には与格の表出形が挿入される．

	Nom.	Acc.	Gen.	Dat.	Abl.
Oblique	−	−	+	+	+
Structural	+	+	+	+	−
Superior	+	−	−	+	+

表 6.5 ラテン語の格の分解 (Embick and Noyer 2007: 308)

---

[5] Halle (1997: 133, fn6) では，[oblique] は動詞の項であるかどうか，[superior] は特定の構造的位置にあるかどうか，[structural] は意味格か構造格かという基準によってそれぞれ別個に付与される素性であると仮定されている．

6.3.2 ラテン語の幹母音と解離節点

ラテン語の幹母音は解離節点として分析されることが多い (Embick 2010, Bobaljik 2017)。ここでは Embick (2010) の分析を紹介する。

ラテン語の幹母音は活用型によって異なるため、DM では活用型の情報を参照して語彙挿入を行う必要がある。たとえば、aud-ī(-re) は (6.10) のように形成される。

(6.10) Th 節点までの aud-ī(-re) の構造[6]

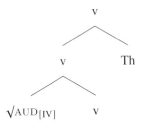

(Embick (2010: 76, (14)) を元に作成)

Th が幹母音の節点であり、Embick (2010) は v に付加する形で節点添加されると仮定している。規則として書くと次のような形になる。実際にどの母音が挿入されるかは別途語彙項目として規定されており、たとえば (6.10) では、√AUD が持つ活用型の素性 [IV] を元に決定される。

(6.11) 解離節点 Th の節点添加
　　　 v → [v Th]

さらに、Embick (2010) は願望法 (desiderative) の表出形である -ess が動詞に付いた場合、Root の活用型とは関係なく III 型に対応する幹母音が挿

---

[6] Embick (2010: 76) では活用型の情報は Root 自身に素性として指定されていると仮定しており、ここでは [IV] がそれに当たる。Root は DM においてできるだけ素性等を持たないように位置づけられているが、活用型のような Root に特有の情報については Embick (2010) のような取り扱いが妥当であると考えられる。

入されることを指摘している。(6.12), (6.13) の形態構造に示したように, √CAP は III(i) 型として幹母音 i が挿入されるが, 願望法になった場合は幹母音 i が現れない（capessiō にはならない）。

Embick (2010) はこの現象に対して, 願望法の表出形 -ess がそれ自身の活用型（III 型）の情報を持ち, 語彙挿入の際は Th に隣接した要素の活用型の情報が参照されるからであると分析している。

(6.12)　Th 節点までの capiō の構造

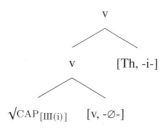

（Embick (2010: 77) を元に作成）

(6.13)　Th 節点までの capessō の構造

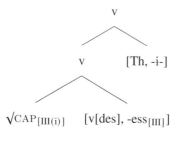

(Embick 2010: 77)

また, ラテン語では完了相の場合一部の活用型や特定の動詞に幹母音が現れないという現象がある。表 6.6 に示すように, I 型の laudāre や IV 型では完了相でも幹母音が現れているのに対して, I 型でも crepāre や II 型, III 型では完了相の場合に幹母音が現れない。

Embick (2010) はこの現象を分析するには, 特定の Root や活用型の情報を参照した削除か語彙挿入の不適用を仮定する必要があると指摘し, 分析

活用型	動詞	完了相
I	laudāre	laud-ā-v-ī
I	crepāre	crep-v-ī
II	monēre	mon-v-ī
III	vomere	vom-v-ī
IV	audīre	aud-ī-v-ī

表 6.6　ラテン語の完了相と幹母音（Embick (2010: 178) より抜粋）

案として (6.14) のような削除（不適用）規則を示している。この規則は，完了相の環境において Root が LIST に指定されているものである場合か [II][III][III(i)] の活用型に関する素性を持つ場合に適用される。

(6.14)　完了の非幹母音化に関する規則

$$v \text{ is athematic} / \begin{Bmatrix} [\text{II}] \\ [\text{III}] \\ [\text{III(i)}] \\ \text{LIST} \end{Bmatrix} \_\_\_\text{Asp[perf]}$$

$$\text{LIST} = \{ \sqrt{\text{CREP}}, \sqrt{\text{VEN}}, ... \}$$ 　　(Embick 2010: 178)

Embick (2010) は踏み込んで論じてはいないが，これを具体的な分析として実現するには，削除と不適用の分析どちらを取るにしても形態操作と線形化の適用順に関する問題が生じる。

削除として考える場合は (6.15) のような切除の規則を仮定することになる。しかし，形態操作は一部を除いて線形化より早い段階で適用されると考えられているので，このように v と Asp の線形順序が条件となっている規則を用いるためには，切除の操作が線形化の後にも適用される可能性や線形順序ではなく構造的な条件によって適用される可能性について検討する必要がある。

146　　第 6 章　虚形態

(6.15)　ラテン語の幹母音の切除

$$[\text{v Th}] \rightarrow \text{v} / \left\{ \begin{array}{l} [\text{II}] \\ [\text{III}] \\ [\text{III(i)}] \\ \text{LIST} \end{array} \right\} \_\_\_\text{Asp[perf]}$$

$$\text{LIST} = \{ \sqrt{\text{CREP}}, \sqrt{\text{VEN}}, ... \}$$

　一方，節点添加の不適用と考えるのであれば規則 (6.11) に活用型や Root
に関する情報を条件として組み込むことになり，切除の場合と同じく線形
化に関する問題が発生する。また，節点添加の規則に (6.14) をそのまま組
み込むと，指定されている条件を満たさない環境をその適用条件として指
定する必要があるという問題がある。活用型に関する指定は [II][III][III(i)]
と排他的な関係になっている他の素性 [I] や [IV] で指定することができる
が，LIST に関しては (6.14) にある LIST に含まれない Root をすべて LIST
としてまとめることになる。このように一部の特定の語にしか起こらない
現象の分析のためにその他のすべての Root をリストアップするというや
り方の妥当性については議論の余地があるだろう。この問題は，規則適用
の際に参照される条件を「... ではない時に (¬...)」と否定の形で指定する
ことができれば技術的には解決する[7]。

　もう 1 つの技術的な解決策として，(6.16) に示すように実際には添加を
行わない空虚な (vacuous) 添加を仮定することが考えられる。形態規則も
特定的なものが優先されるので，(6.16) の指定を満たす環境では幹母音が
挿入される節点が添加されず，それ以外の環境では (6.11) がその他規則と
して機能し節点の添加が行われ幹母音が挿入される。しかしどちらの形式
の規則化も DM の研究ではあまり検討されてこなかったようである。

---

[7] 否定 ¬ を語彙項目に用いるというアイディアは Siddiqi (2009) でも提案されているが，
その対象は素性に限られておりここで示すような環境の指定への適用は試みられていな
いようである。

6.3 DM における虚形態 147

(6.16) 非幹母音化の場合も含む解離節点 Th の節点添加（空虚な添加）

$$v \rightarrow v \, / \left\{ \begin{array}{c} [\text{II}] \\ [\text{III}] \\ [\text{III(i)}] \\ \text{LIST} \end{array} \right\} \_\_\_\text{Asp[perf]}$$

LIST = { $\sqrt{\text{CREP}}, \sqrt{\text{VEN}}, ...$ }

　最後に Matthews (1972) で指摘されたラテン語における形態音韻的，形態統語的な挿入辞を DM で分析するとどうなるかということについて簡単に見ておく。ただし Embick (2010) ではそもそも形態分析に関する記述が Matthews (1972) とは異なっているように見える。たとえばコピュラの 1 人称単数現在 sum は su-m のように分析されているし (Embick 2010: 184)，is 挿入辞は一致に関する表出形 istis に含まれており独立した形態とは仮定されていない (Embick 2010: 75)。この分析ではともに 2 人称複数の表出形である tis と istis の共通性を直接捉えることができなくなってしまうが，挿入辞に関する明確な言及はないようなので簡便のために細かい形態分析を行っていない可能性はある。

　まず r と m に挟まれた場合に現れる形態音韻的な挿入辞 i については，語彙挿入で取り扱うよりも音韻的な調整で分析する方が良いと考えられる。ほかの表出形の異形態であると仮定し語彙挿入で取り扱う可能性も考えられるが，r と m の間という条件には線形順序の情報と表出形の情報が含まれているので，前後の表出形の決定と線形順序の決定の後に挿入辞の表出形が決定されるということが経験的に支持されなければこの分析は困難である。たとえば (6.17) のような調整規則を考えることができる。ここで i 挿入辞の規則 (6.17a) は r で終わる Root の後という条件において m で始まる一致形態の頭に i を付けるという形になっており，このように仮定しておくと，u 挿入辞に関する規則を (6.17b) のような形で規定することができ，両者をその他条件の下で関係づけることが可能になる。

148　第 6 章　虚形態

(6.17)　i 挿入辞, u 挿入辞の調整規則

　　　　a.　Agr の表出形の頭子音 m → im / 末尾子音 r の Root ___

　　　　b.　Agr の表出形の頭子音 m → um

　一方 is 挿入辞については完了と 2 人称複数が条件なので, 幹母音と同じ
ようにこの 2 つの素性が存在する場合に is が挿入される節点を添加する
ことでも分析できよう。たとえば (6.18) のような節点添加の規則を考える
ことができる。

(6.18)　解離節点 Ep の節点添加

　　　　Agr[2pl] → [Ep Agr[2pl]] / Asp[perf]___

　is 挿入辞の具現については, さらに (6.19) のような語彙項目が必要とな
る。ここでは is 挿入辞のみを考えているが, ほかの形態についても節点
Ep を用いて分析する場合はその分の語彙項目も考えなければならない。
その場合, (6.18) で節点添加の中に組み込まれている 2 人称複数という条
件は語彙項目の方で指定されるものと仮定する方が表出形の棲み分けを捉
える上では有効である可能性もある。

(6.19)　Ep ↔ is

　以上見てきたように, ラテン語の幹母音は活用型や Root の形態的な情
報を参照しなければその分布が適切に捉えられない現象であり, DM に
おいては解離節点として取り扱うのが妥当な分析の 1 つであると考えら
れる。

6.3.3　その他の虚形態

　DM では Halle and Marantz (1993) や Noyer (1997) などの初期の研究か
ら, 特に一致や格, 幹母音などの現象を対象に形態操作を用いた分析が提
案されてきた。DM では統語部門において構築された統語構造の情報を参

照して形態部門における形態操作を行うので，形態そのものは直接統語素性の反映であるとは考えにくいがその分布は統語的な環境や条件の影響を受けるというタイプの現象をうまく取り扱うことができる。

　本節で重点的に取り上げた幹母音については，ほかにもロマンス系の言語 (Oltra-Massuet and Arregi 2005, Calabrese 2015)，スラブ系の言語 (Gribanova 2015) を分析対象にした研究がある。また，一般的にはあまり幹母音の存在が仮定されない言語の研究への応用も試みられており，たとえばバントゥ系言語の分析である Monich (2015)，日本語の分析である井川 (2021) が挙げられる。井川 (2021) は従来の研究でも挿入母音として扱われることが多かった子音語幹動詞の連用形に現れる i（kaki-mas「書きます」）や未然形に現れる a（kaka-nai「書かない」）だけでなく，母音語幹動詞の語幹末母音（mi-mas/nai「見ます／見ない」）も幹母音と仮定し，DM の節点添加を用いた分析を提案している。

6.4　PFM における虚形態

　PFM は形態素基盤の理論ではなく，形態と意味・機能との一対一対応を仮定していないため，虚形態の存在自体は問題にはならない。虚形態をどのように具現化するかは，その虚形態が現れる環境によって異なる。たとえば音韻的な動機づけに基づいて表出する虚形態は表出規則適用後の形態音韻規則による調整によって挿入されるが，特定の形態統語環境にのみ現れる虚形態は表出規則による接辞化と考えることができる。また純形態的な虚形態は語幹指定で語根に付加される他，純形態的な素性を仮定し表出規則適用によって付加することも可能である。ここではラテン語の幹母音と挿入辞の分析を通して，様々な虚形態が PFM によってどのように捉えられるかを見る。

6.4.1 語幹形成関数による幹母音の具現化

第6.2節でまとめたように，ラテン語の幹母音は後続する接辞を決定し，動詞のすべての活用形を規定する純形態的な役割を果たしていることから，Aronoff (1994: 47) は幹母音を語幹の一部として扱うべきだと主張している。よって例えば I 型活用動詞を示した表 6.3 において，armō（基底形 arm-ā-ō）や armāmur に現れる現在（未完了）語幹は armā であり，armāvistī（基底形 arm-ā-u-istī）に現れる完了語幹は armāv，armātus に現れる完了分詞語幹は armāt ということになる。

PFM の分析においてもこれらは語幹形成関数 *Stem* によって規定される (cf. Stump 2016: 78)。例えば I 型活用動詞と IV 型活用動詞の語幹形成関数は (6.20) のように規定される。これらにより imperfective という素性が σ に含まれる場合は，語根に I 型では ā，IV 型では ī という幹母音が付加された現在（未完了）語幹が選択され，perfective が含まれる場合は語根に I 型では āv，IV 型では īv が付加された完了語幹が選択される[8]。同様に supine が含まれる際に，I 型では āt, IV 型では īt が語根に付加され形成される。

(6.20)　a.　*Stem*($\langle$L, σ:{I-conj imperfective}$\rangle$) = X$\bar{a}$,

　　　　　　Stem($\langle$L, σ:{I-conj perfective}$\rangle$) = X$\bar{a}v$,

　　　　　　Stem($\langle$L, σ:{I-conj supine}$\rangle$) = X$\bar{a}t$

　　　　b.　*Stem*($\langle$L, σ:{IV-conj imperfective}$\rangle$) = X$\bar{\imath}$,

　　　　　　Stem($\langle$L, σ:{IV-conj perfective}$\rangle$) = X$\bar{\imath}v$,

　　　　　　Stem($\langle$L, σ:{IV-conj supine}$\rangle$) = X$\bar{\imath}t$

これらはデフォルトの場合であり，特別な語幹形成が行われる語彙素に

---

[8] 表 6.3, 6.4 にあるように，これらの基底形はそれぞれ ā-u, ī-u であり，これらの基底形に形態音韻規則が適用されて āv, īv となると考えることもできる。

6.4 PFM における虚形態　151

は個別に **Stem** 関数が規定される。例えば secāre 'cut' の完了語幹は *secāv
ではなく，secu なので，(6.21) のような **Stem** 関数が仮定され，これは特定
の語彙素を指定していることから (6.20a) よりも特定的であるため優先的
に適用される。

(6.21)　　**Stem**($\langle$SECĀRE, σ:{perfective}$\rangle$) = *secu*

6.4.2　挿入辞の具現化

第 6.1 節でラテン語の 3 種類の挿入辞を見たが，ここではそれらの挿入
辞が PFM でどのように分析されうるかを概観する。まず is 挿入辞は完了
語幹に 2 人称複数接辞が付加されるという環境において挿入されるので，
表出規則として (6.22a) のように規定することができる。この規則は完了
語幹が選択された後に適用され，その後 (6.22b) の 2 人称複数接辞の表出
規則が適用される。

(6.22)　　a.　**Block I:**

　　　　　　　X, V, {perfective 2 plural} $\rightarrow$ X*is*

　　　　　　　. . .

　　　　　b.　**Block II:**

　　　　　　　X, V, {2 plural} $\rightarrow$ X*tis*

　　　　　　　. . .

具体的に rēksistis 'you.PL ruled' がどのように派生されるかを見てみよ
う。まず (6.23a) に示されるように III 型動詞の完了語幹形成が行われる。
III 型動詞の完了語幹は幹母音を含まず s が語根に付加される。次に s が有
声子音に付加されるとその子音が無声化するという音韻規則があるため，
SC を規定する必要がある。これは (6.24) のようになり，これを適用した
ものが (6.23b) である。

(6.23)　　a.　**Stem**($\langle$REG, σ:{III-conj perfective}$\rangle$) = *rēgs*

152　第 6 章　虚形態

　　　　b.　*SC*(*rēgs*) = *rēks*

(6.24)　　*SC*(X[+voiced final consonant]*s*) = X[−voiced final consonant]*s*

語幹選択が終わると次に表出規則が適用され，(6.25a) のように is 挿入辞
が付加された後，(6.25b) のように 2 人称複数接辞の tis が付加され，表出
形が導かれる。

(6.25)　　a.　*rēks*, V, {perfective 2 plural} → *rēksis*

　　　　b.　*rēksis*, V, {2 plural} → *rēksistis*

　一方，i 挿入辞や u 挿入辞は形態音韻規則によって挿入される。第 5 章
で見たように PFM では表出規則が適用されるたびに，その規則適用を評
価するメタ規則として形態音韻規則の集合 ϕ_R があり，形態的メタ一般化
によってその適用が規定される。

　ラテン語の i 挿入，u 挿入に関しては，(6.26) のように形態音韻規則を規
定することができる。

(6.26)　　形態音韻規則

　　　　X, V, σ → Y′ のとき:

　　　　a.　X が *rm* を含むならば，Y′ は *rim* となる。

　　　　b.　X が C*m* を含むならば，Y′ は C*um* となる（C は子音を表す）。

　次に表出規則適用の際にそれを評価するものとしてこれらの形態音韻規
則が適用されるよう，以下のように形態的メタ一般化を定義する。

(6.27)　　形態的メタ一般化

　　　　Block I, I, III のすべての表出規則について，(6.26) ∈ ϕ_R。

　表出規則同様，形態音韻規則もより適用範囲の狭いものが優先的に適用
される。(6.26a) は (6.26b) よりも狭いため，r で終わる基体に m で始まる
接辞が表出規則により付加された場合，(6.26a) により i が挿入され rim と

なる。基体が r 以外の子音で終わり，そこに m で始まる接辞が表出規則によって付加されると，(6.26b) により u が挿入され sum, lum などになる。

　虚形態は一枚岩の現象ではなく，その表出は様々な理由によって起こる。純粋に形態的動機づけによって現れる虚形態にも，ラテン語の幹母音のように語幹選択によって指定されるものや，is 挿入辞のように表出形の一部として表出規則によって指定されるものもある。また i 挿入辞や u 挿入辞は音韻的な動機づけで現れるもので，これは形態音韻規則という表出規則を評価するメタ規則によって表出形に修正がかかる形で挿入される。このように PFM では，意味や文法機能を欠いた虚形態でもその出現の動機により様々な形で具現化する仕組みがあり，適切に語形を導き出すことが可能となっている。

6.5　まとめ

　虚形態は古典的 IA モデルにとっては，形態素に対応する意味や機能が存在しないため特殊な扱いを受ける。現代の形態素基盤の理論である DM では，意味・機能を有さない虚形態も形態構造上の節点に対する語彙挿入において具現化することが可能である。ラテン語の幹母音のような語根と屈折接辞の間に現れる虚形態も，解離素性・節点という形で形態構造に添加された要素の表出形として分析される。一方 PFM は語幹形成関数があるため，幹母音のような虚形態は語根に屈折接辞を付加するための形態的接着剤として語幹を形成する要素と捉えられる。またラテン語の is 挿入辞のように特定の形態統語環境に現れる虚形態に関しても 2 つの理論でその扱いに違いが見られる。形態素基盤の DM は人称・数の一致を表す形態素と挿入辞は構造上区別されるため，Ep という意味・機能を持たない解離節点を添加することで is 挿入辞を具現化する。一方，語・パラダイム基盤の PFM では is 挿入辞を含め語形全体で 2 人称複数完了相を具現化すると仮定するため，is 挿入辞も表出規則によって付加されることとなる。形

154　第6章　虚形態

態音韻的動機づけに基づいて挿入される虚形態については，DM，PFM い
ずれにおいても調整規則や形態音韻規則の適用によって捉えられる。

　以上のように DM は解離素性・節点という意味・機能を持たない要素
を仮定するという点でより直接的に虚形態というものを捉えるのに対し，
PFM では真の虚形態と呼べるものは形態音韻規則によって挿入される要
素に限られ，幹母音や is 挿入辞のような要素は語形全体の意味・機能の一
部として具現化されていることとなる。よって虚形態は形態素基盤と語・
パラダイム基盤という DM と PFM の理論的仮定が明確に反映される現象
と言うことができるだろう。また挿入辞に関しては，音韻的な動機づけに
基づいて挿入されるものは，音韻論の分野では盛んに研究されてきたが，
本章で見たように表出の要因が純形態的なものや形態統語的なものを始め
形態論で扱われるべき現象が多くある。DM，PFM ともにそのような挿入
辞を扱う理論的基盤を持っており，今後形態論における広範な挿入辞の研
究の進展が期待される。

練習問題

問1（1）146 ページの説明を参考に，否定 (¬) を用いて非幹母音化の場
　　　　合も含む解離節点 Th の節点添加の規則を書きなさい。
　　（2）第 6.4.2 節の説明を参考に，ferimus 'carry.1PL' の PFM における
　　　　派生 (PF(⟨FER, {III-conj imperfective 1 plural}⟩)) を，*Stem* 関数，
　　　　表出規則，形態音韻規則を適用することによって示しなさい。
問2　日本語の子音語幹動詞（例：「書く (kak)」，「飛ぶ (tob)」など）の屈
　　　折形態において，挿入辞として分析できる要素を挙げ，それらを捉
　　　えるための分析を提案しなさい。

第7章

阻止

7.1 阻止とは

多くの言語において，語に特定の接辞を付加することでその語の品詞を変えることができる。例えば (7.1) や (7.2) に示すように -(i)ty や -ness はともに英語において形容詞から名詞を派生する接辞である。

(7.1)　a. It is *uncertain* whether the proposal will be accepted.

　　　　b. There is still *uncertainty* as to whether the proposal will be accepted.

(7.2)　a. John was fully *aware* of the danger of smoking.

　　　　b. John is trying to raise the *awareness* of environmental problems.

Aronoff (1976) はこの -(i)ty と -ness の付加による名詞化の可否に違いがあることを指摘している。表 7.1 に示されるように，-ness 接辞による名詞化は -ous で終わる形容詞に対して原則としてすべて適用可能であるのに対し，-(i)ty 接辞による名詞化には可能なものと不可能なものがある。この -(i)ty 接辞による名詞化の可否は -ous 形容詞の元になる名詞が存在するか否かに左右されるとしている。つまり glorious や furious から *gloriosity

156　第7章　阻止

や *furiosity が派生されないのは，それぞれ glory や fury という名詞がすでに存在しているからだと主張した。一方，various や curious などにはそうした名詞が存在しないため，variety や curiosity といった -(i)ty 接辞による名詞化が可能である。このように別の語の存在によって語形成が行われないことを **阻止** (blocking) と呼ぶ。

-ous 形容詞	名詞	-(i)ty 接辞	-ness 接辞
various	—	variety	variousness
curious	—	curiosity	curiousness
glorious	glory	*gloriosity	gloriousness
furious	fury	*furiosity	furiousness
specious	—	speciosity	speciousness
precious	—	preciosity	preciousness
gracious	grace	*graciosity	graciousness
spacious	space	*spaciosity	spaciousness
tenacious	—	tenacity	tenaciousness
fallacious	fallacy	*fallacity	fallaciousness

表 7.1　英語における名詞化 (Aronoff 1976: 44)

　では -ness 接辞による名詞化はこの影響を受けないのはなぜだろうか。Siegel (1974)（Siegel (1979) として出版）を始め Kiparsky (1982b) や Mohanan (1986) などが指摘するように，英語には基体との形態音韻的緊密性が高いクラス I と呼ばれる接辞（Level I とも呼ばれる）と緊密性が低いクラス II という接辞（Level II とも呼ばれる）が存在しており，-(i)ty はクラス I に，-ness はクラス II に属すると考えられている。表 7.2 はそれぞれのクラスの代表的な接頭辞，接尾辞をまとめたものである[1]。

　基体と接辞の緊密性の高さの違いは様々な形で表出する。例えば (7.3)

---

[1] これに関係するレベル順序仮説の問題点については第5章の脚注21 を参照。

クラス I	接尾辞	-ion, -ity, -y, -al, -ic, -ate, -ous, -ive
	接頭辞	re-, con-, de-, sub-, pre-, in-, en-, be-
クラス II	接尾辞	-ness, -less, -hood, -ful, -ly, -y, -like
	接頭辞	re-, sub-, un-, non-, de-, semi-, anti-

表 7.2　英語のクラス I, II 接辞 (Siegel 1979: Ch. 2; Spencer 1991: 79–81)

に示されるようにクラス I の接辞である -(i)ty は強勢の位置を直前の音節
に変えるのに対し，クラス II の -ness では強勢の位置は維持される。さら
に (7.4) にあるように，クラス I 接辞の in- や con- は後続する基体と音韻的
縮約を起こすことがあるのに対し，クラス II 接辞の un- や non- ではこの
ような縮約は見られない。

(7.3)　a.　prodúctive → productívity, prodúctiveness

　　　　b.　frágile → fragílity, frágileness

(7.4)　a.　in-legal → illegal, un-lawful → unlawful

　　　　b.　con-rect → correct, non-racial → non-racial

さらにクラス I 接辞の -(i)ty は -ous で終わる形容詞についた際に音節省
略 (truncation) を引き起こすことがある。よって，例えば (7.5) では -(i)ty
が付加された際，基体の simultaneous や voracious の末尾の -ous が省略さ
れる。ただこの音節省略は必ず起こるわけではなく (7.6a) と (7.6b) の対比
に見られるように，sedulous と fabulous のように音韻的に同じ環境であっ
ても，前者では省略が起こり後者では起こらない。よってこの特性は純形
態的なものであると考えられる。

(7.5)　a.　simultaneous → simultaneity/*simultaneosity

　　　　b.　voracious → voracity/*voraciousity

(7.6)　a.　sedulous → sedulity

b. fabulous → fabulosity (Aronoff 1976: 40)

　これらクラス I 接辞である -(i)ty の示す特性から Aronoff (1976) は -(i)ty 接辞によって名詞化された語はレキシコン内に記録 (listed) されていなければならないと主張した。ところが *gloriosity や *furiosity などで表される語はすでに glory や fury という名詞によって満たされており，これらの語形成が阻止されると考えたのである。一方クラス II 接辞は形態音韻的に固有の特性を示さないため，レキシコンに記録されておらず，阻止されることなく規則的に語形成が行われるとした。

　また Aronoff (1976: 38–39) は形容詞から派生された名詞がレキシコンに記載されているか否かは，その名詞の意味変化 (semantic drift) とも関係するとしている。通常 -ous 形容詞を基体にした名詞は a) 事実 (fact)，b) 程度 (extent)，c) 質・状態 (quality/state) を表すが，-(i)ty で名詞化された際はさらにそれぞれの語に固有の意味が出てくる。例えば (7.7) にあるように，variety という名詞は種類が多様であるという事実 (a) や程度 (b)，多様性という質・状態 (c) に加え，「種」という新たな意味が出てくる。これは variousness にはない意味である。同様に (7.8) の curiosity は知りたがっているという事実 (a) や知りたがっている程度の高さ (b)，好奇心があるという質・状態 (c) のみならず，「物珍しさ」という curiousness にはない意味がある。

(7.7)　various/variety

　　a, b)　The variety of the fish in the pond surprised me.

　　　c)　Variety is not always pleasing.

　その他)　How many varieties of fish are there in the pond?

(7.8)　curious/curiosity

　　a, b)　His curiosity disturbed me.

　　　c)　Curiosity can be dangerous.

　その他)　They admired his dress, but only as a curiosity.

この違いに関し Aronoff (1976) は，-ness は生産性の高い接辞であり，多く
の形容詞に規則に基づいて付加されるため基体の意味と一貫しているのに
対し，-(i)ty 名詞はレキシコンに登録されているため，各派生語に独自の
意味が生まれやすいからだとしている。

7.2　様々な阻止

7.2.1　屈折形態と阻止

　上述の Aronoff の例は派生形態に関するものだったが，阻止を屈折形
態にも拡張した議論が見られる。例えば英語の過去形が -(e)d 接辞付加に
よって形成されるものは規則的でありレキシコンに記録されている必要は
ないのに対し，sang や went といった不規則活用動詞は規則的に形成でき
ないためレキシコンに記録されていると考えると，これらの語が *singed
や *goed といった語の形成を阻止していることになる (Pinker 1999)。

　さらに Poser (1992) は語と句の関係において，語の存在が句の形成を阻
止すると主張した。例えば，英語の比較級形成において形容詞の前に more
という語を付加して more X という句を形成するのは 2 音節以下の音韻的
に短い形容詞には適用されない。よって例えば smart という語から *more
smart という句は形成されない。これを smarter という一語による比較級
がすでに存在しているからだとすると，smarter という語が *more smart と
いう句を阻止していると考えることができる[2]。

　また表 7.3 にあるように，アイルランド語アルスター方言において，動
詞の 1 人称と 2 人称単数は代名詞と共起できない。2 人称複数と 3 人称で
は cuir 'put' という動詞が sibh, sé, sí, siad といった代名詞と共起すること
ができるが，1 人称では単数，複数ともに，2 人称においては単数のみ，こ

---

[2] この英語の比較級形成に関しては例外も多く，-er 接辞と more の付加両方を許容する語
も多数ある。詳細は第 8 章で触れる。

160 第7章 阻止

のような「chuirfeadh + 代名詞」という句を形成することが不可能である。
Andrews (1990) はこの現象を，chuirfinn, chuirfimis, chuirfeá といった語に
よる句の阻止が行われているからだと考えた。

	単数	複数
1人称	chuirfinn	chuirfimis
2人称	chuirfeá	chuirfeadh sibh
3人称	chuirfeadh sé（男性）/sí（女性）	chuirfeadh siad

表 7.3　アイルランド語アルスター方言の cuir 'put' の活用 (Andrews 1990)

7.2.2　類義語による阻止

英語では動詞に -er 接辞を付加することで「〜する人」という意味の名
詞を派生することができ，play から player，sing から singer のような名詞
を作ることができる。しかしこの語形成が適用できない動詞もあり，例え
ば steal「盗む」という動詞から -er 接辞によって *stealer という語を派生
することはできない。その理由として Bolinger (1975: 109) は *stealer が表
すだろう意味である「盗む人」には，thief「泥棒」という語がすでに存在
しているからだと主張した。つまりレキシコン内に記載されている thief
が -er 接辞による語形成を阻止するからだということになる。

同様の現象は名詞を転換によって動詞化する際にも見られる。英語では
比較的自由に名詞を語形変化することなしに動詞として使うことができ，
(7.9) に示すように blanket「毛布」という名詞を「毛布でおおう」という動
詞に転換したり，固有名詞の Titanic「タイタニック号」から「ぶつかって
沈む」という動詞に転換することもできる。

(7.9)　　a. Jane *blanketed* the bed.
　　　　　「ジェーンはベッドを毛布でおおった」

b. Kenneth *kenneled* the dog.

「ケネスは犬を犬小屋に入れた」

c. Edward *powdered* the aspirin.

「エドワードはアスピリンを粉状にした」

d. The canoe *Titanicked* on a rock in the river.

「そのカヌーは川で岩にぶつかって沈んだ」

(Clark and Clark 1979: 769, 772, 774, 783)

しかし，(7.10a, b) にあるように car を「車で行く」という動詞に転換したり，airplane を「飛行機で行く」という動詞に転換することはできない。(7.10c, d) から分かるように，同じような移動手段を表す bicycle や taxi はそれぞれ「自転車で行く」「タクシーで行く」のような動詞への転換が可能である。よって，これは語の持つ意味的な特性によるものではなく，「車で行く」には drive，「飛行機で行く」には fly という動詞が存在しており，これらの語が car や airplane の名詞から動詞への転換を阻止していると考えることができる。

(7.10)　　a. *Jack *carred* downtown.

b. *Cannie *airplaned* to London.

c. John *bicycled* into town.

d. We *taxied* to the airport. (Clark and Clark 1979: 776, 798, 807)

Clark and Clark (1979) はこの類義語の存在による阻止を「類義語による先取りの原理 (Principle of Pre-emption by Synonymy)」として (7.11) のように一般化した。

(7.11)　**類義語による先取りの原理**

名詞を動詞化して新規語を作る際，すでに定着した意味的に非常に近い (precisely synonymous) 動詞が存在する場合は，通常そ

162 第7章 阻止

の新規語が先取りされるため，容認されない。

(Clark and Clark 1979: 798)

　また名詞を動詞化するのに接尾辞の -ize や接頭辞の in-/im- が付加されることがある。このようにして定着した動詞が存在する場合も，類義語による先取りの原理が働き，名詞を転換してそのまま動詞として使うことはできない。よって (7.12) や (7.13) に見られるように，hospital「病院」を動詞化した hospitalize「入院させる」や prison「刑務所」を動詞化した imprison「収監する」は，ともにこれらの名詞を転換して動詞として使うことを阻止する。

(7.12)　　a. *John has been *hospitaled*.

　　　　　b.　John has been *hospitalized*.

(7.13)　　a. *The official *prisoned* the thief.

　　　　　b.　The official *imprisoned* the thief.

(cf. Clark and Clark 1979: 799)

　さらに Clark and Clark (1979) は阻止は同音異義語によっても起こることを指摘しており，これを「同音異義語による先取りの原理 (Principle of Pre-emption by Homonymy)」として (7.14) のように一般化している。

(7.14)　**同音異義語による先取りの原理**

　　　　　名詞を動詞化して新規語を作る際，その動詞がすでに定着している動詞と同音であり混同される可能性がある場合，その新規語は通常先取りされ，容認されない。(Clark and Clark 1979: 800)

　この原理に基づくと (7.15) に見られるように，同じ自動車メーカーであっても Chevy（Chevrolet「シボレー」の口語名称）は「シボレーに乗って行く」のように動詞化できるのに対し，Ford「フォード」や Dodge「ダッジ」はそれぞれ ford「浅瀬を渡る」と dodge「ひらりと身をかわす」という同音異義語によってその動詞化が阻止される。また (7.16) に示すよう

に，同じ季節を表す語であっても，summer や autumn は同音異義語がない
ため，「夏を過ごす」「秋を過ごす」というように動詞化できるのに対し，
spring や fall は「はねる」「落ちる」という同音異義語の存在によって，「春
を過ごす」「秋を過ごす」という動詞への転換が阻止される。(7.16c) のよ
うに過去形を規則活用させても派生することはできない[3]。

(7.15) a. Jan Chevied to New York. (Chevy ~ Chevrolet)

b. #Jan Forded to New York.

c. #Jan Dodged to New York.

(7.16) a. She wanted to summer and autumn in France.

b. #She wanted to spring and fall in France.

c. *She springed and falled in France.

7.3 DM における阻止

阻止現象にはいくつかのタイプが存在するが，その主なものはその他の
一般的な表出形の決定と同じく DM における語彙挿入の仕組みによって
分析でき，特別な操作や関係を仮定する必要はないというのが DM の基
本的な方針である。これは「ある形式の存在が他の予測される形式の出
現を阻む」という阻止現象の性質 (Embick 2007: 5) を DM における表出
形の競合という観点から捉えようという試みであり，glory の存在そのも
のが*gloriosity という形態の出現を阻むとは考えない。*taked や*goed と
いった形態が現れないのはその環境における適切な表出形が took や went
であるからと考えるのと同様に，glorious を名詞化した場合の適切な表出
形は gloriousness であり，*gloriosity という表出形はそもそも派生されな
いと考えるのである。

---

[3] 第 5 章 (5.9) の ring「輪」から「輪をはめる」の例のように，同音異義語の「鳴らす」に
阻止されない例も存在する。

164   第 7 章　阻止

　ここでは，Aronoff (1976) で指摘された英語の名詞化に関する阻止現象を分析している Embick and Marantz (2008) を概観し，その他のタイプの阻止が DM でどのように分析できるか検討する。

7.3.1　語同士の阻止

　Embick (2007) および Embick and Marantz (2008) の分析の重要なポイントとして，語全体が対立しているのではなく，あくまで各表出形がそれぞれの節点において競合していると考える点が挙げられる。これまでも何度か取り上げた英語の過去形を見てみよう。

(7.17)　英語の過去時制の語彙項目

　　　a.　[past] ↔ -t/___√LEAVE, √BEND, …

　　　b.　[past] ↔ -∅/___√HIT, √QUIT, …

　　　c.　[past] ↔ -d 　　　　　　　　　（Embick (2008: 64) より一部改変）

　この分析では [past] という素性に対して-t や-∅，-d といった表出形が Root が何かということを条件にして競合しているのであり，left や hit, opened といった語全体が他の語と競合していると考えられているわけではない。ここには，DM の形態素基盤モデルとしての特徴がよく現れている。

　名詞化の場合も同様に分析される。この場合競合しているのは n の表出形である-(i)ty と-ness であり，*gloriosity という形態が現れないのは，競合の結果そもそもそのような表出形が現れる語彙挿入が行われる余地がないからである。まず，名詞化接尾辞に関する語彙項目（の一部）を (7.18) のように考える。(7.18a) では，文脈の指定が二段階でなされている。一行目は X の直後という環境において-(i)ty という表出形が挿入されるという指定がなされており，二行目は X に該当するものを列挙したリストである。リストには一部の Root に加えて特定の接辞も記載されている。[a,able] は

形容詞性を担う素性 a とその具現形である able という形態の組み合わせを表している。

(7.18) 英語の名詞化接尾辞の語彙項目[4]

    a. n ↔ -ity/X___

       X = Roots ($\sqrt{}$VARIOUS, $\sqrt{}$CURIOUS, ...); [a,able], [a,al]

    b. n ↔ ∅/X___

       X = Roots ($\sqrt{}$GLORY, $\sqrt{}$FURY, ...)

    c. n ↔ -ness

〈Embick and Marantz (2008: 21, (39)) を元に作成〉

(7.18b) は Embick and Marantz (2008) では示されていないが，$\sqrt{}$GLORY の名詞として glory という形態が現れることを分析するためには必要になる。この分析では (7.18c) が最も特定的ではない語彙項目であり -ness がその他形態になるので，∅ については語彙項目として指定しておかなければならないのである（第 5 章で「優先的ゼロ形態」としたものに当たる）。

さらに，形容詞化に関する語彙項目は次のように仮定する。実際には -able や -al に関する語彙項目も存在するが，ここでは名詞化の議論に直接関係するものだけを示している。この語彙項目では，$\sqrt{}$GLORY や $\sqrt{}$FURY に付いた形容詞素性 a に対しては -ous という接辞が表出形として，$\sqrt{}$VARIOUS や $\sqrt{}$CURIOUS の場合は ous は Root の表出形の一部であり形容

---

[4] 本文でも (7.18b) を加えたことに触れているが，ここで示されている語彙項目は競合関係にある形態のうちここでの議論に関係のある一部のものしかカバーしていない。名詞素性 n を条件とするということであれば形容詞の名詞化だけでなくたとえば動詞を名詞化する -tion に関する語彙項目などもあるので，厳密に言えば (7.18c) には形容詞に付くという指定が必要であろう。実際の分析では便宜上関係のある語彙項目しか示さないことも珍しくないが，競合関係にあるかどうかとそれぞれの語彙項目がどのように適用されるかということについては語彙項目に記載されている情報だけで判断できなければならない。たとえば「形容詞の名詞化に関する語彙項目」のような条件を指定して競合する語彙項目を制限することは，パラダイム基盤モデルではない DM において暗にパラダイムを仮定することに繋がりかねない。

詞素性 a は ∅ として現れることが指定されている。

(7.19) 英語の形容詞化接尾辞の語彙項目
  a. a ↔ -ous/X___
     X = Roots (√GLORY, √FURY, ...)
  b. a ↔ ∅/X___
     X = Roots (√VARIOUS, √CURIOUS, ...)

さて，*gloriosity が形成される可能性について考えてみよう。glorious という形容詞が名詞化されるのであるから形態構造は (7.20) のようになる。この構造に現れている n は (7.18a) の条件を満たさないので[5]，(7.18c) が適用された結果，表出形は -ness になる。すなわち，形容詞 glorious の名詞化という構造においては -(i)ty という表出形が選択される余地がないのである。

(7.20) gloriousness の形態構造

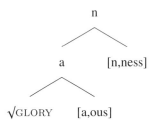

一方，名詞 curiosity の構造は (7.21) のようになっている。この環境は (7.18c) より特定的な (7.18a) の条件を満たすので，優先的な適用を受けて n に対して -ity が挿入される。

---

[5] Embick and Marantz (2008) ははっきりとは示していないが，glory という形態の名詞が存在することから，√GLORY は (7.18b) のようにゼロ形態に関する語彙項目のリストに含まれていると考えられる。

(7.21) curiosity の形態構造

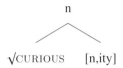

また，形容詞 curious は (7.22) のように派生される。√CURIOUS には (7.19b) が適用されて a の表出形は ∅ になる。ここでのポイントは名詞 curiosity は形容詞 curious から派生されているわけではなく，両者とも √CURIOUS を直接名詞や形容詞にしたものということである。

(7.22) curious の形態構造

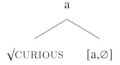

次に名詞 curiousness の派生を考えてみよう。その形態構造は (7.23) のようになる。まず，形容詞主要部 a については (7.19b) の条件を満たすのでその表出形は ∅ となる。次に，名詞主要部 n については √CURIOUS は (7.18a) の Root のリストに含まれているが，a の存在によって n が Root の直後にあるという条件を満たしていない。よって，gloriousness の構造 (7.20) と同じく，(7.18c) が適用されてその表出形は -ness となる。結果として形容詞 curious を名詞化すると curiousness という形態になるのである。

(7.23) curiousness の形態構造

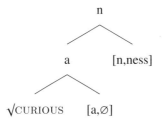

この分析は，-(i)ty のようなクラス I 接辞が Root 部分の音韻的特徴に干渉することがあるのに対して -ness のようなクラス II 接辞はそのような振る舞いを見せないという違いも取り扱うことができる。-(i)ty のような接辞は Root に直接付く位置，すなわち近くに現れるので Root に干渉できるのに対して，-ness のような接辞は Root にほかの範疇主要部が付いたさらに外側に現れるので遠過ぎて Root に干渉できないと考えるのである[6]。Embick and Marantz (2008) は前者のタイプを Root 付加 (Root attachment)，後者のタイプを外部領域付加 (Outer domain attachment) と呼んでいる。

　一方で，この分析では ous という一見同じ形態に見えるものに接辞であるものと Root の一部であるものを認めることになり，両者に何らかの関係を想定することはしていないので，表出形の同一性や Root の範囲をどのように認定するのかという点から検討し直す余地がある。

　さらに，sustainability と sustainableness のような形で -(i)ty と -ness 両方による名詞化が可能なケースの分析をどうするのかという問題も生じる。まず，sustainability の形態構造は (7.24) のように考えることができる。ここでは [a,able] に付く場合の n なので (7.18a) が適用されて表出形として

---

[6] さらに理論的な詳細を述べておくと，範疇主要部は局所領域（フェイズ (phase)）を形成すると仮定する (Arad 2003)。Root と Root に直接付く範疇主要部は同一の局所領域内で音韻的特徴や意味がまとめて計算されるのに対して，その外側に付く範疇主要部は同一の領域にはないので最初の局所領域において決定された音韻的特徴や意味を変更することはできないと考える。

は-(i)ty が現れることになり特に問題はない。

(7.24) sustainability の形態構造[7]

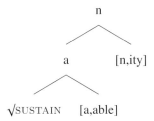

　問題が生じるのは sustainableness の分析である。curiousness の場合は，√CURIOUS に形容詞素性 a が付いた場合の表出形が ∅ なので見かけ上は curious-ness という組み合わせであるが構造的には外部領域付加であり，curiosity との違いを捉えることができていた。しかし sustainableness の場合は形容詞素性 a が able として現れているので，curiousness と同じような外部領域付加分析を適用するには sustainability にはない要素を仮定しなければならなくなる。しかしそれが何なのかということははっきりしない。

　また，curious の場合と異なり sustainable 全体で 1 つの Root になっていると仮定するのには無理がある。Embick and Marantz (2008) が提示した Root 付加と外部領域付加という対立だけではなく，Root が一旦何らかの範疇になった場合にもその局所領域の形成には複数のパターンがあるという形で拡張する必要があるように思われる。

7.3.2　その他の阻止

　ここまでで紹介した DM における阻止の分析では表出形の競合がその基本にあり，素性や Root の同一性が条件になるので，異なる Root の間に見られる同義語による阻止を同じ方法で取り扱うのは難しい。Embick and

---

[7] 動詞としての sustain が存在するので，√SUSTAIN に形容詞素性 a が付く前にまず動詞素性 v が付いているという可能性もあるが，ここでは簡便のため考慮していない。

170 第 7 章 阻止

Marantz (2008: 14–17) は，同義語による阻止を見せる語，たとえば thief と
steal-er が同一の Root から派生されると考える明確な根拠を示すのは難し
く，表出形の競合という観点から見ると同義語による阻止は文法的な現象
ではないと述べている。同義語による阻止に対して同一の Root から派生
されると考える分析を取らない場合，文法的には両方の語を派生すること
が可能であるが言語使用の段階においてどちらかが著しく偏って選択され
るといった分析が考えられる。また，英語で spring や fall が動詞化されな
いという例に見られるような同音異義語による阻止も異なる Root の間に
見られる阻止であると考えると，同義語による阻止と同様，本節で紹介し
た表出形の競合による分析を適用することは難しいだろう。

　これらの問題には，異なる語彙素や語形の間に何らかの関係を想定しや
すいパラダイム基盤モデルや豊かなレキシコンを想定するモデルと異な
り，異なる Root の間に統語論や形態論のレベルでは影響関係を想定するの
が難しい DM の特性が表れている。可能性があるとすれば，Encyclopedia
において意味的，あるいは音韻的に衝突しそうな語同士に何らかの関係を
記述しておくという方法が考えられるが，Encyclopedia にどのような情報
がどの程度書き込めるかというのはまだはっきりしておらず，今後の研究
が待たれる。

7.4　PFM における阻止

7.4.1　屈折形態での阻止

　第 7.2.1 節で見た屈折形態における阻止は同一語彙素の活用形同士の関
係における現象である。ある語彙素からの活用形の形成は語幹選択と表出
規則の適用によって行われるため，このいずれかあるいは両方において，
より狭い規則が存在することによって，パーニニの原理により通常の規則
の適用が阻止されると考えられる。例えば，第 5 章で見たように英語にお

7.4 PFM における阻止　171

いて規則活用動詞は語根がそのまま語幹となるが，sing や begin のように
過去時制においてアプラウト形になる動詞は語幹選択で *Stem* 関数の適用
により (7.25a) のように特別な語幹が指定される。同様に go のように補充
形が過去形となる語も (7.25b) のように *Stem* 関数によって語幹が指定さ
れる。これらの語幹は (7.26) にあるように活用型関数である *ic* によって
活用型がそれぞれ ablaut-conj（アプラウト型）と suppl-conj（補充型）のよ
うに決定される[8]。

(7.25)　a.　$\textbf{Stem}(\langle \text{SING}, \sigma:\{\text{pst}\}\rangle) = \textit{sang}$

　　　　b.　$\textbf{Stem}(\langle \text{GO}, \sigma:\{\text{pst}\}\rangle) = \textit{went}$

(7.26)　a.　$\textit{ic}(\textit{sang}) = \text{ablaut-conj}$

　　　　b.　$\textit{ic}(\textit{went}) = \text{suppl-conj}$

　語幹が選択され，活用型が決定されると表出規則が適用されるが，英語
の動詞の過去時制の具現化には通常 (7.27a) の規則適用によって接辞化が
行われる。しかし (7.27b) が定めるように，アプラウト型や補充型など語
幹選択において特殊な語形が既に指定される活用型に関しては接辞化が行
われず，入力された語形（X）がそのまま出力される。(7.27a) が pst とい
う時制に関する素性の指定のみなのに対し，(7.27b) は時制に加え活用型
の指定も行われているため，ここで指定されている活用型の語幹に対し
てはより狭い (7.27b) が適用されることになる。言い換えれば，(7.27b) が
(7.27a) の適用を阻止していることになる。

(7.27)　a.　X, V, {pst} → X*d*

　　　　b.　X, V, {pst {ablaut-conj ∨ suppl-conj ∨ . . . }} → X

---

[8] ここでは英語動詞の活用型を包括的に取り上げることはしない（125 ページの (5.35) を
参照）。また Bauer et al. (2013: ch. 5) で詳細に議論されている。

7.4.2 派生パラダイム

第7.1節のデータを始め多くの例は派生形態論における阻止であり，複数の語彙素が相互に関係している現象である。これまでに見てきたパラダイム（内容パラダイム，形態パラダイム，具現化パラダイム）というのは，同一語彙素が活用する際に構築されるものであったが，派生パラダイム (derivational paradigm) という概念を導入し，単一の語彙素を超えた語同士のパラダイグマティックな関係性を捉えようとする試みもなされてきた (Spencer 1988, Bauer 1997, Booij 1997)。PFM においても Stump (2001: 252–260) で派生形態もパラダイム関数によって捉える議論がされている。例えば (7.28) のように *friend* から *friendless* への派生は，屈折形態における *friends* の語形成と同様にパラダイム関数 (PF) の適用によって行われるとしている。

(7.28)   a. PF($\langle$*friend*, {NUM:pl}$\rangle$) = $\langle$*friends*, {NUM:pl}$\rangle$

        b. PF$\langle$*friend*, privative adjective$\rangle$

           = $\langle$*friendless*, privative adjective$\rangle$

屈折形態では形態統語素性の集合 σ が入力されるが，派生形態では統語意味範疇 (syntacticosemantic category) δ が入力されると仮定されており，(7.28b) では privative adjective がそれにあたる。

さらに派生パラダイムを含むより広範な語同士のパラダイグマティックな関係性を PFM を拡張して捉える試みが Spencer (2013) によって提案されている[9]。そこでは以下のように定義される GPF（Generalized Paradigm Function; 一般化パラダイム関数）という関数が仮定されている。

(7.29)   GPF($\langle$LEXEME, $\sigma\rangle$) $=_{\text{def}}$ $\langle$LEXEME$'\rangle$ (Spencer 2013: 178)

---

[9] この拡張モデルについてのまとめは Otoguro (2016, 2021) を参照。

7.4 PFM における阻止　173

(7.29) が表しているのは，GPF はある語彙素 LEXEME を入力として，その語彙素から異なった語彙情報を持つ語彙素 LEXEME′ を出力する関数ということである。このモデルでは各語彙素が持つ情報は FORM（語形），SYN（統語），SEM（意味），LI（lexemic index; 語彙素インデックス）からなると仮定されている。例えば動詞 WRITE の語彙項目は (7.30) のようになる。

(7.30)　WRITE の語彙項目

$$\text{FORM}(\textsc{write}) \quad = \quad \text{f}_{form}(\langle \textsc{write}, u \rangle) \quad = \quad \textit{write}$$

$$\text{SYN}(\textsc{write}) \quad = \quad \text{f}_{syn}(\langle \textsc{write}, u \rangle) \quad = \quad \text{Verb}$$

$$\text{SEM}(\textsc{write}) \quad = \quad \text{f}_{sem}(\langle \textsc{write}, u \rangle) \quad = \quad [_{\text{Event}} \text{WRITE(x, y)}]^{10}$$

$$\text{LI}(\textsc{write}) \quad = \quad \text{f}_{li}(\langle \textsc{write}, u \rangle) \quad = \quad \textsc{write}$$

ここで u は不完全指定 (underspecified) の素性の集合を表し，ここに様々な素性が指定されると，GPF によって語形，統語，意味，語彙素インデックスが変化する。例えば，(7.31) は *writes* という屈折形態による語形変化で FORM のみが f_{form} という語形についての関数の適用で変化し，一般化デフォルト原理 (General Default Principle: GDP) によって SYN, SEM, LI は不完全指定の (7.30) から変化していない。GDP とは GPF によって明示的に指定されていない素性に関しては，元となる語彙素の情報を継承するという一般的な原理で，PFM における恒等関数デフォルト (IFD) をこのモデル向けに拡張したものである。

(7.31)　$\text{GPF}(\langle \textsc{write}, \{3\textsc{sg}, \text{Pres}\} \rangle) \equiv$

$$\text{f}_{form}(\langle \textsc{write}, \{3\textsc{sg}, \text{Pres}\} \rangle) \qquad = \quad \langle \textit{writes}, \{3\textsc{sg}, \text{Pres}\} \rangle$$

$$\text{f}_{syn}, \text{f}_{sem}, \text{f}_{li}(\langle \textsc{write}, \{3\textsc{sg}, \text{Pres}\} \rangle) \quad = \quad \text{GDP}$$

一方，write から writer を派生する操作は (7.32) のようになる。ここではこの語形成に関わる素性を SN (subject nominalization) とし，FORM は

---

10 意味の表示として Spencer (2013) では語彙概念構造 (Lexical Conceptual Structure: LCS) が用いられている。LCS については Jackendoff (1990) や Levin and Rappaport Hovav (1995) を参照。

174 第7章 阻止

f_{form} により -er 接辞が付加され，SYN は f_{syn} により範疇が Verb から Noun
へ変化し（後述するように厳密には項構造の変化を伴う），SEM は f_{sem} に
より PERSON(x) という意味素性が付加され，LI は f_{li} により WRITER とい
う新しい語彙素インデックスが付与されている。

(7.32)　GPF(⟨WRITE, SN⟩) ≡

f_{form}(⟨WRITE, SN⟩)　　=　*writer*

f_{syn}(⟨WRITE, SN⟩)　　=　Noun

f_{sem}(⟨WRITE, SN⟩)　　=　[Thing PERSON(x), [Event WRITE(x, y)]]

f_{li}(⟨WRITE, SN⟩)　　=　WRITER

　語形のみが変化する典型的な屈折形態とすべてが変化する典型的な派生
形態を両極とし，その中間に様々な語同士の関係性を認め，それを GPF で
捉えるというのがこのモデルの特徴である。

　さらに SYN に関しては Spencer (1999) で提案された項構造を採用して
いる。例えば the tall tree fell のような文に現れる形容詞 tall，名詞 tree，動
詞 fall の項構造は (7.33) のように表される。

(7.33)　The tall tree fell

tall<A*$_z$ <z>> tree<R*$_x$ > fall<E<x>>

この項構造においては典型的には形容詞に A(ttributive)，名詞に
R(eferential)，動詞に E(ventive) という意味機能役割 (semantic function role)
が付加される。形容詞と名詞の修飾関係は*によって同定されることで示
され，動詞と名詞の支配関係は R*$_x$ のように名詞の R に下付き文字で動
詞が持つ変項が指定されることで表される。例えば (7.33) において tall と
tree は修飾・被修飾関係にあるため，意味機能役割 A と R に同じ*が付加
されている。同時に tree は fall の x 項であるため，R に x が下付き文字で
付加されている。

　このモデルでは範疇の変化を伴う派生形態操作では通常元となる語彙
素の項構造が保持されると仮定されている。よって例えば名詞 writer は

7.4 PFM における阻止　175

(7.34) に示すように，その項構造の内部に元となる動詞 write の項構造を
含むこととなる[11]。

(7.34)　　a.　$f_{syn}(\langle \text{WRITE}, u \rangle) = \text{<E<x<y>>>}$

　　　　　b.　$f_{syn}(\langle \text{WRITE}, \text{SN} \rangle) = \text{<R}_i \text{<E<x}_i \text{<y>>>>}$

　では第 7.1 節や第 7.2.2 節で見たような阻止は GPF モデルでどのように
捉えられるかを考えてみる。まず -ous 形容詞の -(i)ty の付加による名詞化
について見てみる。例えば curiosity という名詞は curious という形容詞を
基体として派生されるので，(7.35) のような不完全指定の curious の語彙項
目を仮定する。Spencer (2013: 337–338) は curious のような程度を表す形
容詞は項構造に d(egree) という意味機能役割を持つと仮定している。また
このような形容詞から名詞を派生する操作は程度を名詞化したもの (extent
nominalization) だとしている。これは (7.36c) にあるように，popularity が
表しているのは popular の度合いであることから分かる。

(7.35)　curious の語彙項目

FORM(CURIOUS)	=	$f_{form}(\langle \text{CURIOUS}, u \rangle)$	=	*curious*
SYN(CURIOUS)	=	$f_{syn}(\langle \text{CURIOUS}, u \rangle)$	=	$\text{<A*}_x \text{<d<x>>>}$
SEM(CURIOUS)	=	$f_{sem}(\langle \text{CURIOUS}, u \rangle)$	=	$[_{\text{Property}} \text{CURIOUS(x)}]$
LI(CURIOUS)	=	$f_{li}(\langle \text{CURIOUS}, u \rangle)$	=	CURIOUS

(7.36)　　a.　She is extremely popular.

　　　　　b.　Being extremely popular hasn't changed her.

　　　　　c.　Her considerable popularity hasn't changed her.

よって (7.35) から curiosity を派生する操作を A2N$_{ext}$ (Adjective-to-Noun
extent nominalization) とすると，(7.37) のような GPF で表すことができる。
項構造に R$_d$ が付加されて，これが元々の形容詞の d が名詞化されている

---

[11] writer の指示対象は write の動作主項の x なので，R と x に同じインデックス *i* が振られ
る。

176　第7章　阻止

ことを示す。また Spencer (2013) はこの程度名詞化は意味変化を伴わない派生 (transposition) の例であり，SEM と LI は変化しないとしている[12]。

(7.37)　$\text{GPF}(\langle\text{CURIOUS}, \text{A2N}_{ext}\rangle) \equiv$

$\quad f_{form}(\langle\text{CURIOUS}, \text{A2N}_{ext}\rangle)$　　$=$　　*curiosity*

$\quad f_{syn}(\langle\text{CURIOUS}, \text{A2N}_{ext}\rangle)$　　$=$　　$<R_d <A*<d<x*>>>>$

$\quad f_{sem}, f_{li}(\langle\text{CURIOUS}, \text{A2N}_{ext}\rangle)$　$=$　　GDP

　次に glory という名詞から glorious という形容詞への派生について見る。まず glory の語彙項目を考えると，(7.38) のように表すことができる。

(7.38)　glory の語彙項目

$\quad \text{FORM}(\text{GLORY})$　$=$　$f_{form}(\langle\text{GLORY}, u\rangle)$　$=$　*glory*

$\quad \text{SYN}(\text{GLORY})$　　$=$　$f_{syn}(\langle\text{GLORY}, u\rangle)$　　$=$　$<R>$

$\quad \text{SEM}(\text{GLORY})$　　$=$　$f_{sem}(\langle\text{GLORY}, u\rangle)$　$=$　$[_{\text{Thing:Abstract}} \text{GLORY}]$

$\quad \text{LI}(\text{GLORY})$　　　$=$　$f_{li}(\langle\text{GLORY}, u\rangle)$　　$=$　GLORY

Spencer (2013: 251–252) では，glory から glorious のような名詞から形容詞への派生は基体となる名詞の R と派生後の形容詞の A を + で連結する操作が行われるとしている。このような派生を N2A$_{rel}$ (Noun-to-relational Adjective) とすると，glorious の語彙項目は (7.39) のようになる。

(7.39)　$\text{GPF}(\langle\text{GLORY}, \text{N2A}_{rel}\rangle) \equiv$

$\quad f_{form}(\langle\text{GLORY}, \text{N2A}_{rel}\rangle)$　$=$　*glorious*

$\quad f_{syn}(\langle\text{GLORY}, \text{N2A}_{rel}\rangle)$　$=$　$<A*_{x,+} <x<R_+>>>$

$\quad f_{sem}, f_{li}(\langle\text{GLORY}, \text{N2A}_{rel}\rangle)$　$=$　GDP

ここで項構造に表れている + は関係的形容詞 (relational adjective) の派生の際に使われる表記で，派生された関係的形容詞が名詞を修飾する時に，派生元となった名詞と何らかの文脈的関係を結ぶことを保証する。この関係を $\Re$ で表すとすると (Spencer 2013: 252, Nikolaeva and Spencer 2020:

---

[12] 名詞化に伴う意味解釈に関する議論は Spencer (2013: 329–339) を参照。

258–282)，例えば creamy milk という名詞句では cream という名詞から派生された関係的形容詞 creamy が使われているため，その関係は $\Re$(cream, milk) となり，milk「牛乳」が cream「クリーム，乳脂肪分」と何らかの文脈的関係で結び付けられ「乳脂肪分を多く含んだ牛乳」という解釈を受ける。一方，creamy skin では $\Re$(cream, skin) という関係となり，「なめらかで柔らかい肌」という解釈を受ける。

　この提案に基づくと，元々名詞から派生された -ous 形容詞は関係的形容詞と考えることができ，curious や various といった項構造内に d(egree) を含んだ形容詞とは異なっていることになる。(7.37) で示したように，-(i)ty 接辞が元々の形容詞の d を名詞化する操作であると考えると，項構造内に d を含まない glorious などには適用することはできない。また (7.39) は glory からの意味変化を伴わない派生であり，語彙素インデックスは変化しない。-(i)ty による名詞化も同様の例であることから，glory という同様の語彙素インデックスを持つ名詞の存在が gloriosity という名詞の派生を阻止していると考えることも可能である。

　一方，-ness は元となる形容詞を選ばない汎用的な名詞化接辞である。よって基体の形容詞が d(egree) を含む curious にも，含まない glorious にも適用することが可能である。この派生操作を A2N とすると，(7.40) と (7.41) のように元となる形容詞の項構造に R が付加されるだけの操作によって curiousness と gloriousness が派生される。

(7.40)　GPF($\langle$CURIOUS, A2N$\rangle$) ≡

　　　　f_{form}($\langle$CURIOUS, A2N$\rangle$)　　=　*curiousness*

　　　　f_{syn}($\langle$CURIOUS, A2N$\rangle$)　　=　<R_x<A*<d<x>>>>

　　　　f_{sem}($\langle$CURIOUS, A2N$\rangle$)　　=　GDP

　　　　f_{li}($\langle$CURIOUS, A2N$\rangle$)　　=　CURIOUSNESS

178　第7章　阻止

(7.41)　GPF(⟨GLORIOUS, A2N⟩) ≡

f_{form}(⟨GLORIOUS, A2N⟩)　　=　*gloriousness*

f_{syn}(⟨GLORIOUS, A2N⟩)　　=　<R$_x$<A*$_+$<x<R$_+$>>>>

f_{sem}(⟨GLORIOUS, A2N⟩)　　=　GDP

f_{li}(⟨GLORIOUS, A2N⟩)　　=　GLORIOUSNESS

　以上のように GPF モデルではパラダイムという概念をかなり広いものとして捉えており，FORM, SYN, SEM, LI という 4 つの要素のいずれかに何らかの関係性が見られる語彙項目同士はパラディグマティックな関係を持っていると考えることができる。よって例えば第 7.2.2 節で見た類義語による先取りの原理は，SEM の重複という観点から説明することが可能である。つまり car や airplane が動詞化できないのは，それによって派生される語の SEM が [$_{Event}$ GO BY-MEANS-OF CAR/PLANE(x)] となり，drive や fly の SEM と衝突するため阻止されると考えられる。

7.5　まとめ

　阻止というのはある語あるいは句が形成される際に，他の語や句との競合が起こっているように見える現象であり，そのような語や句の間に存在するように見える関係性をどのように捉えるかが理論的な争点となる。DM はパラダイムを始めとして，語同士の関係性を仮定しない理論であり，ある語の形成に他の語が直接的に関与することはない。DM において競合が起こっているのは，あくまで各節点へ挿入される表出形を決定する際の語彙項目同士である。一方，パラダイム基盤の理論である PFM では語同士のパラディグマティックな関係によって阻止を捉えようとする。

　屈折形態における阻止に関しては，PFM も DM と似たアプローチであり，表出規則同士が競合し，より狭い規則が優先的に適用された結果が阻止ということになる。Aronoff (1976) に見られるような派生形態における阻止についても，分析の技術的な詳細は異なるが，例えば glorious は

glory に -ous 接辞を付加することによって派生されるのに対し，curious は元々それ自体が形容詞であると考える点は共通している。しかし類義語による阻止のように異なる Root（もしくは語彙素）間に見られる阻止に関しては，DM は少なくとも現状の理論的枠組みでは文法的な現象とは考えず，分析の対象外ということになるだろう。PFM では，GPF モデルのようにパラダイムという概念を拡大し，より広範な語同士の関係 (lexical relatedness) を捉えようとする試みがあり，統語情報，意味情報を含んだより豊かな語彙情報を形式化することで，類義語の阻止のような現象も捉えることが可能となっている。この違いは，パラダイムという語同士の関係性を積極的に認めるか否かという理論的な立場が反映されていると考えることができるだろう。

練習問題

問 1 (1) 169 ページの議論を参考に，sustainableness の構造を示し，その問題点を指摘しなさい。

(2) 第 7.4.2 節の説明を参考に，GPF モデルにおける various から variety への派生と space から spacious への派生を書き，後者から *spaciousity が派生できないことを確認しなさい。

問 2 162 ページの (7.14) にある同音異義語による先取りの原理はどのように DM および PFM で理論的に組み込むことが可能かを検討しなさい。

第 8 章

迂言法

8.1　迂言法とは

　これまで見てきたように，形態論というのは「語」という言語単位に焦点を当て，語形成に関わる様々な現象を研究する分野であるが，通常は接辞化などの形態操作によって具現化される形態統語素性が複数の語として表出することがある。例えば表 8.1 に示すように，ラテン語の動詞は能動態ではどの時制，アスペクトの組み合わせにおいても一語として表出するが，受動態では完了，過去完了が助動詞（繋辞）を伴った形で具現化される。

	能動	受動
現在	capit	capitur
未完了	capiebat	capiebatur
完了	cepit	[captum est]
過去完了	ceperat	[captum erat]

表 8.1　ラテン語 capere 'take.3SG' の活用 (Haspelmath 2000: 656)

　表 8.1 の語形はすべて CAPERE という語彙素の活用形として考えること

182 第8章 迂言法

ができるが，受動態の完了，過去完了のみが単一の語（synthetic word）の範囲を超えて複数の語の組み合わせという統語の領域まで入り込んだ形で具現化されていることが分かる。このように特定の形態統語素性の組み合わせが複数の語にまたがって具現化される現象を**迂言法 (periphrasis)** と呼び，その複数の語からなる活用形を**迂言形 (periphrastic expression/form)** という。

　上記のラテン語の例では，受動態における完了と過去完了に迂言法が使われるのは特定の語彙素に限定されたものではなく，動詞全般に見られる現象であるが，迂言形が特定の語彙素においてのみ現れることもある。例えば表 8.2 に示すように，ルーマニア語ではほとんどの名詞は斜格形において一語として表出するが，男性・固有名詞の斜格形のみ lui という助詞を伴った形となる。

	基本形	斜格形	
男性・一般名詞	prieten-ul	prieten-ul-ui	'the friend'
女性・固有名詞	Ana	Anei	'Ana'
男性・固有名詞	Petre	[lui Petre]	'Peter'

表 8.2　ルーマニア語の一般・固有名詞の活用 (Haspelmath 2000: 657)

　チェコ語の形容詞の活用も同様の現象として考えることができる。表 8.3 のようにほとんどの形容詞は比較級，最上級が単一の語として表出するのに対し，一部の不変化形容詞 (undeclinable adjective) では迂言形となる。

　フランス語は逆にほとんどの形容詞は plus 'more' によって迂言的に比較級，最上級が具現化されるが，bon 'good' ~ meilleur 'better' のように一部の形容詞のみが単一の語となる。

　英語の形容詞の比較級，最上級も単一の語と迂言形があり，easy のように語幹が 2 音節以下で -er/-est という接辞によって単一の語として具現化

	'old'	'small'	'late'	'blond'
原級	starý	malý	pozdní	blond
比較級	starší	menší	pozdnější	**víc blond**
最上級	nejstarší	nejmenší	nejpozdnější	**nejvíc blond**

表 8.3　チェコ語の形容詞男性単数主格形の活用 (Bonami 2015: 72)

される語と，dangerous のように語幹が 3 音節以上で more/most を伴った
迂言形として表出する語が存在する。しかし表 8.4 にあるように，多くの
語はどちらも可能であることが知られている (Boyd 2007)。

原級	easy	odd	friendly	dangerous
比較級	easier	odder	friendlier	**more dangerous**
		~more odd	**~more friendly**	
最上級	easiest	oddest	friendliest	**most dangerous**
		~most odd	**~most friendly**	

表 8.4　英語形容詞の活用 (Bonami 2015: 73)

　ここまで見てきた迂言法は活用パラダイムの一部に単一の語と対立する
形で使われている。特定の素性の組み合わせにおいてのみ特別な形態が現
れるという意味において，迂言形が補充法的に使われていると考えること
ができるため（第 4 章を参照），Haspelmath (2000) はこの種の迂言法を**補
充法的迂言法 (suppletive periphrasis)** と呼んでいる。

　一方，単一の語と対立しない形で迂言形が現れる場合もある。例えば，
(8.1) に示すように，英語の have を伴った完了形やフランス語の vais (aller
'go') を伴った未来形，スペイン語の estoy (estar 'be') を伴った進行形など
は具現化される素性が常に複数の語によって表される。これらは形態的な
語形成というよりは，統語的な性格が強く，Haspelmath (2000) は**範疇的迂
言法 (categorial periphrasis)** と呼んでいる。

184　第 8 章　迂言法

(8.1)　a.　I have sung.

　　　b.　Je vais　　chanter.
　　　　　I　go.1sg sing
　　　　　'I am going to sing.'（フランス語）

　　　c.　Estoy　cantando.
　　　　　be.1sg sing
　　　　　'I am singing.'（スペイン語）　　　(Haspelmath 2000: 660–661)

　迂言法をどのように捉えるかは，形態理論的に興味深い対比を浮かび上がらせる。詳細は後述するが DM のように形態部門と統語部門を連続的なものと仮定している理論においては，迂言形は具現化の過程で形態素が接辞として表出できず，独立した語として現れることで派生される。一方，語・パラダイム的なアプローチにおいては，パラダイム内に単一の語と迂言形が同居することになるため，形態的操作を語を超えた領域で行うこととなる。

8.1.1　様々な迂言法

　迂言法に補充法的迂言法と範疇的迂言法があることを見たが，ここではそれらのタイプの迂言法の形態統語的特徴についてより詳細に観察する。まず範疇的迂言法は統語的性格が強いことを述べたが，例えば英語では統語的には定助動詞と非定形動詞は分離可能であり，ひとまとまりの構成素を成さない。よって，以下の (8.2) に示すように may や will などの定助動詞に続く非定形動詞 buy が目的語と動詞句 (VP) を構成し，定助動詞の補部となっていると考えられる。

(8.2)　a.　Paul may [VP buy this book].

　　　b.　Paul will [VP buy this book].

この統語的特徴は (8.3) にあるように非定形動詞と目的語をまとめて前

置するのは可能だが，動詞のみの前置はできないことからも分かる。

(8.3)　I was afraid that Paul would buy this book and

　　　　a.　[buy this book] he may/will.

　　　　b. *buy he may/will this book.

また (8.4) に示すように定助動詞と非定形動詞の間に副詞を挿入することも可能である。

(8.4)　a.　Paul may accidentally buy this book.

　　　　b.　Paul will definitely buy this book.

フランス語にも定助動詞に非定形の動詞が後続する範疇的迂言法があり，(8.5a) のように定助動詞 avoir 'have' もしくは être 'be' に過去分詞が後続する複合過去や (8.5b) のように aller 'go' に不定動詞が後続する近接未来などが例として挙げられる。

(8.5)　a.　Paul a　　parlé　à Marie.

　　　　　　Paul has spoken to Marie

　　　　　　'Paul has spoken to Marie.'

　　　　b.　Paul va　　parler à　Marie.

　　　　　　Paul goes speak to Marie

　　　　　　'Paul will speak to Marie.'

これらの迂言形は英語と同様，非定形動詞が動詞句を成して定助動詞の補部となっており，定助動詞と動詞句は統語的には分離可能である。よって例えば (8.6) では副詞 bien 'well', souvent 'often', généreusement 'generously' が定助動詞 a (avoir) 'has' と過去分詞 donné 'given' との間に生起している。

(8.6)　Jean lui a　　bien souvent généreusement donné des　disques.

　　　　John him has well often　　generously　　given some records

'Quite often, John has generously given him some records.'

(Bonami and Webelhuth 2013: 148–150)

また (8.6) はロマンス諸語に広く見られる接語上昇 (clitic climbing) を含んでいる。接語上昇とは非定形動詞の目的語が代名詞接語 (pronominal clitic) の場合，その接語が定動詞の前に後接語 (proclitic) として現れるという現象である。(8.6) では代名詞接語 lui 'him' は，非定形動詞 donné 'given' の目的語であるが，定助動詞 a 'has' の前まで上昇し後接語として現れている。この接語上昇の際の接語の生起位置に関して，複合過去と近接未来に違いが見られる。例えば (8.7) は avoir に過去分詞が後続する複合過去を表す迂言形の例であるが，(8.7b) のように代名詞接語 le 'it' が a 'has' の前に後接語として現れ l'a となり，(8.7c) のように bu (boire) 'drunk' の前に来ることはできない。一方，近接未来の迂言形では (8.8b) が示すように，代名詞接語 le は boire の前に現れ，それを飛び越えて (8.8c) のように va (aller) 'goes' の前まで上昇することはできない。

(8.7)　a.　Paul a　bu　le vin.

Paul has drunk the wine

'Paul drank the wine.'

b.　Paul l'a　bu.

Paul it.has drunk

'Paul drank it.'

c. *Paul a　le bu.

Paul has it drunk

(8.8)　a.　Paul va　boire le　vin.

Paul goes drink the wine

'Paul is going to drink the wine.'

b.　Paul va　le boire.

Paul goes it drink

'Paul is going to drink it.'

c. *Paul le va   boire.

Paul it goes drink

この 2 つの迂言形における接語が上昇する位置の違いは，節境界の有無によって説明できる。接語は節境界を超えて上昇できないことが知られており，接語が定助動詞まで上昇することができない近接未来では非定形動詞以下が節を構成する複文構造を持っている。つまり非定形動詞と定助動詞の間に節境界があると考えることができる。一方，複合過去では接語は定助動詞まで上昇することから，非定形動詞は独立した節を構成していないことになる (Abeillé and Godard 2002)。よってフランス語では，複合過去，近接未来ともに迂言形を構成する要素が分離可能で，さらに近接未来は非定形動詞が独自の節を構成し，単文構造よりも複雑な構造を示している。

　以上のように，英語，フランス語の範疇的迂言法では迂言形が単一の語の活用形と対立関係になく，さらに迂言形の構成要素である定助動詞とその後続部分が統語的に独立している。よって，これらは形態的ではなく統語的に合成されるものと考えられる。

　一方，ドイツ語は定助動詞と非定形動詞の統語的関係が英語，フランス語と異なっている。ドイツ語の従属節では節末尾に非定形動詞と定助動詞が連続して現れるが，その際非定形動詞は定助動詞から独立して構成素をなしているわけではないと考えられている。例えば，(8.9) では非定形動詞 kaufen 'buy' と定助動詞 muss 'must', wird 'will' が節末尾に現れ，動詞群 (verb cluster) という構成素をなしている (Hinrichs and Nakazawa 1994)。

(8.9)　a.　weil　　Paula das Buch [kaufen muss]

because Paula the book buy   must

'because Paula must buy the book'

b.　weil　　Paula das Buch [kaufen wird]

because Paula the book buy   will

188　第 8 章　迂言法

'because Paula will buy the book'

非定形動詞と定助動詞の動詞群が構成素をなしていると考える理由として、例えば (8.10) に見られるように非定形動詞に先行する要素の順序は比較的自由であるにも関わらず、(8.11) のように非定形動詞と定助動詞の間に目的語や主語を挿入して、2 つを分離させることはできないことが挙げられる。

(8.10)　a.　weil　　jemand　das Buch [kaufen muss/wird]
　　　　　　　because someone the book buy　　must/will
　　　　　　　'because someone must/will buy the book'

　　　　b.　weil　　das Buch jemand　[kaufen muss/wird]
　　　　　　　because the book someone buy　　must/will
　　　　　　　'because someone must/will buy the book'

(8.11)　a.*weil　　jemand　[kaufen das Buch muss/wird]
　　　　　　　because someone buy　　the book must/will

　　　　b.*weil　　das Buch [kaufen jemand　muss/wird]
　　　　　　　because the book buy　　someone must/will

また (8.12) のように目的語を残して動詞群をまとめて前置することが可能である。

(8.12)　a.　[Kaufen müssen] wird Paula das Buch.
　　　　　　　buy　　must　　will　Paula the book
　　　　　　　'Paula will have to buy the book.'

　　　　b.　[Gekauft haben] wird Paula das Buch.
　　　　　　　bought　have　　will　Paula the book
　　　　　　　'Paula will have bought the book.'

(Bonami and Webelhuth 2013: 146–147)

8.1 迂言法とは 189

これらの特徴から見ると，同じ範疇的迂言法であってもドイツ語の場合は動詞群という形で定助動詞と非定形動詞が統語的な構成素をなしており，それらが分離可能な英語やフランス語に比べて，迂言形としてのまとまりが強い。よって範疇的迂言法は単一の語と対立を示さないという点では共通しているが，迂言形を構成する要素間の緊密性に差が見られることが分かる。

　最後に定動詞と非定形動詞の組み合わせが単一の語と対立をなし，補充法的迂言法として使われる例を見る。ペルシア語では完了分詞に繋辞 (copula) の budan が後続することで完了が表され，budan が定動詞として時制を担う。例えば (8.13a) では bud が過去形であり，迂言形全体で過去完了を表している。しかし，(8.13b) に示すように現在完了は定動詞として budan が使われずに，代わりに接語的な繋辞である ast が完了分詞に付加された単一の語で具現化される[1]。

(8.13) a. Maryam in　tâblo-râ　　　foruxte　bud.
　　　　　 Maryam this painting-DDO sell.PERF COPULA.PAST.3SG
　　　　　 'Maryam had sold this painting.'

　　　　b. Maryam in　tâblo-râ　　　foruxte-ast.
　　　　　 Maryam this painting-DDO sell.PERF-COPULA.PRES.3SG
　　　　　 'Maryam has sold this painting.'

(Bonami and Samvelian 2015: 329)

よってペルシア語の完了形は一貫して budan を伴った迂言形で現れるのではなく，単一の語と迂言形が混在していることとなる。

　また現在完了に現れる接語的繋辞 ast は間接証拠性 (indirect evidentiality) のムードを表す要素でもある。ペルシア語では (8.14a) のように単純過去は迂言形ではなく単一の語で表されるが，これに間接証拠性が加わり間接

---

[1] Bonami and Samvelian (2015) によると，これらの要素は接語的ではあるが，接続先との分離は不可能であり，音韻，形態，統語的には接辞に近い振る舞いを示す。

190　第 8 章　迂言法

過去となると (8.14b) のように完了分詞に ast が付加され，結果的に現在完了と同形となる。

(8.14)　a.　Omid in　tâblo-râ　　xarid.

Omid this painting-DDO buy.PAST.3SG

'Omid bought this painting.'

b.　(Banâ bar　gofte-ye Omid) Maryam in　xâne-râ　　dar sâl-e

according to-EZ　　Omid　Maryam this house-DDO in　year-EZ

1950 xaride-ast.

1950 buy.PERF-COPULA.PRES.3SG

'According to Omid, Maryam bought this house in 1950.'

(Bonami and Samvelian 2015: 331, 356)

この現在完了形と間接過去形の融合は，ペルシア語の完了において迂言形と単一の語にパラディグマティックな対立が見られることを示している。この単一の語と迂言形の対立は以下の表 8.5 のようにまとめることができる（厳密にはペルシア語の未完了は有界 (bounded) と非有界 (unbounded) があるが，ここでは煩雑さを避けるため有界のみを記載している）。

		未完了	完了
現在		—	**xarid-e-ast**
過去	直接	xarid	xarid-e bud
	間接	**xarid-e-ast**	xarid-e bud-e-ast
仮定法		be-xar-ad	xarid-e bâš-ad

表 8.5　ペルシア語の動詞 xaride 'buy' の活用 (cf. Bonami and Samvelian 2015: 357)

　また日本語にも補充法的迂言法と考えられるデータがある。Otoguro (2014) は (8.15) に見られる「食べませんでした」のような否定・丁寧・過去を表す迂言形を補充法的迂言形だとしている。

(8.15)　太郎はリンゴを食べませんでした (tabemasen desita)。

否定・丁寧・過去という 3 つの素性のうち 2 つの組み合わせは以下の (8.16) に示すように単一の語で具現化されるが，3 つの素性をすべて具現化する時のみ，(8.15) のように繋辞の「です」(des) を伴った迂言形となる。

(8.16)　　a.　太郎はリンゴを食べません (tabemasen)。(否定・丁寧)

　　　　　b.　太郎はリンゴを食べなかった (tabenakatta)。(過去・否定)

　　　　　c.　太郎はリンゴを食べました (tabemasita)。(過去・丁寧)

　通常は繋辞の「です」や「だ」が動詞に後続する際，(8.17) のように繋辞の直前に「の」「よう」「はず」などの要素が挿入される。しかし (8.18) が示すように，否定・丁寧・過去を表す迂言形は「でした」の前にこれらの要素を挿入することはできない。

(8.17)　　a.　太郎はリンゴを食べた の／よう／はず です。

　　　　　b.　太郎はリンゴを食べなかった の／よう／はず だ。

(8.18)　*太郎はリンゴを食べません の／よう／はず でした。

これは「食べませんでした」における繋辞の「でした」が先行する動詞に統語的に付加されているのではないことを示唆している。よってこの迂言形が否定・丁寧・過去をすべて一語で具現化することができないことから現れ，(8.16) のような単一の語とパラディグマティックな対立を示す補充法的迂言形であると考えることができる。この関係は以下の表 8.6 のようにまとめることができる。

192　第 8 章　迂言法

	肯定		否定	
	非丁寧	丁寧	非丁寧	丁寧
非過去	食べる	食べます	食べない	食べません
過去	食べた	食べました	食べなかった	食べません でした

表 8.6　日本語の「食べる」の活用

8.1.2　迂言法の特徴

　理論的な分析を見る前に，迂言法に見られる形態統語的特徴について概観してみよう。Ackerman and Stump (2004) は主に補充法的迂言形を認定する基準として (8.19) のような 3 つを挙げている。

(8.19)　a.　**素性交差** (feature intersectivity)：
　　　　　　単一の語のパラダイムによって具現化される素性が，特定の
　　　　　　組み合わせにおいてのみ迂言形によって表される。

　　　　b.　**非合成性** (non-compositionality)：
　　　　　　迂言形の一部で符合されている素性が，迂言形全体で符合す
　　　　　　る素性と矛盾している。

　　　　c.　**分離表出形** (distributed exponence)：
　　　　　　迂言形によって符合されるある素性が，複数の要素に分離し
　　　　　　て具現化されている。

(Ackerman and Stump 2004: 128, 142, 147)

　まず (8.19a) の素性交差はすでにラテン語や日本語の動詞活用において観察した特徴である。ラテン語では時制，アスペクト，態という形態統語素性に関して，受動態と完了，過去完了という特定の組み合わせにおいてのみ迂言形が現れるので，素性交差を示していることになる。日本語においても否定・丁寧・過去という素性の組み合わせのみに迂言形が現れるた

8.1 迂言法とは 193

め素性交差が見られる。

(8.19b) の非合成性に関しては，Ackerman and Stump (2004) は表 8.7 と表 8.8 にあるようなマリ語（東部方言）の動詞活用の例を挙げている。表 8.7 が示すように動詞の第二過去形では否定形が繋辞を伴った迂言形として表されるが，表 8.8 から分かるようにそこに現れる繋辞自体は現在形である。よって迂言形全体としては第二過去という素性を符合しているにも関わらず，繋辞は現在時制という矛盾が生じており，非合成性を示している。

		肯定	否定
	1	ko-en-am 'I died'	kolen omâl 'I didn't die'
単数	2	kol-en-at	kolen otəl
	3	kol-en	kolen oɣâl
	1	kol-en-na	kolen onal
複数	2	kol-en-da	kolen oðal
	3	kol-en-ât	kolen oɣâtâl

表 8.7 マリ語（東部方言）の em 活用動詞 kol 'die' の第二過去形

		肯定	否定
	1	ul-a-m 'I am'	om-âl 'I am not'
単数	2	ul-a-t	ot-âl
	3	ul-eš	oɣ-âl
	1	ul-ô-na	ona-l
複数	2	ul-ô-ða	oða-l
	3	ul-ô-t	oɣât-âl

表 8.8 マリ語（東部方言）の am 活用繋辞 ul の現在形

また日本語の否定・丁寧・過去の迂言形も非合成性を示していると考え

194   第 8 章　迂言法

ることができる。例えば「食べませんでした」は全体としては「でした」
に具現化されている過去時制を符号しているが，本動詞の部分の「食べま
せん」は否定・非過去・丁寧形と同形で時制としては非過去を符号してい
るため，素性に矛盾が生じていることが分かる。

　最後の分離表出形に関しては Ackerman and Stump (2004) は表 8.9 に示
されるフィン・ウゴル語派でロシア連邦に属するウドムルト共和国で話さ
れているウドムルト語 (Udmurt) の動詞の未来形を例に出している。肯定
では人称と数が本動詞一語内に具現化されるのに対し，否定では本動詞の
前に助動詞を伴う迂言形となり，人称は助動詞に，数は本動詞にそれぞれ
具現化されるという分離が見られる。

		肯定	否定
単数	1	mïno	ug mïnï
	2	mïnod	ud mïnï
	3	mïnoz	uz mïnï
複数	1	mïnom(ï)	um mïne(le)
	2	mïnodï	ud mïne(le)
	3	mïnozï	uz mïne(le)

表 8.9　ウドムルト語の mïnï 'go' の未来形

　迂言形が示す形態的，統語的特徴は幅広く，迂言形を構成する各要素が
どの程度統語的に分離可能なのか，単一の語とパラディグマティックな関
係を示すのか，素性交差，非合成性，分離表出形などの特徴を持っている
のかどうか，など様々な基準を元に考察する必要がある。

8.2　ラテン語の迂言形

　第 8.1 節でラテン語では完了の受動態において迂言形が現れることを見
たが，本節ではラテン語の迂言形の形態統語的特性についてさらに詳細

に概観する。まずラテン語の定動詞は主語と人称と数の一致を示すが，完了受動形は形態的には形容詞と同様の活用となり，数と性の一致を示す。よって表 8.10 にあるように，主語が 1 人称単数女性と 3 人称単数女性の場合では人称によらず完了受動形は同じ laudāta であるが，数が複数になると laudātae となる。一方後続する助動詞（繋辞）は人称と数の一致を示し，1 人称単数では sum，3 人称単数では est，3 人称複数では sunt となる。この助動詞は迂言形以外で使われる場合は，時制とアスペクトによって様々な語形となるが，この迂言形に現れる場合は一貫して未完了形となる。迂言形全体は完了を表すことから，上述 (8.19b) の非合成性が見られることになる。

	完了能動	完了受動
1 人称単数女性	laudāvī	laudāta sum
3 人称単数女性	laudāvit	laudāta est
3 人称複数女性	laudāvērunt	laudātae sunt

表 8.10　ラテン語動詞 laud 'praise' の完了形の一致 (Sadler and Spencer 2001: 74)

　さらにラテン語の態に関して特徴的なのは，異態動詞 (deponent verb) および準異態動詞 (semi-deponent verb) の存在である。異態動詞とは表 8.11 のように能動態の語形が存在しない動詞のことである。その結果，異態動詞では能動態の意味を表すのに，常に受動態の形態が使われることとなる。例えば，(8.20) は能動態の意味を表す文であるが，本来の 1 人称単数能動完了の *hortāvī という語形が存在しないために，代わりに受動態の hortātus sum が使われている。

(8.20)　　a. *hort-ā-v-ī
　　　　　　 'I (have) exhorted.'

　　　　　b. hort-ā-t-us sum
　　　　　　 'I (have) exhorted.'　　　　　　　　　　　　　　(Embick 2000: 191)

196　第 8 章　迂言法

		能動	受動
単数	1	—	hort-ā-t-us sum
	2	—	hort-ā-t-us es
	3	—	hort-ā-t-us est
複数	1	—	hort-ā-t-ī sumus
	2	—	hort-ā-t-ī estis
	3	—	hort-ā-t-ī sunt

表 8.11　ラテン語異態動詞 hortō 'exhort' の完了形活用

　異態動詞と準異態動詞の違いはアスペクトが関係している。異態動詞では表 8.12 に示されるように，未完了，完了ともに能動態の語形が存在しないため，ともに受動態の語形が能動態の意味を表すのに使われる。受動態における完了は形態的には迂言形となるため，結果的に異態動詞では能動態の意味を表す際においても迂言形が現れることとなる。

	未完了	完了
現在	loquitur	locutus/a est
過去	loquebatur	locutus/a erat
未来	loquar	locutus/a erit

表 8.12　ラテン語の異態動詞 loquor 'I speak' の活用 (Sadler and Spencer 2001: 75)

　一方，完了にのみこの特性が現れるものが準異態動詞である。表 8.13 は準異態動詞の活用で，未完了は能動態の語形，完了は受動態で迂言形となっている。

　異態動詞，準異態動詞の完了において見られる迂言形は，形態的には受動態である語形が意味的には能動態を表すことから，本動詞と助動詞が統語的に組み合わされたものではないことを強く示唆している。

	未完了	完了
現在	gaudet	gavisus/a est
過去	gaudebat	gavisus/a erat
未来	gaudebit	gavisus/e erit

表 8.13　ラテン語の準異態動詞 gaudeo 'I rejoice' の活用

(Sadler and Spencer 2001: 75)

8.3　DM における迂言法

　ここまでもいくつかの現象の分析を通して見てきたように，DM は形態論と統語論を連続的に取り扱うので，屈折形態（の一部）が迂言法，すなわち独立した形態で現れるという現象を他の語形成と同様に捉えることができる。モデルの特徴上，語と句の競合という問題に悩まされることはない。どちらかというと，迂言形となる各節点が独立した形態として現れるケースよりも，接辞のような他の形態とまとまって現れる表出形の取り扱いに対して具体的な分析を示す必要がある。

　本節では，まず DM における迂言法に対する基本的な考え方と関連する分析方法や形態操作について整理し，その後ラテン語の完了に現れる迂言形に対する統語的分析を提案している Embick (2000) を概観する。さらに，第 7 章で取り上げた英語の比較級・最上級の表出形が単一の語になる場合と迂言形になる場合の両方があることに対して，形態操作による分析を提案している Embick (2007) を紹介する。

8.3.1　接辞と迂言形

　DM において単一の語と迂言形のどちらが現れるかを分析するための基本的な考え方は次のようなものである。統語的な移動や形態操作によって

素性が移動したりしなかったりすることで，ある素性がほかの素性と近い位置になったり遠い位置になったりする。素性同士が十分に近い位置にある場合は接辞などの表出形が可能になるが，遠い位置にある素性は独立した形，すなわち迂言形で現れる。なお，移動することで元々近い関係にあった素性が独立することもあれば，元々遠い関係にある素性が他の素性と近い関係になることもある。

(8.21)　DM における迂言法の分析に関わる要因

　　　　a. ある素性が他の素性や Root と，i) 元々近い位置にある，ii) 元々遠い位置にある

　　　　b. ある素性が他の素性や Root と，i) 移動によって近づく，ii) 移動によって離れる，iii) 移動が起こらない

　　　　c. 移動の種類は，i) 統語的な移動（主要部移動），ii) 形態操作（形態的併合，局所的転移）

　予測としては，1) 元々遠い位置にあって移動が起こらない，2) 元々近い位置にあって移動によって離れる，場合にその表出形が迂言形になる可能性がある。

　また，この分析を成り立たせるためには，1 つの語として具現されるのが形態構造におけるどの範囲なのかということについてもきちんと決めておく必要がある。たとえば，最も単純な仮定としては次のようなものを挙げることができる。

(8.22)　「語」の範囲
　　　　形態統語的語 (morphosyntactic word) は必ず形態的に一語として具現し，その部分が独立した語になることはない。

　形態統語的語の定義は Embick and Noyer (2001) では次のように仮定されている。

(8.23) 形態部門への入力において，ある節点 X^0 が形態統語的語 (mor-phosyntactic word: MWd) であるのは，他の X^0 に含まれていない，最も高い位置にある切片 (segment) である場合のみである。

(Embick and Noyer 2001: 574)

さらに，厳密にはこの形態統語的語という考え方を用いた分析が妥当かどうかは，関連する語彙項目と，もし移動に形態操作を用いるのであればその規則も具体的に示さなければ検討することができない。一見すると関連する語彙項目が提示されていればそれをチェックすることで分析が成り立つように見える場合も少なくないが，語彙項目に示されている表出形の音形だけではそれが独立した形態になることも可能なのか，接辞なのかということは分からないからである。DM ではこの問題を適切に取り扱うために，上で示した形態構造から規則的に単一の語か接辞かということが決定されるように整備しておくという方法が取られる。接辞であるかどうかという情報自体を語彙項目に直接記載することもできるが，その形態が実際に接辞として現れるには，形態操作によって他の要素と形態的にまとまるというステップが必要になる。

8.3.2 ラテン語の完了形に見られる迂言法

Embick (2000) は第 8.2 節で見たラテン語の完了に関わる形態の迂言法の分析において，その表出形が迂言形で現れるかどうかを，統語的な移動や形態操作の可否と絡めて論じている。

迂言形になるかどうかという点については，統語的移動の可否によって形態のまとまりができる場合とできない場合があり，できた場合には単一の語が，できない場合には迂言形が現れるという分析を提案している。異態動詞でない動詞の能動態完了相の構造は次のようになる。

(8.24) ラテン語の能動態完了相

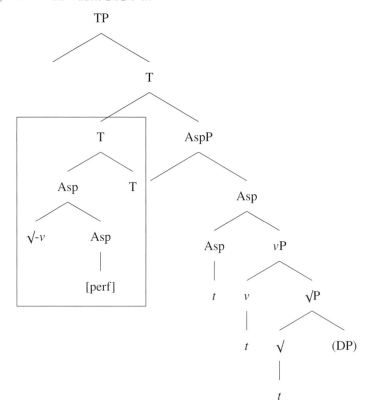

(Embick (2000: 205), 一部改変)

　(8.24) に示されているように，能動態の場合は $\sqrt{}$ から v, v から Asp と主要部移動を重ねて行き，それがさらに T まで移動することによって 1 つの複合主要部としてまとまるので，結果として関連する表出形は単一の語として現れることになる。まず (8.23) の定義に照らし合わせると，他の X^0 に含まれない最も高い位置にある切片は四角で囲まれた部分の一番上の T であり，これに含まれる T, Asp, $\sqrt{}$-v からなる複合主要部全体が形態統語的語となる。さらに (8.22) の仮定を採用するならこの形態統語的語が

8.3 DMにおける迂言法　201

全体で単一の語となる。Aspやv, √は他のX⁰（ここではT）に含まれるので形態統語的語にはならず，従ってそれぞれが独立した形態になり迂言形として現れることはないと考えることができる。

一方，受動態完了相の構造は(8.25)のようになる。

(8.25)　ラテン語の受動態完了相

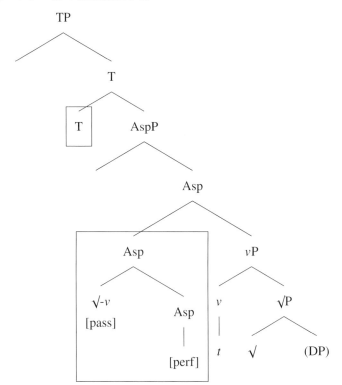

（Embick (2000: 205)，一部改変）

受動態の場合はvに受動の素性である[pass]が存在するため，AspのTへの移動が不可能になるとEmbick (2000)は仮定している。その結果，Tと√, v, Aspの複合主要部は(8.25)で四角で囲って示したようにそれぞれ独立した形態，すなわち迂言形になるのである。(8.23)の定義に照らし合

202 第 8 章 迂言法

わせると，Asp, v, $\sqrt{}$ からなる複合主要部は形態統語的語なので (8.22) の仮
定の下では幹母音も含め動詞と相がまとまって単一の語となる。T はそれ
単独で形態統語的語なので動詞とは独立した助動詞として現れることにな
る[2]。

　異態動詞については，形態的にしか参照されない受動に関する素性
[pass] を元々 Root が持っていると仮定することで分析する。統語的に受
動であるわけではないので態に関わる主要部 v ではなく $\sqrt{}$ そのものが形
態的な素性 [pass] を持っていると仮定される。この素性もやはり Asp の T
への主要部移動を阻害するため，結果として統語的には能動態であるにも
かかわらず，一般的な動詞の受動態完了相の場合と同じように迂言形が現
れる[3]。

　Embick (2000) のラテン語の完了形の分析ではここで見た統語的分析の
ほかに，単一の語／迂言形の違いが形態部門において区別され統語構造は
両者で同一であるという分析案も検討しているが，結果的に統語的分析が
良いと結論づけている。しかしこれはこの現象に対する結論であり，DM
を採用した場合に可能な分析にはいくつかのパターンがある。実際，次で
見る英語の比較級の分析では，同一の統語構造から単一の語と迂言形を導
き出す分析が提案される。

---

[2] T が独立した場合に，どのようなプロセスを経て表出形が決まるのかという点について
は個別に語彙項目を立てて分析しなければならない。Embick (2000: 215) では繋辞の
esse が T のデフォルトの具現化 (default instantiation) であるという簡単な議論を行って
いるが，語彙項目までは示されていない。

[3] Embick (2000) で提示されている分析そのままでは，準異態動詞の扱いには問題が生じる
可能性がある。準異態動詞の場合は未完了相では能動態の形態が現れるため，Root その
ものが素性 [pass] を持っている場合に異態動詞が現れるという仮定をそのまま適用する
と，未完了相でも受動態の形態が現れ異態動詞と同じになってしまう。Asp の素性の値
と Root が素性 [pass] を持つかどうかを連動させることが解決策の 1 つであるが，技術
的にそれほど簡単な修正で済むとは考えられない。準異態動詞について Embick (2000:
191) でその存在には触れているものの，具体的な分析は提示されていない。

8.3.3 英語の比較級・最上級に見られる迂言法

(8.26) の引用部分で言い表されているように，DM では表出形が単一の語になるか迂言形になるかというのは，統語構造と統語構造を基盤にした形態構造に大きく依存する。Embick (2000) のラテン語の完了形の分析において主要部移動の可否が迂言形になるかどうかの鍵になっていたのは，それがよく分かる例である。しかし，表出形が迂言形になるかどうかを左右するもう 1 つの要因として，形態操作の存在を挙げることができる。ここでは，英語の比較級・最上級に対する Embick (2007) の分析において形態操作がどのような役割を果たしているのか概観する。その分析方法は下記の引用に分かりやすくまとまっている。

(8.26)　DM では「語」を一次的な概念としては考えない。（中略）迂言形／単一の語の対立を構造的なものと捉え，統語構造における複数の主要部が音韻的解釈のためにどのようにまとめられるかという点から考える。　　　　　　　(Embick and Marantz 2008: 6–7)

159 ページの第 7.2.1 節でも見たように，英語の比較級・最上級の形態は音韻その他の条件によって単一の語と迂言形の両方が現れる。

(8.27)　a.　John is tall-er than Bill.

b.　John is more intelligent than Bill.

c.　*John is intelligent-er than Bill.

d.　*John is more tall than Bill.

Embick (2007) では，次の構造に示すように，比較級・最上級に関する範疇 Deg は形容詞句 aP の指定部に位置すると仮定されている。

(8.28)

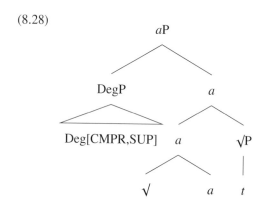

(Embick 2007: 10)

　Embick (2007) は英語の比較級・最上級に見られる単一の語／迂言形の分布を，形態操作の局所的転移が適用されるかどうかによって分析している。

(8.29)　英語の比較級・最上級に適用される局所的転移
　　　　Deg[CMPR,SUP] ⌒ [...X...]$_a$ → [...X...]$_a$⊕Deg[CMPR,SUP]
　　　　[...X...]$_a$ の音形が韻律条件を満たす場合

(Embick 2007: 25)

　(8.29) にあるように，音韻的条件（2音節以下）と形容詞 ([...X...]$_a$) と Deg の節点が隣接しているという条件を満たすとこの局所的転移が適用され[4]，比較級として -er 接辞化が実現する。一方，これが適用されなかった場合は more という迂言的な形態が現れることになる。ここで，more という形態に接辞 -er が含まれているかどうかについては検討が必要である。

---

　[4] 実際にはこの音韻的条件を満たしていても，形容詞によって単一の語になるか迂言形になるかの振る舞いに差が見られる。Embick (2007: 9, fn5) ではその事実に触れ，音韻的条件以外に単一の語になるかどうかを左右する要因があることを認めているが，分析の中で取り上げることはしていない。(8.29) の規則の音韻的条件に Root による条件を書き加えることは技術的には問題ないと考えられるが，個人差や確率的条件をどのように組み込むのかということについては検討が必要であろう。

Bobaljik (2012: 124–135) では問題を指摘しつつも，接辞-er を含む形態として取り扱っている。そうするとさらに，接辞の前の mo という形態はどのように現れるのか考えなければならない。ただし Embick (2007) の分析では語彙挿入も線形化も終わった段階で適用される局所的転移を用いているので，局所的転移が適用されなかった場合に再調整のようなことが可能なのかという点は理論的な問題になり得る。

8.3.4 DM における迂言法のまとめ

本節では，ある素性に対する表出形が単一の語になるのか迂言形になるのかという違いを生み出す要因として，統語部門における移動の可否によるという統語的分析を提案している Embick (2000) と，形態部門における形態操作の適用の有無によるという形態的分析を提案している Embick (2007) を概観した。

DM ではどちらのタイプの分析も理論的に可能であるが，Embick (2000) でも形態的分析を具体的に検討した上でラテン語のデータから支持されないとして却下していることからも分かるように，どのタイプの分析が妥当であるかというのは経験的な問題であって，個々の言語現象に対して検証を重ねていくしかない。

一方で，DM という理論が持つ特徴から導き出せる方針もある。その 1 つが形態的分析，特に形態操作を用いた分析を濫用しない方が良いということである。他の章でも触れたように，形態操作は基本的に言語個別の規則でありかなり特定の環境や要素に対して適用されるものもあるため，現象をそのまま書き換えただけという形になることもある。規則の形にすることで研究が進むこともあるのでそれが一概に悪いというわけではないが，その形態操作の存在が分析対象となっている言語現象以外の証拠からも支持されるかという点には注意しておく必要がある。またこれは DM に限ったことではないが，統語的分析を成り立たせるための仮定がその分析

206　第8章　迂言法

をとりあえず成立させるためだけのものになっていないかという点につい
ても注意が必要である。たとえば，異なる主要部が統語部門において素性
[pass] を持つという Embick (2000) の仮定はさらなる経験的な議論によっ
て検証されることが望ましい。

8.4　PFM における迂言法

　本節では補充法的迂言形が PFM においてどのように派生されるかを見
る。範疇的迂言法では形態的には迂言形の各構成要素が独立して語形成
され，それらの語が統語的に組み合わされるため形態論的には問題とは
ならないが，補充法的迂言法では，迂言形が単一の語と同一のパラダイ
ムを構成することになり，複数の語の組み合わせをどのように形態的に
派生するかが問題となる。ここでは Sadler and Spencer (2001) による構文
(construction) 的なアプローチによるラテン語の迂言形の分析においてど
のように迂言形が形態的に派生されるかを見る。また Bonami (2015) が提
案する逆行選択 (reverse selection) というメカニズムについても概観する。

8.4.1　構文としての迂言形

　Sadler and Spencer (2001) は迂言形を複数の語によって構成される構文
と仮定している[5]。ラテン語動詞では完了，受動のときに分詞と助動詞に
よる迂言形が現れるので，これを *ppc* (*predicative-participle construction*;
叙述分詞構文) として (8.30a) のように規定している。さまざまな構文は
タイプ階層 (type hierarchy) で上下に関係づけられると考えられており，
ppc は (8.30b) のような *pac* (*predicative-adjective construction*; 叙述形容詞
構文) の下位タイプと仮定される。

---

　[5] 構文については 214 ページのコラムを参照。

8.4　PFM における迂言法　　207

(8.30)　a. *ppc*

= Complement:[$_{\text{AP}}$... A[VFORM:passpart]]

+ Head:[$_{\text{V}}$ TYPE:esse, ASP:imperf]

b. *pac*

= Complement:[$_{\text{AP}}$... A[SUBJ AGR:[...]...]]

+ Head:[$_{\text{V}}$ TYPE:copula]

(Sadler and Spencer 2001: 89)

どちらの構文も補部 (Complement) と主要部 (Head) からなり，補部は形容詞句 (AP) であり，主要部は動詞 (V) である。タイプ階層においては下位の構文はその上位の構文の特性を引き継ぐが，一部の情報がより特定的なものとなる。(8.30) に示すように *ppc* は 補部と主要部の情報が *pac* よりも特定的である。*ppc* では補部の形容詞が動詞由来の受動分詞 (VFORM:passpart) に限定され，主要部の動詞が *pac* では助動詞（繋辞）という指定 (TYPE:copula) だったものが *ppc* では esse という特定の語彙素に置き換えられ (TYPE:esse)，さらに未完了形 (ASP:imperf) という指定が追加されている。

Sadler and Spencer (2001) では，構文が表出規則の出力として指定されると仮定されている。Stump (2016) の形式に従うと表出規則は (8.31) のように規定できる。VOICE:passive, ASPECT:perfect の素性を持つ語彙素には (8.31) が適用され，構文 *ppc* が出力される。構文 *ppc* は (8.30a) のように指定されるため，各構成要素がさらに表出規則の適用を受け，最終的には受動分詞と助動詞が出力され，迂言形が能動態の単一の語と並んで具現化パラダイムを構成することとなる。

(8.31)　X, V, {passive perfect} → *ppc*　　(cf. Sadler and Spencer 2001: 90)

異態動詞，準異態動詞に関しては，Sadler and Spencer (2001) は参照規則 (rules of referral) による分析を提案しているが，60 ページの第 3.3.1 節で見たように，参照規則に代わる枠組みが Stump (2016) に示されているた

208   第8章　迂言法

め，ここではその枠組みでの分析を示す。

　まず異態動詞と準異態動詞では能動態の意味が受動態の形態で表される
ので，内容パラダイムは能動態のセルによって異態動詞には (8.32a)，準異
態動詞には (8.32b) のような **Corr** 関数を規定することができる。異態動詞
は完了，未完了ともに能動態が受動態の形態で表されるため，(8.32a) のよ
うにアスペクトの指定はなしで内容パラダイムにおける active のセルがす
べて形態パラダイムの passive のセルに対応づけられる。一方，準異態動
詞は完了にのみこの特性が現れるので，(8.32b) のように perfect というア
スペクトの指定が追加されている。

(8.32)　a.　**Corr**($\langle$LOQUI, {active}$\rangle$) = $\langle$*loqui*, {passive fulldep}$\rangle$

　　　　b.　**Corr**($\langle$GAUDERE, {active perfect}$\rangle$)

　　　　　　　= $\langle$*gaudere*, {passive perfect semidep}$\rangle$

Sadler and Spencer (2001) に従い，異態動詞は fulldeponent，準異態動詞
は semideponent という動詞のクラスに属すると仮定し，そのクラスの情
報が素性として付加されている。この素性変換は素性写像関数 **pm** によっ
て (8.33) のように規定される。

(8.33)　a.　**pm**$_{\text{fulldep}}$({active}) = {passive fulldep}

　　　　b.　**pm**$_{\text{semidep}}$({active perfect})

　　　　　　　　　= {passive perfect semidep}

　第3章の67ページですでに見たように，パラダイム間の対応は (8.34)
のように規定されるため，異態動詞，準異態動詞ともに **Stem** 関数によっ
て適切な語幹が選ばれ，**pm** 関数によって active の素性が passive へと置き
換わり，上述の (8.32) のような内容パラダイムと形態パラダイムの対応づ
けがなされる。

(8.34)　**Corr**($\langle$L, $\sigma$$\rangle$) = $\langle$**Stem**($\langle$L, $\sigma$$\rangle$), **pm**($\sigma$)$\rangle$

8.4 PFM における迂言法　209

このアプローチでは迂言形が単一の語と並んでパラダイムを構成するという点において，これまで見てきたデータを経験的にはうまく捉えている。しかし，この点に関しては理論的な問題も指摘されている (Bonami 2015: 90–91)。まず PFM を始めとする WP のアプローチでは形態部門からの出力は統語的原子 (syntactic atom) として考えられている。統語的原子とは統語部門において不可分な要素である。単一の語は統語的原子であるが，迂言形は複数の語から構成されており統語的には複合体である。さらにパラダイムというのは素性の組み合わせによって構成され，原理的に有限である（例えば単数・複数という数の素性と男性・女性・中性という性の素性であれば，$2 \times 3 = 6$ のセルを持つパラダイムとなる）。しかし統語部門では語は様々な条件に従って組み合わされるものの，その組み合わせのパターンは加算無限であり，パラディグマティックな関係は存在しない。よって迂言形という複数の語が多様に組み合わさる可能性があるものを形態部門でパラディグマティックな対立を持つものとして扱うこと自体に概念的な問題があると考えられるのである。この問題を解決するために，Bonami (2015) は逆行指定 (reverse selection) という仕組みを導入し，PFM において異なった観点から迂言形の分析を提示している。

8.4.2　逆行指定

逆行指定とは通常の統語関係と逆方向の選択指定を行うメカニズムである。まず通常の選択指定関係を考えると，2 つの要素が統語的に主要部と補部の関係にある場合，主要部が特定の補部を選択指定する。例えば英語の助動詞と動詞句の組み合わせでは，助動詞が主要部，動詞句が補部となるため，完了の助動詞 have は過去分詞形の動詞を含む動詞句を選択指定し have left the room のようになり，進行の助動詞 be は現在分詞形の動詞を含む動詞句を選択指定し is leaving the room のようになる。逆行指定はこの通常の選択指定とは逆方向なので，完了であれば LEAVE という語彙素

210 第 8 章 迂言法

が PERF:+（完了相）という素性を具現化する場合は have という助動詞を，
PROG:+（進行相）という素性を具現化する場合は be という助動詞を逆行
指定すると考える。

逆行指定はパラダイム関数 (PF) で行われ，例えば英語の完了の場合，
以下のようになる。

(8.35)　L が動詞で，形態統語素性の集合 $\sigma \supseteq \{\text{PERF:+}\}$ の時，
$$\text{PF}(\text{L}, \sigma) = \langle\langle\varphi, \sigma\rangle, \{\langle\text{HAVE-PRF}, \sigma!\{\text{PERF:}-\}\rangle\}\rangle,$$
ここでは
$$\text{PF}(\text{L}, \sigma!\{\text{VFORM:pst-ptcp}\}) = \langle\langle\varphi, \sigma!\{\text{VFORM:pst-ptcp}\}\rangle, \varnothing\rangle.$$

逆行指定では PF が語彙素と形態統語素性の集合の組を複数出力す
る。(8.35) では σ が PERF:+ という素性を含む時に，PF が $\langle\varphi, \sigma\rangle$ と
$\{\langle\text{HAVE-PRF}, \sigma!\{\text{PERF:}-\}\rangle\}$ を出力している。前者が本動詞で後者が助動詞
have である[6]。$\sigma!\tau$ という表記は σ の中で τ の要素と矛盾する素性以外を
すべて含む τ の上位集合を意味する。例えば σ が {TENSE:pres, VOICE:active,
PROG:−, PERF:+} の時，$\sigma!\{\text{PERF:}-\}$ は PERF:− と矛盾している PERF:+ 以外
の素性をすべて含む {PERF:−} の上位集合なので {TENSE:pres, VOICE:active,
PROG:−, PERF:−} ということになる。つまり結果的には $\sigma!\{\text{PERF:}-\}$ という
のは σ の PERF:+ を PERF:− に置き換えることになる[7]。φ は語彙素 L の音
韻形式であり，$\text{PF}(\text{L}, \sigma!\{\text{VFORM:pst-ptcp}\}) = \langle\langle\varphi, \sigma!\{\text{VFORM:pst-ptcp}\}\rangle, \varnothing\rangle$
とあることから，φ は語彙素 L の過去分詞形 (verb form: past participle;
VFORM:pst-ptcp) になる[8]。(8.35) は σ が PERF:+ を含む時，特定の統語構造
を持った迂言形に対応した単一のセルではなく，セルの組（本動詞のセル

---

[6] 2 つ目の要素は集合 {...} なので，原理的には中に複数の組を含むことが可能である。そ
の際は結果的に語彙素と形態統語素性の集合の組が 3 つ以上出力されることになる。

[7] ここで PERF の値を − にするのは，σ が PERF:+ を含んだままだと (8.35) の規則が
$\langle\text{HAVE-PRF}, \sigma\rangle$ に繰り返し適用され続けてしまうためである。

[8] 2 番目の要素が空集合 $\varnothing$ なので，これは動詞の過去分詞形を単一の語として出力するこ
とになる。

8.4 PFM における迂言法　　211

と助動詞のセル）を出力している。複数のセルから表出される語がどのような関係を持つかは，形態部門ではなく統語部門で決定されるため，前節の最後で指摘した問題点が回避されるわけである。

　表 8.3 で見たチェコ語の形容詞の活用について見てみよう。(8.36) がパラダイム関数である。(8.36b) にあるように不変化形容詞が素性集合に GRADE:comp（comparative grade; 比較級）を含む時，PF は $\langle \varphi, \sigma \rangle$ と $\{\langle \text{víc}, \{\text{GRADE:comp}\}\rangle\}$ を出力する。前者は PF(L, σ!{GRADE:pos}) = $\langle \langle \varphi, \sigma!\{\text{GRADE:pos}\}\rangle, \varnothing \rangle$ の指定により，単一の語の原級 (positive grade; GRADE:pos) として出力され，後者は víc の比較級として出力される。

(8.36)　チェコ語の形容詞のパラダイム関数

　　　a.　形容詞 L と素性集合 σ に対し，φ が L の基本語幹とすると，

$$\text{PF}(\text{L}, \sigma) = [\text{III}: [\text{II}: [\text{I}: \langle \varphi, \sigma \rangle]]]$$

　　　b.　不変化形容詞 L と素性集合 $\sigma \supseteq \{\text{GRADE:comp}\}$ に対し，

$$\text{PF}(\text{L}, \sigma) = \langle \langle \varphi, \sigma \rangle, \{\langle \text{víc}, \{\text{GRADE:comp}\}\rangle\}\rangle,$$

ここでは PF(L, σ!{GRADE:pos}) = $\langle \langle \varphi, \sigma!\{\text{GRADE:pos}\}\rangle, \varnothing \rangle$.

(Bonami 2015: 95)

　チェコ語とは逆に迂言形が基本となるフランス語の形容詞のパラダイム関数は (8.37) のようになる。(8.37b) によりほぼすべての形容詞について $\langle \varphi, \sigma \rangle$ と $\{\langle \text{PLUS}, \varnothing \rangle\}$ が出力される。チェコ語の víc と違いフランス語の plus は語形変化しないため形態統語素性は空集合となっている。一方 bon は迂言形ではなく単一の語として具現化されるので，(8.37c) のように語彙素を特定する形で meilleur が出力される。

(8.37)　フランス語の形容詞のパラダイム関数

　　　a.　形容詞 L と素性集合 σ に対し，φ が L の基本語幹とすると，

$$\text{PF}(\text{L}, \sigma) = [\text{II}: [\text{I}: \langle \varphi, \sigma \rangle]]$$

　　　b.　形容詞 L と素性集合 $\sigma \supseteq \{\text{GRADE:comp}\}$ に対し，

212　第 8 章　迂言法

$$\text{PF(L, } \sigma) = \langle\langle\varphi, \sigma\rangle, \{\langle\text{PLUS}, \varnothing\rangle\}\rangle,$$

ここでは PF(L, σ!{GRADE:pos}) $= \langle\langle\varphi, \sigma$!{GRADE:pos}$\rangle, \varnothing\rangle.$

c. 集合 $\sigma \supseteq$ {GRADE:comp} に対し,

$$\text{PF(BON, } \sigma) = [\text{II: } [\text{I: } \langle meilleur, \sigma\rangle]]$$

(Bonami 2015: 96)

　以上のような Bonami (2015) のアプローチでは,形態部門で出力される
のは迂言形を構成する複数の語であるが,それらは構文のような複合体を
成しているわけではなく,それらがどのように組み合わさるかは統語的原
理に委ねられている。よって第 8.4.1 節の最後で言及した構文的アプロー
チが抱える問題を回避していることになる。一方で,このアプローチで
は,経験的に観察される補充法的迂言法と範疇的迂言法に見られる違いは
形態部門においては反映されず,すべて同様の迂言形として具現化される
ことになる。よって例えば (8.18) で見たような日本語動詞の否定・丁寧・
過去迂言形に現れる繋辞の特性も,統語的原理によって説明されることに
なる。しかし,この繋辞は否定・丁寧・過去をすべて一語で具現化するこ
とができないことによって表出したパラダイグマティックな産物であり,
通常の繋辞のように統語的に付加されているものではないのだとすると,
その振る舞いを統語的原理によって説明することの妥当性に議論の余地は
あるだろう。

8.5　まとめ

　複数の語によって特定の素性を具現化するという迂言法は,「語」という
単位を統語的原子として捉えるかどうかにより,その理論的扱いが異なっ
てくる。DM は形態論と統語論を連続的なものと考える理論であり,ある
表出形が単一の語になるのか迂言形になるのかという違いは,統語構造や
形態構造の違いが反映されたものだということになる。よって,迂言形と
は,素性が構造上単一のまとまり(形態統語的語)を構成できないときに

現れる形態として分析される。一方，PFM は語・パラダイム基盤の理論であり，文字通り形態論を語形成と語同士のパラディグマティックな関係を扱う部門と考え，原子的単位としての語のシンタグマティックな関係は統語論で扱われることになる。よって迂言法，とりわけ迂言形が単一の語とパラディグマティックな関係を持つ補充法的迂言法を捉えるためには，理論的な修正が必要となり，構文のような複数の語を含む構造体を形態論で扱うアプローチや PF に複数のセルを出力する仕組みを導入するといったアプローチが提案されている。

　DM のような理論では迂言形のための特別な仕組みは仮定されておらず，構造的に複数の形態統語的語が表出形として現れることで分析されるが，PFM では迂言形を形態的に規定する特別な仕組みが必要となる。ペルシア語や日本語のように迂言形が単一の語との関係において表出しているように考えられる現象もあり，その関係性を理論的に捉えようと試みるのが PFM であり，それを副次的なものだと考えるのが DM であるという理論的立場の違いを見ることもできるだろう。

練習問題

問 1　(1)　211 ページのチェコ語形容詞のパラダイム関数 (8.36) とフランス語形容詞のパラダイム関数 (8.37) を参考に 183 ページの表 8.4 にある英語の形容詞の比較級を派生するパラダイム関数を提案しなさい。

　　　(2)　200 ページの (8.24) の能動態完了相，201 ページの (8.25) の受動態完了相の構造を参考に，laud-ā-v-i 'I have praised' と laud-ā-t-a sum 'I was praised' の形態構造を書きなさい。ただし，主語との一致を表す接辞は，Embick (2000: 197) に従い，以下のように T に形態部門で付加される Agr への語彙挿入によって具現化さ

れると考えること（122ページの (5.33) も参照）。

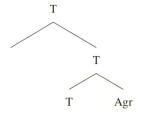

問2 192ページの表 8.6 にある日本語の過去・否定・丁寧を迂言形と考えると，DM と PFM でどのような分析が可能か検討しなさい。

コラム：構文について

　構文 (construction) とは複数の言語単位のまとまりからなり，そのまとまりが構成要素個々の特性に還元できない総体としての特性を持つと仮定される（construction は文や句に限定されないため「構文」というよりは「構成体」と考えた方がより適切であるが，ここでは慣例的な訳語に従う）。構文を中核的な言語記号 (sign) と捉える構文文法 (Construction Grammar) (Fillmore 1988, Fillmore et al. 1988, Goldberg 1995, 2006, Croft 2001, Kay 2002) を始めとして，統語論を中心に構文を理論的に重要な概念として扱う枠組みがある (Culicover and Jackendoff (2005) など)。中でも主軸駆動句構造文法 (Head-driven Phrase Structure Grammar: HPSG) においては，構文が階層的な関係をなし，上位の構文の持つすべての特性を下位のより特定的な構文も持つというデフォルト継承 (default inheritance) という考え方が採用されている (Lascarides and Copestake 1999)。また HPSG から派生し，構文を理論的中心に据えた記号基盤構文文法 (Sign-based Construction Grammar: SBCG) というアプローチも存在する (Boas and Sag 2012)。この構文的アプローチを語にも適用した理論が構文形態論 (Construction Morphology: CM) である (Booij 2010)。CM ではレキシコンに収められているのは音韻，形態統語，意味的情報を内包した

スキーマ (schema) であり，語はそのスキーマによって認可されることでこれらの情報と結び付けられる。また複数の語が同一のスキーマによって認可されることで，それらの語がネットワーク化されて関係付けられることとなる。構文的アプローチでは言語単位としての大きさの違いに関わらず，レキシコンに収録されているものをスキーマ・構文として捉えるため，CM というのは語がスキーマ・構文の基本単位となるものを中心に扱う理論と考えることができるだろう。

　例えば，altruism, communism などの語は (8.38a) のようなスキーマによって認可され，相互に関係付けられる。同様に altruist, communist などの語は (8.38b) のようなスキーマによって認可される。これらのスキーマも (8.39) に表されているようにパラディグマティックに関係付けられる (Booij 2010: 30–33)。

(8.38)　a.　$[\text{x-ism}]_{N_i} \leftrightarrow [\text{PHENOMENON, IDEOLOGY, DISPOSITION}, \dots]_i$

　　　　b.　$[\text{x-ist}]_{N_i} \leftrightarrow [\text{PERSON WITH ABILITY, IDEOLOGY, DISPOSITION}$
　　　　　　$Y]_i$

(8.39)　$<[\text{x-ism}]_{N_i} \leftrightarrow \text{SEM}_i> \approx <[\text{x-ist}]_{N_j} \leftrightarrow [\text{PERSON WITH PROPERTY}$
　　　　$Y \text{ RELATED TO SEM}_i]_j>$

　一方，DM は言語単位としての構文というものを認めていない。統語計算の対象となるのはあくまで形式素性と Root であり，複数の言語単位の組み合わせが示す構文的な特性は，統語計算の後 Encyclopedia から得られるものと考えられている（19 ページの図 2.4 を参照）。その意味では dog や cat といった単一の語と keep tabs on のようなイディオムの間に統語計算や派生における本質的な差はなく，Encyclopedia による意味解釈の対象が単一の語なのか複数の語の組み合わせなのかの違いに過ぎないということになる (Marantz 1995)。

第 9 章

おわりに
今後の形態理論の展望

9.1 形態素基盤の理論の発展と展望

9.1.1 DM 以外の理論・モデル

DM は生成統語論をベースにしているという点が大きな特徴であるため，ここでは DM が登場して以降の DM 以外の生成統語論をベースにした理論・モデル，その中でも統語部門の比重を大きく見ているものを概観する。

DM 以外でその名称に「形態論」が入っている理論・モデルは少ないが，その中の 1 つとして極小主義 (Minimalism) の登場直後に提案された極小形態論 (Minimalist Morphology) が挙げられる (Wunderlich 1996)。DM との最も大きな違いは，早期挿入 (early insertion) を採用しており具現的なモデルではないという点であろう (Wunderlich 1996: 93)[1]。

また，DM の影響がどれほどのものか定かではないが，極小主義の登場

---

[1] Stewart (2015) も極小形態論を増分的なモデルであると評価している。

218　第9章　おわりに　今後の形態理論の展望

以降，形態論に対する統語的アプローチが再び盛んになったようであり，たとえば派生については Hale and Keyser (2002)，屈折に対しては Julien (2002) などが挙げられる。これらで提案されている分析手法は DM との類似点も多く DM からの影響について直接言及している場合もあるが[2]，直接 DM を採用しているわけではなく，ある程度独立した研究として位置付けられる。その後はさらに生成統語論の枠組みを用いる場合に DM，あるいはその一部を仮定する研究がかなり一般的になってきたように見受けられる。はっきりと DM を採用していると宣言していなくても，形態的併合などの形態操作や Root の考え方など DM において研究が進められてきた概念（の一部）を採用している研究も多い。

　一方で，形態論的な問題や研究に対して，古典的 IA や DM とは異なるモデルを用いたアプローチもある。その1つとしてナノ統語論 (nanosyntax) が挙げられる。ナノ統語論はその名称に「形態論」が用いられているわけではないが，従来形態論で取り扱われてきた現象やトピックに対して統語的アプローチを試みるという点で形態論についても明確な立場を打ち出している。近年，形態論のトピックについて生成統語論をベースにしたモデルとして DM とよく対比されるものの1つであろう。Baunaz and Lander (2018) はナノ統語論と DM の異同を次のようにまとめている。

(9.1)　ナノ統語論と DM の異同

　　　a.　共通点：具現的なモデルであり（後期挿入を採用），語の形成も統語部門で取り扱う。

　　　b.　相違点：ナノ統語論では，

　　　　　i.　統語部門の計算の対象となる素性等を提供する独立したリストを仮定しない；

　　　　　ii.　統語部門後の操作を採用しない；

---

　[2] たとえば Julien (2002: 4)。

iii. DM では異なるリストとして分けている語彙項目や百
科事典的意味に関する情報を統語部門の後に位置付ける
「レキシコン」でまとめて取り扱う。

(Baunaz and Lander 2018: 24–31)

(9.1b-i) について，DM では統語部門の計算対象として複数の素性がま
とめられたもの (feature bundle) の存在も認めるが，ナノ統語論ではその
ような素性をまとめ上げるのも統語部門で扱うという点が大きく異なり，
より徹底した統語的アプローチだと言える。(9.1b-ii) からもより統語部門
で多くの分析を直接扱おうという傾向が見て取れる。(9.1b-iii) については
DM が複数の貯蔵場所 (list) を仮定するのに対してナノ統語論では 1 つの
レキシコンを仮定するということが明言されている。

ナノ統語論と DM の明確な争点の 1 つは，語彙挿入の対象と範囲であ
ろう。DM では一般的に語彙挿入の対象を終端節点に限定するのに対し
て，ナノ統語論ではむしろ終端節点以上の句レベルの節点を対象にした語
彙挿入を積極的に認めることによって，複数の統語的要素と対応するが単
一の形態であるもの[3]のシンプルな取り扱いが可能になり，合着などの形
態操作を仮定する必要もなくなると主張している (Caha 2018)。DM にお
いても終端節点以外を対象にした語彙挿入の可能性は検討されており，第
9.1.2.1 節で触れる。

DM における形態部門の役割が大きい分析は，特に形態操作が個別言語
固有のものでありその性質や体系がまだ明らかになっていないことから，
確かにその場しのぎの分析になる危険性をはらんでいる。ナノ統語論は
統語的アプローチを重視した具現的な形態素基盤のモデルとして DM の

---

[3] ナノ統語論の文献では portmanteau あるいは portmanteau morpheme と呼ばれることが
ある (Baunaz and Lander 2018: 30)。言語学の一般的な用語としての portmanteau は混成
(blending) のようにどの部分がどの語や形態に由来しているかはっきりしているものも
含まれるが，ナノ統語論の文脈ではむしろそれ以上小さな形態に分解するのが難しいも
のを指していることに注意されたい。

有力な競合理論と言える。一方，ナノ統語論の分析では統語部門の果たす役割が大きくなるため，極小主義との整合性について気をつけなければならないであろう。ナノ統語論の概要についてはたとえば Caha (2009) や Starke (2010) など，DM との異同に対する具体的な検討については Caha (2018) なども参照されたい。

9.1.2　DM における最近の研究トピックと今後の展望

9.1.2.1　局所性と異形態

　生成統語論の研究成果を直接活かせるところが DM の強みの 1 つであり，形態の振る舞いが統語的な情報の影響を受けるタイプの現象にここしばらく注目が集まっている。特に本書でも何度か取り上げた局所性と異形態の関係については様々な言語を対象に研究が進められている (Embick 2010, Bobaljik 2012)。

　本書では詳しく取り上げることができなかったトピックとして，語彙挿入がどのような範囲に対して可能であるかという問題が挙げられる。DM ではここまで見てきたように単独の終端節点のみを語彙挿入の対象にし，他の節点による影響は環境 (context) として取り扱うというのが基本的な考え方であるが，それでは実際の分析が難しくなったりゼロ形態を新たに仮定しなければならなかったりするという問題が指摘されている。1 つの解決策としては，ナノ統語論のように終端節点以外への語彙挿入も認めるというものがある (Radkevich 2010, Bermúdez-Otero 2016)。もう 1 つの解決策として，形態構造上隣接している複数の終端節点に対する語彙挿入を認めるスパニング (spanning) という考え方があり[4]，理論的・経験的な検討が進められている。

---

[4] Svenonius (2012) が最初の提案だが，それを整理・定式化した Merchant (2015) が参照されることが多い。

9.1.2.2 異意味

本書で詳しく取り上げることはできなかった DM のトピックの 1 つとして異意味 (allosemy) が挙げられる。用語としては Marantz (1997) ですでに簡単な例とともに用いられており，基本的な考え方としては Arad (2003) や Embick and Marantz (2008) など多くの DM の研究で採用されている。

(9.2) 異意味 (allosemy)：ある要素が環境に応じて異なる意味を持つこと，あるいは個々の環境における特定の意味[5]

研究としては，Root が統語的環境によって異なる意味を持つことが統語的局所性の観点から分析できるのかという点に集中している[6]。たとえば (9.3) を見ると，動詞 rise/raise は自他の対応があるにも関わらず，(「垂直方向に上昇する」という基本的な意味と異なり)「動物を育てる」という意味は他動詞 raise の場合しか出てこない。これは，rise/raise は同一の Root を持つにも関わらず，「動物を育てる」という意味は他動詞という統語環境（特定の機能範疇 v）と組み合わさった場合にしか得られないと分析することができる。

(9.3) 動詞 raise の特殊な意味（動物を育てる）

    a. John raised a pig for bacon.

    b. *The pig raised/rose for bacon.　　　　　(Marantz 1997: 222)

---

[5] 意味が環境に応じて異なる形で現れるという点ではアメリカ構造主義言語学における意義素 (seme) と異意義 (alloseme) に似ているが，DM では伝統的な意味での形態素を仮定しないのと同様，意義素に当たるものも仮定しない。

[6] Marantz (2013a), Harley (2014), Embick (2021) など。どのような現象が問題なのかということについては Marantz (2013a)，DM における Root の位置付けという問題点の整理としては Embick (2021) が分かりやすい。Marantz (2013a: 101–102) は Root だけでなく態に関わる機能範疇 v の種類 (flavor) を異意味として取り扱う可能性に言及している。また，異意味という考え方に対して西山・長野 (2020: 22–24) で問題点の指摘がなされており，異形態と異意味の局所性が一致しないことがあるという問題点も Bermúdez-Otero (2016) によって指摘されている。

222 第9章 おわりに 今後の形態理論の展望

ただしこの単純な対比だけを分析するのであれば異意味分析を採用する必然性はない。特定の意味の解釈が統語的局所性のような統語情報によって決まることが確かであれば，異意味分析が有効であるが，異形態と比較するとまだ研究の蓄積が少ない。異意味の研究は，DM の初期の段階から課題であるとされていながらもそれほど進展が見えない Encyclopedia の性質や位置付けの解明にも寄与するのではないかと期待される。

9.1.3 競合と形態の分布

本書でもいくつかのケースで問題となってきたように，屈折形態論に限ってもある環境に現れうる語形に複数の可能性があるというのは珍しくなく，1 つの表出形を選ぶという DM の競合の考え方そのままでは分析が難しい。

生成統語論をベースにしながらも特定の環境に複数の語形が現れる現象に対して頻度的な分布まで含めて分析を試みているものとしてはたとえば Adger (2006a), Adger and Smith (2010) がある。Adger (2006a: 522, 524) は DM のアプローチではこのような現象を分析できないと指摘しているが，競合における勝者を必ず 1 つに絞るのではなく頻度や確率的な分布の考え方を取り入れることは不可能ではないように思われる。

9.1.4 実験を用いた研究

DM の提唱者の 1 人である Alec Marantz が神経科学・言語処理の研究を精力的に進めてきた影響もあってか，DM に関連する実験手法を用いた研究も蓄積されてきている。DM の，あるいは DM への関連性が高い仮説やトピック，たとえば語の内部構造やその構成要素の実在性，語の認識や処理をどの部門が担っているのかといったことを取り上げた研究としては，たとえば Marantz (2013b), Oseki (2018), Oseki and Marantz (2020) などがある。また，DM を牽引してきた研究者の 1 人である David Embick も多く

の神経科学・言語処理研究に携わっている。

9.1.5 DM の特徴と課題

本書で挙げてきた個々の具体的な分析を見ると分かるように，DM は生成統語論と似て制限的な理論と分析方法を用いることで説明力を高めることを目指す傾向にある。その一方で現象のカバー範囲が狭くなってしまう傾向もあり，形態論の研究において見出されてきた現象の中には DM でどのように分析できるかまだ明らかにされていないものも少なくない。DM を用いた研究は増えてきてはいるものの，対象となる言語と現象の幅を広げることが今後も期待される。

DM の利点として生成統語論の研究成果を直接利用できることが挙げられる。最近のものではラベル付け (labeling) に関する議論や併合 (merge) の精緻化といった統語論的研究の進展によって DM の研究にも新たな展開がもたらされる可能性がある一方，形態論的な分析の基盤となる統語論的な分析も生成統語論の進展に対応し続ける必要がある。

DM の研究に触れる環境は充実してきている。30 年以上の歴史があるにもかかわらずまとまった教科書が少ない理論であったが，Embick (2015) に加えてより基礎的な形態論への入門を含む Punske (2023) も登場した。日本語で読める文献も増えており，編者の 1 人である大関洋平氏による概説も貴重な論文集である大関・漆原 (2023)，早くから DM を用いた研究を進めてきた森田順也氏による研究書である森田 (2024) などが刊行されている。

9.2 語・パラダイム基盤理論の発展と展望

第 2 章でも述べたようにパラダイム基盤の理論の源泉はヨーロッパにおけるサンスクリット語の記述文法に遡ることができる。その後，Hockett (1954) がアメリカにおける記述文法の中で発展してきた形態素基盤の IA

モデルと IP モデルを取り上げたことを受け，Robins (1959) が第 3 のモデルとして WP モデルがどのように形式化されうるかを議論した。さらにより現代的な言語理論として Matthews (1972) が語彙素という概念を導入し，その後の WP モデルの流れに通じる屈折形態の枠組みを提示した。1970 年代以降 Spencer (1991) にまとめられているように生成文法の発展の流れの中で Lieber (1980) や Selkirk (1982) などの形態素が階層構造をなすような研究が盛んになる一方で，Anderson (1988) が拡大 WP モデル (Extended Word and Paradigm model) を提唱し，Anderson (1992) でA-Morphous Morphology というアプローチを打ち出し，WP の理論が進展の兆しを見せた。その後，Aronoff (1994), Beard (1995) などの語彙素を基盤とした WP の研究が進み，本書で取り上げた Stump (2001, 2016) の PFMのみならず，Evans and Gazdar (1996) によって提案された DART 言語を用いて，素性の継承関係に基づくネットワーク化したパラダイムを構築するNetwork Morphology のように緻密な形式化の試みがなされた (Corbett and Fraser 1993, Brown and Hippisley 2012)。このような形態理論としての WPモデルの発展を元に，現在 WP モデルの 1 つの大きな流れとなりつつある統計的なアプローチや情報理論との連携について概観する。

9.2.1 形態論における統計的アプローチ

　形態論における統計的なアプローチとして古くから取り上げられてきたものに，頻度と語形成の生産性の関係についての研究が挙げられる。第 7章で紹介したように，Aronoff (1976) 以降様々な形で阻止という概念に基づく研究が行われてきたが，その中で得られた知見として阻止するものとされるものとの関係は離散的 (discrete) なものではなく，量的 (scalar) なものであるという考え方がある (Aronoff and Lindsay 2014; cf. van Marle1985, Rainer 1988, Bauer 2001)。例えば第 7 章の 7.1 節で見たような英語の名詞化接辞の特性をクラス分類により離散的に捉えるのではなく，各

接辞がどの程度生産的に基体に付いて名詞化が行われるのかを計量的に測るという試みが行われるようになってきた。Baayen (1992) は接辞の頻度と生産性の関係を可視化するための指標として範疇条件づけ生産性 (category-conditioned degree of productivity) $\mathscr{P}$ を提案した。$\mathscr{P}$ はコーパス中に 1 例しか見つからないもの（ハパックス; hapax legomena）の数をその接辞を含むすべての語のトークン頻度で割ることで算出され，その値が大きいほど規則適用などにより生産的に語形成が行われているということになる。この考えを元に 18,000,000 の語形が収録された the English Cobuild corpus で -ity と -ness の $\mathscr{P}$ を算出すると，-ity の方が低い $\mathscr{P}$ の値を示した。よって -ness が様々な形容詞に幅広く付加され名詞を作るのに対し，-ity は比較的限定された形容詞にのみ付加される生産性が低い接辞であることが統計的に説明できる。Baayen (1993) ではさらにある形態のパターンのハパックスの数がすべてのハパックスの数のうちどのくらいを占めるのかを測るハパックス条件づけ生産性 (hapax-conditioned degree of productivity) $\mathscr{P}^*$ を提案し，様々な接辞の生産性を計量している。

9.2.2 類推と予測可能性

上述の研究は派生形態に関する統計的なアプローチだが，近年屈折形態での語同士の推論関係に統計的な分析手法が用いられるようになってきている。WP モデルは語同士の相互関係を基盤にしたアプローチであることから，類推 (analogy) による分析を古くから取り込んできた。類推とは典型的には $a : b = c : X$ のように表すことができ，a と b の関係性を元に c から X を推論することで，言語のみならず様々な領域で用いられる汎用的な認知能力であることが知られている (Halford and Andrews 2007)。言語分析においても，古くから歴史言語学，比較言語学，言語の通時的変化の研究における主流なアプローチの 1 つとして存在してきた (Hock 1991, Anderson 1992, 2004, Albright 2008)。屈折形態においても，例えば

226 第9章 おわりに 今後の形態理論の展望

Matthews (1991: 192) は domini : dominus = x : servus から x が servi である
ことを導くことができ，類推の重要性に言及している。Blevins and Blevins
(2009) に収められた各論文に見られるように，類推は様々な統計的手法
を用いて現在の形態理論でモデル化されている。中でも Finkel and Stump
(2007, 2009), Stump and Finkel (2013) のパラダイムとセルの予測性に関
する理論や Moscoso del Prado Martín et al. (2004), Ackerman et al. (2009),
Milin et al. (2009) の情報理論におけるエントロピーの概念を導入した数理
的モデルなどで，パラダイム内のある語からその他の語形がどの程度推論
できるのかを測る枠組みが提案されている。

　Finkel and Stump (2007, 2009), Stump and Finkel (2013) は動的主役 (dy-
namic principal part) と最適分析 (optimal analysis) という 2 つの指標からパ
ラダイム透明性 (paradigm transparency) を算出し，ある語彙素の活用パラ
ダイム内におけるセル同士の相互予測可能性を導くモデルを提案してい
る。動的主役とはパラダイム内のセルで，そこが分かれば活用型が決定で
き，そのほかのセルの語形も予測できるものを指し，必要とする動的主役
の数が少なければ少ないほどパラダイム透明性が高くなる。一方，最適分
析とは最小限の数の動的主役によってパラダイム全体の語形が予測でき
るパターンを指し，最適分析のパターンの数が多ければ多いほどパラダ
イム透明性が高くなる。パラダイム透明性が高いほどパラダイム予測性
(paradigm predictability) が高くなり，そのパラダイム内のセルの語形を予
測できる可能性が上がることを意味する。さらにパラダイム全体の予測可
能性ではなく，パラダイム内の各セルが他のセルからどの程度予測可能か
というセル予測性 (cell predictability) という指標も算出することができる。

　一方，Moscoso del Prado Martín et al. (2004), Ackerman et al. (2009), Milin
et al. (2009) らは Shannon (1948) の情報理論におけるエントロピー (entropy)
の概念を導入し，セルの予測性に関するモデルを提案している。このモデ
ルではパラダイム内の各セルがエントロピーという予測の不確定性を計量
化した値を持っていると仮定し，すべてのセルのエントロピーを足し合わ

9.2 語・パラダイム基盤理論の発展と展望　227

せたものがパラダイム全体のエントロピーとなる。エントロピーはビット
(bit) という単位で表され，値が大きいほど不確定性が高くなる。よって 0
は不確定性がなく，語形が完全に予測可能であることを意味する。X を
$x_1, x_2, \ldots, x_n$ のいずれかとなる変数とし，それぞれの生起確率 (probability)
を $P(x_1), P(x_2), \ldots P(x_n)$ と表すと，X のエントロピー $H(X)$ は以下の式で
算出することができる。

$$H(X) = - \sum_{x \in X} P(X) \log_2 P(X)$$

Ackerman et al. (2009: 68–72) は表 9.1 に表されるフィンランド語名詞の
屈折形態を例に，活用型 8, 32, 10, 4, 9, 78 の予測可能性についてのエント
ロピーを算出している[7]。

NOM SG	GEN SG	PART SG	PART PL	INESS PL	
ovi	oven	ovea	ovia	ovissa	'door' (8)
kieli	kielen	kieltä	kieliä	kielissä	'language' (32)
vesi	veden	vettä	vesiä	vesissä	'water' (10)
lasi	lasin	lasia	laseja	laseissa	'glass' (4)
nalle	nallen	nallea	nalleja	nalleissa	'teddy' (9)
kirje	kirjeen	kirjettä	kirjeitä	kirjeissä	'letter' (78)

表 9.1　フィンランド語の i 語幹名詞と e 語幹名詞

　例えば属格単数 (GEN SG) のエントロピーを考えると，-en で終わってい
て語幹に変化がないのがクラス 8, 32, 9, -en で終わっていて語幹に変化が
あるのがクラス 10, -in で終わっているのがクラス 4, -een で終わっている
のがクラス 78 である。それぞれのクラスの生起可能性は等しく $\frac{1}{6}$ と仮定
すると，属格単数のエントロピー $H(\text{GEN.SG})$ は以下のように算出できる。

---

[7] 日本語動詞の語形予測可能性をエントロピーを用いて計量化した研究として乙黒 (2022)
　 がある。

228　第 9 章　おわりに　今後の形態理論の展望

$$H(\text{GEN.SG}) = -\left(\frac{3}{6}\log_2\frac{3}{6} + \frac{1}{6}\log_2\frac{1}{6} + \frac{1}{6}\log_2\frac{1}{6} + \frac{1}{6}\log_2\frac{1}{6}\right)$$
$$= 1.792$$

　同じように主格単数，部分格単数・複数，内格複数のエントロピーを算出すると以下のようになり，すべてのセルの期待エントロピー値 (expected entropy) はこれらを平均して 1.484 となる。

	NOM SG	GEN SG	PART SG	PART PL	INESS PL	$E[H]$
H	0.918	1.792	2.252	1.459	1.000	1.484

　またあるセルの語形が分かったときに他のセルの語形がどの程度予測可能かは，条件付きエントロピー (conditional entropy) によって算出できる。例えば主格単数が -i で終わることが分かっている場合は，クラスは 8, 32, 10, 4 の 4 つに絞られるため，属格単数の条件付きエントロピー $H(\text{GEN.SG}|\text{NOM.SG} = \text{-}i)$ は以下のようになる。

$$H(\text{GEN.SG}|\text{NOM.SG} = \text{-}i) = -\left(\frac{2}{4}\log_2\frac{2}{4} + \frac{1}{4}\log_2\frac{1}{4} + \frac{1}{4}\log_2\frac{1}{4}\right)$$
$$= 1.5$$

　同様に主格単数が -e で終わることが分かっている場合は，クラスは 9 か 78 の 2 つに絞られるので，$H(\text{GEN.SG}|\text{NOM.SG} = \text{-}e)$ は以下のようになる。

$$H(\text{GEN.SG}|\text{NOM.SG} = \text{-}e) = -\left(\frac{1}{2}\log_2\frac{1}{2} + \frac{1}{2}\log_2\frac{1}{2}\right)$$
$$= 1$$

　よってすべての活用型の生起可能性が等しいとすると，主格単数が -i で終わるのは 6 クラス中 4 クラスなのでその生起可能性は $\frac{4}{6}$，主格単数が -e

で終わるのは 6 クラス中 2 クラスでその生起可能性は $\frac{2}{6}$ となり，上で算出した属格単数の条件付きエントロピーに重み付けをして，主格単数が分かっている場合の属格単数の条件付きエントロピー $H(\text{GEN.SG}|\text{NOM.SG})$ は以下のようになる。

$$H(\text{GEN.SG}|\text{NOM.SG}) = \frac{4}{6} \times 1.5 + \frac{2}{6} \times 1.0$$
$$= 1.333$$

Stump and Finkel (2013: Ch. 10) で議論されているように，パラダイム透明性に基づくセルやパラダイムの予測可能性の枠組みとエントロピーに基づく不確定性を指標とした予測可能性の枠組みは競合するものではなく，相互に補完的な役割を果たすアプローチだと考えることができる。語形間の相互の結びつきを重視する形態理論は古くは Bybee (1985, 2001) など主に派生形態の研究で見られたが，パラダイムという概念を元に，より数理的，統計的なアプローチが導入され，今後より広範な言語で研究が進められることが予測される。また言語獲得においても類推が重要な役割を果たすことから，語形の獲得という観点からも，これらパラダイム基盤の数理的アプローチが展開することが期待される。

参考文献

Abeillé, Anne and Danièle Godard (2002) "The Syntactic Structure of French Auxiliaries," *Language* 78, 404–452.

Ackerman, Farrel, James P. Blevins, and Rob Malouf (2009) "Parts and Wholes: Implicative Patterns in Inflectional Paradigms," in Blevins, James P. and Juliette Blevins eds. *Analogy in Grammar: Form and Acquisition*, Oxford: Oxford University Press, 54–82.

Ackerman, Farrell and Gregory T. Stump (2004) "Paradigms and Periphrastic Expression: A Study in Realizaion-based Lexicalism," in Sadler, Louisa and Andrew Spencer eds. *Projecting Morphology*, Stanford, CA: CSLI Publications, 111–157.

Adger, David (2006a) "Combinatorial Variability," *Journal of Linguistics* 42, 503–530.

―――― (2006b) "Remarks on Minimalist Feature Theory and Move," *Journal of Linguistics* 42, 663–673.

―――― (2010) "A Minimalist Theory of Feature Structure," in Kibort, Anna and Greville G. Corbett eds. *Features: Perspectives on a Key Notion in Linguistics*, Oxford: Oxford University Press, 185–218.

Adger, David and Jennifer Smith (2010) "Variation in Agreement: A Lexical Feature-based Approach," *Lingua* 120, 1109–1134.

Albright, Adam (2008) "Explaining Universal Tendencies and Language Particulars in Analogical Change," in Good, Jeff ed. *Linguistic Universals and Language Change*, Oxford: Oxford University Press, 144–181.

Anderson, Stephen R. (1988) "Where's Morphology?" *Linguistic Inquiry* 13, 571–612.

―――― (1992) *A-Morphous Morphology*, Cambridge: Cambridge University Press.

―――― (2004) "Morphological Universals and Diachrony," in Booij, Geert and Jaap van Marle eds. *Yearbook of Morphology 2004*, Dordrecht: Springer, 1–17.

Andrews, Avery D. (1990) "Unification and Morphological Blocking," *Natural Language and Linguistic Theory* 8, 507–557.

Arad, Maya (2003) "Locality Constraints on the Interpretation of Roots: The Case of Hebrew Denominal Verbs," *Natural Language and Linguistic Theory* 21, 737–778.

Aronoff, Mark (1976) *Word Formation in Generative Grammar*, Cambridge, MA: The MIT Press.

―――― (1994) *Morphology by Itself: Stems and Inflectional Classes*, Cambridge, MA: The MIT Press.

Aronoff, Mark and Kirsten Fudeman (2005) *What is Morphology?*, Oxford: Blackwell.

Aronoff, Mark and Mark Lindsay (2014) "Productivity, Blocking, and Lexicalization," in Lieber, Rochelle and Pavol Štekauer eds. *The Oxford Handbook of Derivational Morphology*, Oxford: Oxford University Press, 67–83.

Arregi, Karlos and Andrew Nevins (2012) *Morphotactics: Basque Auxiliaries and the Structure of Spellout*, Dordrecht: Springer.

Audring, Jenny and Francesca Masini (2018) *The Oxford Handbook of Morphological Theory*, Oxford: Oxford University Press.

Baayen, Harald (1992) "Quantitative Aspects of Morphological Productivity," in Booij, Geert and Jaap van Marle eds. *Yearbook of Morphology 1991*, Dordrecht: Kluwer Academic Publishers, 109–149.

―――― (1993) "On Frequency, Transparency and Productivity," in Booij, Geert and Jaap van Marle eds. *Yearbook of Morphology 1992*, Dordrecht: Kluwer Academic Publishers, 181–208.

Bachrach, Asaf and Andrew Nevins (2008) *Inflectional Identity*, Oxford: Oxford University Press.

Baerman, Matthew (2004) "Directionality and (Un)natural Classes in Syncretism," *Language* 80, 808–827.

Baerman, Matthew (2015) *The Oxford Handbook of Inflection*, Oxford: Oxford University Press.

Baerman, Matthew, Dunstan Brown, and Greville G. Corbett (2005) *The Syntax-Morphology Interface: A Study of Syncretism*, Cambridge: Cambridge University Press.

Bauer, Laurie (1997) "Derivational Paradigms," in Booij, Geert and Jaap van Marle eds. *Yearbook of Morphology 1996*, Dordrecht: Kluwer Academic Publishers, 243–256.

―――― (2001) *Morphological Productivity*, Cambridge: Cambridge University Press.

―――― (2017) *Compounds and Compounding*, Cambridge: Cambridge University Press.

Bauer, Laurie, Rochelle Lieber, and Ingo Plag (2013) *The Oxford Reference Guide to English Morphology*, Oxford: Oxford University Press.

Baunaz, Lena and Eric Lander (2018) "Nanosyntax: The Basics," in Baunaz, Lena, Karen De Clercq, Liliane Haegeman, and Eric Lander eds. *Exploring Nanosyntax*, Oxford: Oxford University Press, 3–56.

Beard, Robert (1995) *Lexeme-Morpheme Base Morphology: A General Theory of Inflection and Word Formation*, Albany, NY: SUNY Press.

Bermúdez-Otero, Ricardo (2016) "We Do Not Need Structuralist Morphemes, but We Do Need Constituent Structure," in Siddiqi, Daniel and Heidi Harley eds. *Morphological Metatheory*, Amsterdam: John Benjamins, 387–429.

Blevins, James P. (2016) *Word and Paradigm Morphology*, Oxford: Oxford University Press.

Blevins, James P. and Juliette Blevins (2009) *Analogy in Grammar: Form and Acquisition*, Oxford: Oxford University Press.

Boas, Hans C. and Ivan A. Sag (2012) *Sign-Based Construction Grammar*, Stanford, CA: CSLI Publications.

Bobaljik, Jonathan David (2002) "Syncretism without Paradigms: Remarks on Williams 1981, 1994," in Booij, Geert and Jaap Van Marle eds. *Yearbook of Morphology 2001*, Dordrecht: Springer, 53–85.

参考文献 233

——— (2012) *Universals in Comparative Morphology: Suppletion, Superlatives, and the Structure of Words*, Cambridge, MA: The MIT Press.

——— (2017) "Distributed Morphology," in *Oxford Research Encyclopaedia of Linguistics*.

Bobaljik, Jonathan David and Heidi Harley (2017) "Suppletion is Local: Evidence from Hiaki," in Newell, Heather, Maire Noonan, and Glyne Piggott eds. *The Structure of Words at the Interfaces*, Oxford: Oxford University Press, 141–159.

Bolinger, Dwight (1975) *Aspects of Language*, New York: Harcourt Brace Jovanovich, 2nd edition.

Bonami, Olivier (2015) "Periphrasis as Collocation," *Morphology* 25, 63–110.

Bonami, Olivier and Gilles Boyé (2002) "Suppletion and Dependency in Inflectional Morphology," in van Eynde, Frank, Lars Hellan, and Dorothee Beermann eds. *Proceedings of the Eighth International HPSG Conference*, 51–70, CSLI Publications.

Bonami, Olivier and Pollet Samvelian (2015) "The diversity of Inflectional Periphrasis in Persian," *Journal of Linguistics* 51, 327–382.

Bonami, Olivier and Gert Webelhuth (2013) "The Phrase-structural Diversity of Periphrasis: A Lexicalist Account," in Chumakina, Marina and Greville G. Corbett eds. *Periphrasis: The Role of Syntax and Morphology in Paradigms*, Oxford: The British Academy/Oxford University Press, 141–167.

Bonet, Eulàlia (1991) "Morphology after Syntax: Pronominal Clitics in Romance Languages," Ph.D. dissertation, Massachusetts Institute of Technology.

Booij, Geert (1996) "Inherent versus Contextual Inflection and the Split Morphology Hypothesis," in Booij, Geert and Jaap van Marle eds. *Yearbook of Morphology 1995*, Dordrecht: Kluwer Academic Publisher, 1–16.

——— (1997) "Autonomous Morphology and Paradigmatic Relation," in Booij, Geert and Jaap van Marle eds. *Yearbook of Morphology 1996*, Dordrecht: Kluwer Academic Publishers, 35–54.

——— (2007) *The Grammar of Words: An Introduction to Morphology*, Oxford: Oxford University Press, 2nd edition.

——— (2010) *Construction Morphology*, Oxford: Oxford University Press.

Boyd, Jeremy Kenyon (2007) "Comparatively Speaking: A Psycholinguistic Study of Optionality in Grammar," Ph.D. dissertation, University of California, San Diego.

Brown, Dunstan and Andrew Hippisley (2012) *Network Morphology: A Defaults-based Theory of Word Structure*, Cambridge: Cambridge University Press.

Bybee, Joan (1985) *Morphology: A Study of Relation between Meaning and Form*, Amsterdam: John Benjamins.

——— (2001) *Phonology and Language Use*, Cambridge: Cambridge University Press.

Caha, Pavel (2009) "The Nanosyntax of Case," Ph.D. dissertation, University of Tromsø.

——— (2018) "Notes on Insertion in Distributed Morphology and Nanosyntax," in Baunaz, Lena, Karen De Clercq, Liliane Haegeman, and Eric Lander eds. *Exploring Nanosyntax*, Oxford: Oxford University Press, 57–87.

Calabrese, Andrea (2015) "Irregular Morphology and Athematic Verbs in Italo-Romance," *Isogloss. Open Journal of Romance Linguistics*, 69–102.

Carstairs, Andrew (1988) "Some Implications of Phonologically Conditioned Suppletion," in Booij,

Geert and Jaap van Marle eds. *Yearbook of Morphology 1988*, Dordrecht: Foris, 67–94.

—— (1990) "Phonologically Conditioned Suppletion," in Dressler, Wolfgang U., Hans C. Luschützky, Oskar E Pfeiffer, and John R. Rennison eds. *Contemporary Morphology*, Berlin: Mouton de Gruyter, 17–23.

Carstairs-McCarthy, Andrew (1994) "Suppletion," in Asher, Ron E. ed. *Encyclopedia of Language and Linguistics* 8, Oxford: Pergamon, 4410–4411.

Choi, Jaehoon and Heidi Harley (2019) "Locality Domains and Morphological Rules: Phases, Heads, Node-sprouting and Suppletion in Korean Honorification," *Natural Language and Linguistic Theory* 37, 1319–1365.

Clark, Eve V. and Herbert H. Clark (1979) "When Nouns Surface as Verbs," *Language* 55, 767–811.

Corbett, Greville G. (2000) *Number*, Cambridge: Cambridge University Press.

—— (2006) *Agreement*, Cambridge: Cambridge University Press.

—— (2007a) "Deponency, Syncretism, and What Lies Between," in Baerman, Matthew, Greville G. Corbett, Dunstan Brown, and Andrew Hippisley eds. *Proceedings of the British Academy 145: Deonency and Morphological Mismatches*, Oxford: Oxford University Press, 21–43.

—— (2007b) "Typology, Suppletion, and Possible Words," *Language* 83, 8–42.

—— (2012) *Features*, Cambridge: Cambridge University Press.

Corbett, Greville G. and Norman Fraser (1993) "Network Morphology: A DATR Account of Russian Nominal Inflection," *Journal of Linguistics* 29, 113–142.

Corbett, Greville G., Andrew Hippisley, Dunstan Brown, and Paul Marriott (2001) "Frequency, Regularity and the Paradigm: A Perspective from Russian on a Complex Relation," in Bybee, Joan and Paul Hopper eds. *Frequency and the Emergence of Linguistic Structure*, Amsterdam: John Benjamins, 201–226.

Croft, William (2001) *Radical Construction Grammar: Syntactic Theory in Typological Perspective*, Oxford: Oxford University Press.

Culicover, Peter W. and Ray Jackendoff (2005) *Simpler Syntax*, Oxford: Oxford University Press.

Durie, Mark (1986) "The Grammaticization of Number as a Verbal Category," in Nikiforidou, Vassiliki, Mary VanClay, Mary Niepokuj, and Deborah Feder eds. *Proceedings of the Twelfth Annual Meeting of the Berkeley Linguistics Society*, 355–370, Berkeley Linguistics Society.

Embick, David (2000) "Features, Syntax, and Categories in the Latin Perfect," *Linguistic Inquiry* 31, 185–230.

—— (2004) "Unaccusativity Syntax and Verbal Alternations," in Alexiadou, Artemis, Elena Anagnostopoulou, and Martin Everaert eds. *The Unaccusativity Puzzle*, Oxford: Oxford University Press, 137–158.

—— (2007) "Blocking Effects and Analytic/synthetic Alternations," *Natural Language and Linguistic Theory* 25, 1–37.

—— (2008) "Variation and Morphosyntactic Theory: Competition Fractionated," *Language and Linguistics Compass* 2 (1) , 59–78.

—— (2010) *Localism versus Globalism in Morphology and Phonology*, Cambridge, MA: The MIT Press.

—— (2015) *The Morpheme: A Theoretical Introduction*, Berlin: Mouton De Gruyter.

—— (2016) "On the Distribution of Stem Alternants: Separation and Its Limits," in Luís, Ana R. and Ricardo Bermúdez-Otero eds. *The Morphome Debate*, Oxford: Oxford University Press, 276–305.

—— (2021) "The Motivation for Roots in Distributed Morphology," *Annual Review of Linguistics* 7 (1) , 69–88.

Embick, David and Alec Marantz (2008) "Architecture and Blocking," *Linguistic Inquiry* 39, 1–53.

Embick, David and Rolf Noyer (2001) "Movement Operations After Syntax," *Linguistic Inquiry* 32, 555–595.

—— (2007) "Distributed Morphology and the Syntax/morphology Interface," in Ramchand, Gilliam and Charles Reiss eds. *The Oxford Handbook of Linguistic Interfaces*, Oxford: Oxford University Press, 289–324.

遠藤喜雄 (2014)『日本語カートグラフィー序説』, ひつじ書房, 東京.

Evans, Roger and Gerald Gazdar (1996) "DART: A Language for Lexical Knowledge Representation," *Computational Linguistics* 22, 167–216.

Fillmore, Charles J. (1988) "The Mechanism of 'Construction Grammar'," in *Proceedings of the Fourteenth Annual Meeting of the Berkeley Linguistics Society*, 35–55, Berkeley Linguistics Society, Berkeley, CA.

Fillmore, Charles J., Paul Kay, and Mary Catherine O'Conner (1988) "Regularity and Idiomaticity in Grammatical Constructions: The Case of *let alone*," *Language* 64, 501–538.

Finkel, Raphael and Gregory T. Stump (2007) "Principal Parts and Morphological Typology," *Morphology* 17, 39–75.

—— (2009) "Principal Parts and Degrees of Paradigmatic Transparency," in Blevins, James P. and Juliette Blevins eds. *Analogy in Grammar: Form and Acquisition*, Oxford: Oxford University Press, 13–53.

Frampton, John (2002) "Syncretism, Impoverishment, and the Structure of Person Features," in Andronis, Mary, Erin Debenport, Anne Pycha, and Keiko Yoshimura eds. *Proceedings from the Main Session of the Thirty-eighth Meeting of the Chicago Linguistic Society*, 207–222, The Chicago Linguistic Society.

Goldberg, Adele E. (1995) *Constructions: A Construction Grammar Approach to Argument Structure*, Chicago: University of Chicago Press.

—— (2006) *Constructions at Work: The Nature of Generalization in Language*, Oxford: Oxford University Press.

Gribanova, Vera (2015) "Exponence and Morphosyntactically Triggered Phonological Processes in the Russian Verbal Complex," *Journal of Linguistics* 51, 519–561.

Hale, Ken and Samuel Jay Keyser (2002) *Prolegomenon to a Theory of Argument Structure*, Cambridge, MA: The MIT Press.

Hale, Kenneth, Laverne Masayesva Jeanne, and Paula M. Pranka (1991) "On Suppletion, Selection, and Agreement," in Georgopoulos, Carol and Roberta Ishihara eds. *Interdisciplinary Approaches to Language: Essays in Honor of S.-Y. Kuroda*, Dordrecht: Kluwer Academic Publisher, 255–270.

Halford, Graeme S. and Glenda Andrews (2007) "Domain Genral Processes in Hight Cognition:

Analogical Reasoning, Schema Induction and Capacity Limitations," in Roberts, Maxwell J. ed. *Integrating the Mind: Domain General Versus Domain Specific Processes in Higher Cognition*, New York: Psychology Press, 213–232.

Halle, Morris (1990) "An Approach to Morphology," in Carter, Juli, Rose-Marie Dechaine, Bill Philip, and Tim Sherer eds. *Proceedings of the North Eastern Linguistics Society* 20, 150–184, GLSA.

—— (1997) "Distributed Morphology: Impoverishment and Fission," in Lecarme, Jacqueline, Jean Lowenstamm, and Ur Shlonsky eds. *Research in Afroasiatic Grammar: Papers from the Third Conference on Afroasiatic Languages, Sophia Antipolis, 1996*, Amsterdam: John Benjamins, 125–149.

Halle, Morris and Alec Marantz (1993) "Distributed Morphology and the Pieces of Inflection," in Hale, Ken and Sammuel Jay Keyser eds. *The View from Building 20: Essays in Linguistics in Honor of Sylvain Bromberger*, Cambridge, MA: The MIT Press, 111–176.

Harley, Heidi (2014) "On the Identity of Roots," *Theoretical Linguistics* 40, 225–276.

Harley, Heidi and Rolf Noyer (1999) "Distributed Morphology," *Glot International* 4, 3–9.

—— (2000) "Formal versus Encyclopedic Properties of Vocabulary: Evidence from Nominalizations," in Peeters, Bert ed. *The Lexicon/Encyclopaedia Interface*, Amsterdam: Elsevier, 349–374.

Harley, Heidi and Elizabeth Ritter (2002) "Person and Number in Pronouns: A Feature-Geometric Analysis," *Language* 78, 482–526.

Haspelmath, Martin (2000) "Periphrasis," in Booij, Geert, Christian Lehmann, and Joachim Mugdan eds. *Morphologie: Ein Internationales Handbuch zur Flexion und Wortbildung* 1, Berlin: de Gruyter, 654–664.

Haspelmath, Martin and Andreas D. Sims (2010) *Understanding Morphology*, London: Hodder Education, 2nd edition.

Hinrichs, Edward and Tsuneko Nakazawa (1994) "Linearizing AUXs in German Verbal Complexes," in Nerbonne, John, Klaus Netter, and Carl Pollard eds. *German in Head-Driven Phrase Structure Grammar*, Stanford, CA: CSLI Publications, 11–37.

Hippisley, Andrew and Gregory Stump (2016) *The Cambridge Handbook of Morphology*, Cambridge: Cambridge University Press.

Hippisley, Andrew, Marina Chumakina, Greville G. Corbett, and Dunstan Brown (2004) "Suppletion: Frequency, Categories and Distribution of Stems," *Studies in Language* 28, 387–418.

Hoard, James E. and Clarence Sloat (1973) "English Irregular Verbs," *Language* 49, 107–120.

Hock, Hans Henrich (1991) *Principles of Historical Linguistics*, Berlin: Mouton de Gruyter.

Hockett, Charles F. (1947) "Problems of Morphemic Analysis," *Language* 23, 321–343.

—— (1954) "Two Models of Grammatical Description," *Word* 10, 210–234.

井川詩織 (2021)「各活用タイプにおける動詞語幹末尾の母音の統一的分析」, 岡部玲子・八島純・窪田悠介・磯野達也 (編)『言語研究の楽しさと楽しみ—伊藤たかね先生退職記念論文集』, 開拓社, 東京, 2–11 頁.

Jackendoff, Ray (1990) *Semantic Structure*, Cambridge, MA: The MIT Press.

Julien, Marit (2002) *Syntactic Heads and Word Formation*, Oxford: Oxford University Press.

Katamba, Francis and John Stonham (2006) *Morphology*, Hampshire: Palgrave Macmillan, 2nd edition.

Kay, Paul (2002) "An Informal Sketch of a Formal Architecture for Construction Grammar," *Grammars* 5, 1–19.

Kiparsky, Paul (1982a) *Explanation in Phonology*, Dordrecht: Foris.

—— (1982b) "Lexical Phonology and Morphology," in The Linguistic Society of Korea ed. *Linguistics in the Morning Calm*, Seoul: Hanshin, 3–91.

Kratzer, Angelika (1996) "Severing the External Argument from its Verb," in Rooryck, Johan and Laurie Zaring eds. *Phrase Structure and the Lexicon*, Dordrecht: Springer, 109–137.

Lascarides, Alex and Ann Copestake (1999) "Default Representation in Constraint-based Framework," *Computational Linguistics* 25, 1–52.

Levin, Beth and Malka Rappaport Hovav (1995) *Unaccusativity: At the Syntax-lexical Semantics Interface*, Cambridge, MA: The MIT Press.

Lieber, Rochelle (1980) "On the Organization of the Lexicon," Ph.D. dissertation, Massachusetts Institute of Technology.

—— (1992) *Deconstructing Morphology: Word Formation in Syntactic Theory*, Chicago: University of Chicago Press.

—— (2010) *Introducing Morphology*, Cambridge: Cambridge University Press.

Lieber, Rochelle (2021) *The Oxford Encyclopedia of Morphology*, Oxford: Oxford University Press.

Lieber, Rochelle and Pavol Štekauer (2009) *The Oxford Handbook of Compounding*, Oxford: Oxford University Press.

—— (2014) *The Oxford Handbook of Derivational Morphology*, Oxford: Oxford University Press.

Luís, Ana R. and Ricardo Bermúdez-Otero (2016) *The Morphome Debate*, Oxford: Oxford University Press.

Maiden, Martin, John Charles Smith, Maria Goldbach, and Marc-Olivier Hinzelin (2011) *Morphological Autonomy: Perspectives from Romance Inflectional Morphology*, Oxford: Oxford University Press.

Marantz, Alec (1981) "On the Nature of Grammatical Relations," Ph.D. dissertation, Massachusetts Institute of Technology.

—— (1991) "Case and Licensing," *Proceedings of the Eighth Eastern States Conference on Linguistics*, 234–253.

—— (1994) "A Late Note on Late Insertion," in Kim, Young-Sun, Kyoung-Jae Lee, Byung-Choon Lee, Lee, Hyun-Kwon Yang, and Jong-Yurl Yoon eds. *Explorations in Generative Grammar: A Festschrift for Dong-Whee Yang*, Seoul: Hankuk Publishing, 396–413.

—— (1995) "Cat as a Phrasal Idiom: Consequences of Late Insertion in Distributed Morphology," Ms., Massachusetts Institute of Technology.

—— (1997) "No Escape from Syntax: Don't Try Morphological Analysis in the Privacy of Your Own Lexicon," in Dimitriadis, Alexis, Laura Siegel, Clarissa Surek-Clark, and Alexander Williams eds. *Univerisity of Pennsylvania Working Papers in Linguistics: Proceedings of the*

21st Annual Penn Linguistic Colloquium 4.2, 201–225.

—— (2013a) "Locality Domains for Contextual Allomorphy across the Interfaces," in Matushansky, Ora and Alec Marantz eds. *Distributed Morphology Today: Morphemes for Morris Halle*, Cambridge, MA: The MIT Press, 95–116.

—— (2013b) "No Escape from Morphemes in Morphological Processing," *Language and Cognitive Processes* 28, 905–916.

van Marle, Jaap (1985) *On the Paradigmatic Dimension of Morphological Creativity*, Dordrecht: Foris.

Matthews, Peter H. (1972) *Inflectional Morphology: A Theoretical Study Based on Aspects of Latin Verb Conjugation*, Cambridge: Cambridge University Press.

—— (1991) *Morphology*, Cambridge: Cambridge University Press, 2nd edition.

McGinnis-Archibald, Martha (2016) "Distributed Morphology," in Hippisley, Andrew and Gregory Stump eds. *The Cambridge Handbook of Morphology*, Cambridge: Cambridge University Press, 390–423.

Merchant, Jason (2015) "How Much Context Is Enough? Two Cases of Span-Conditioned Stem Allomorphy," *Linguistic Inquiry* 46, 273–303.

Milin, Petar, Victor Kuperman, Aleksandar Kostić, and R. Harald Baayen (2009) "Words and Paradigms Bit by Bit: An Information-theoretic Approach to the Processing of Paradigmatic Structure in Inflection and Derivation," in Blevins, James P. and Juliette Blevins eds. *Analogy in Grammar: Form and Acquisition*, Oxford: Oxford University Press, 214–252.

Miyagawa, Shigeru (1998) "(S)ase as an Elsewhere Causative and the Syntactic Nature of Words," *Journal of Japanese Linguistics* 16, 67–110.

Mohanan, K. P. (1986) *The Theory of Lexical Phonology*, Dordrecht: Kluwer Academic Publisher.

Monich, Irina (2015) "Morphosyntax and Tonology of Sotho Languages," Ph.D. dissertation, University of Connecticut.

森田順也 (2005)「派生名詞表現の分析—分散形態論的見方」, 大石強・西原哲雄・豊島庸二（編）『現代形態論の潮流』, くろしお出版, 東京, 303–326 頁.

—— (2024)『分散形態論に基づく語形成の分析』, 開拓社, 東京.

Moscoso del Prado Martín, Fermín, Aleksandar Kostić, and R. Harald Baayen (2004) "Putting the Bits Together: An Information-theoretical Perspective on Morphological Processing," *Cognition* 94, 1–18.

Müller, Gereon (2005) "Syncretism and Iconicity in Icelandic Noun Declensions: A Distributed Morphology Approach," in Booij, Geert and Jaap van Marle eds. *Yearbook of Morphology 2004*, Dordrecht: Springer, 229–271.

Nikolaeva, Irina and Andrew Spencer (2020) *Mixed Categories: The Morphosyntax of Noun Modification*, Cambridge: Cambridge University Press.

Nishiyama, Kunio (2010) "Syntax within the Word: Economy, Allomorphy and Argument Selection in Distributed Morphology," *English Linguistics* 27, 492–502.

西山國雄 (2013)「分散形態論」,『レキシコンフォーラム vol. 6』, ひつじ書房, 東京, 303–326 頁.

西山國雄・長野明子 (2020)『形態論とレキシコン』, 開拓社, 東京.

Noyer, Rolf (1997) *Features, Positions and Affixes in Autonomous Morphological Structure*, New

York: Garland Press.

Oltra-Massuet, Isabel and Karlos Arregi (2005) "Stress-by-Structure in Spanish," *Linguistic Inquiry* 36, 43–84.

Oseki, Yohei (2016) "Is Suppletion Local? Evidence from Ainu," in Hammerly, Christopher and Brandon Prickett eds. *Proceedings of the Forty-sixth North East Linguistic Society*, 85–94, GLSA.

——— (2018) "Syntactic Structures in Morphological Processing," Ph.D. dissertation, New York University.

Oseki, Yohei and Alec Marantz (2020) "Modeling Human Morphological Competence," *Frontiers in Psychology* 11, p. 2776.

大関洋平・漆原朗子 (2023) 『分散形態論の新展開』, 開拓社, 東京.

Otoguro, Ryo (2014) "Constructional Paradigm in Constraint-based Morphosyntax: A Case of Japanese Verb Inflection," in Carpenter, Kayla, Oana David, Florian Lionnet, Christine Sheil, Tammy Stark, and Vivian Wauters eds. *Proceedings of the Thirthy-eighth Annual Meeting of the Berkeley Linguistic Society*, 371–386, Berkeley Linguistic Society.

——— (2016) "[Review] *Lexical Relatedness: A Paradigm-based Model* by Andrew Spencer," *English Linguistics* 33, 202–212.

——— (2021) 「On Japanese Prenominal Modifiers」, 岡部玲子・矢島純・窪田悠介・磯野達也 (編) 『言語研究の楽しさと楽しみ—伊藤たかね先生退職記念論文集』, 開拓社, 東京, 12–21 頁.

乙黒亮 (2022) 「日本語の動詞屈折形態における語形予測可能性の計量化」, 『早稲田大学法学会百周年記念論文集第五巻 人文編』, 成文堂, 東京, 89–108 頁.

Partee, Barbara H., Alice ter Meulen, and Robert E. Wall (1993) *Mathematical Methods in Linguistics*, Dordrecht: Kluwer Academic Publishers.

Pinker, Steven (1999) *Words and Rules*, New York: Harper Perennial.

Poser, William J. (1992) "Blocking of Phrasal Constructions by Lexical Items," in Sag, Ivan A. and Anna Szabolcsi eds. *Lexical Matters*, Stanford, CA: CSLI Publications, 111–130.

Pullum, Geoffrey K. and Arnold M. Zwicky (1991) "A Misconceived Approach to Morphology," in Bates, Dawn ed. *Proceedings of the West Coast Conference on Formal Linguistics 10*, 387–398, CSLI.

Punske, Jeffrey P. (2023) *Morphology: A Distributed Morphology Introduction*, Oxford: Blackwell.

ラドフォード，A. (2006) 『新版入門ミニマリスト統語論』, 外池滋生訳, 研究社, 東京.

Radkevich, Nina V. (2010) "On Location: The Structure of Case and Adpositions," Ph.D. dissertation, University of Connecticut.

Rainer, Franz (1988) "Towards a Theory of Blocking: The Case of Italian and German Quality Nouns," in Booij, Gert and Jaap van Marle eds. *Yearbook of morphology 1988*, Amsterdam: Foris, 155–185.

Reh, Mechthild (1993) *Anywa Language*, Köln: Rüdiger Köppe Verlag.

Robins, Robert H. (1959) "In Defence of WP," *Transactions of Philological Society* 58, 116–144.

Sadler, Louisa and Andrew Spencer (2001) "Syntax as an Exponent of Morphological Features," in Booij, Geert and Jaap van Marle eds. *Yearbook of Morphology 2000*, Dordrecht: Kluwer

Academic Publishers, 71–96.

Selkirk, Elsabeth O. (1982) *The Syntax of Words*, Cambridge, MA: The MIT Press.

Shannon, Claude (1948) "A Mathematical Theory of Communication," *The Bell System Technical Journal* 27, 379–423, 623–656.

Shibatani, Masayoshi (1990) *The Languages of Japan*, Cambridge: Cambridge University Press.

Siddiqi, Daniel (2009) *Syntax within the Word: Economy, Allomorphy, and Argument Selection in Distributed Morphology*, Amsterdam: John Benjamins.

Siegel, Dorothy (1974) "Topics in English Morphology," Ph.D. dissertation, Massachusetts Institute of Technology.

—— (1979) *Topics in English Morphology*, New York: Garland.

Spencer, Andrew (1988) "Bracketing Paradoxes and the English Lexicon," *Language* 64, 663–682.

—— (1991) *Morphological Theory: An Introduction to Word Structure in Generative Grammar*, Oxford: Blackwell.

—— (1999) "Transpositions and Argument Structure," in Booij, Geert and Jaap van Marle eds. *Yearbook of Morphology 1998*, Dordrecht: Kluwer Academic Publishers, 73–101.

—— (2013) *Lexical Relatedness: A Paradigm-based Model*, Oxford: Oxford University Press.

Starke, Michal (2010) "Nanosyntax: A Short Primer to a New Approach to Language," *Nordlyd* 36 (1), 1–6.

Stewart, Thomas W. (2015) *Contemporary Morphological Theories: A User's Guide*, Edinburgh: Edinburgh University Press.

Stump, Gregory T. (1993) "On Rules of Referral," *Language* 69, 449–479.

—— (2001) *Inflectional Morphology: A Theory of Paradigm Structure*, Cambridge: Cambridge University Press.

—— (2006) "Heteroclisis and Paradigm Linkage," *Language* 82, 279–322.

—— (2016) *Inflectional Paradigms: Content and Form at the Syntax-Morphology Interface*, Cambridge: Cambridge University Press.

Stump, Gregory T. and Raphael A. Finkel (2013) *Morphological Typology: From Word to Paradigm*, Cambridge: Cambridge University Press.

Svenonius, Peter (2012) "Spanning," Ms., University of Tromsø.

田窪行則・稲田俊明・中島平三・外池滋生・福井直樹 (1998)『生成文法』, 第 6 巻, 岩波講座言語の科学, 岩波書店, 東京.

Trommer, Jochen (2012) "∅-exponence," in Trommer, Jochen ed. *The Morphology and Phonology of Exponence*, Oxford: Oxford University Press, 326–354.

Veselinova, Ljuba N. (2006) *Suppletion in Verb Paradigms*, Amsterdam: John Benjamins.

Williams, Edwin (2011) *Regimes of Derivation in Syntax and Morphology*, New York: Taylor & Francis.

Wunderlich, Dieter (1996) "Minimalist Morphology: The Role of Paradigms," in Booij, Geert and Jaap van Marle eds. *Yearbook of Morphology 1995*, Dordrecht: Springer, 93–114.

Zwicky, Arnold M. (1985) "How to Describe Inflection," in *Proceedings of the Eleventh Annual Meeting of the Berkeley Linguistics Society*, 372–385, Berkeley Linguistics Society.

事項索引

A

A-Morphous Morphology ··········· 224
Abstract Morpheme ············· 19, 20
abstractive ························· 15
    →「抽象的」も参照
affix ······························ 11
    →「接辞」も参照
agreement ························ 28
    →「一致」も参照
alloseme ·························· 221
allosemy ·························· 221
    →「異意味」も参照
analogy ··························· 225
    →「類推」も参照
anti-lexicalism ················ 15, 21
    →「反語彙主義」も参照
associative laws ·················· 32
    →「結合法則」も参照
atom-value ························ 28
    →「原子値」も参照

B

base ······························ 11
    →「基体」も参照
blending ·························· 219
    →「混成」も参照
blocking ······················ 1, 156
    →「阻止」も参照
Boolean operation ················ 32
    →「ブール演算」も参照

C

canonical typology ················ 44
    →「標準型類型論」も参照
categorial periphrasis ·········· 8, 183
    →「迂言法：範疇的—」も参照
category-defining head ············ 21
    →「主要部：範疇決定—」も参照
cell ······························ 17
    →「セル」も参照
— predictability ················ 226
    →「セル予測性」も参照
clitic ··························· 120
    →「接語」も参照
— climbing ····················· 186
    →「接語：—上昇」も参照
pronominal — ··················· 186
    →「接語：代名詞—」も参照
CM (Construction Morphology) ·· 214, 215
competition ······················ 51
    →「競合」も参照
   context-dependent — ············ 53
    →「競合：文脈依存—」も参照
   context-free — ················· 53
    →「競合：文脈自由—」も参照
complete ·························· 29
    →「完全」も参照
construction ················ 214, 214
    →「構文」も参照
Construction Grammar ·············· 214
    →「構文文法」も参照
constructive ······················ 15

→「構成的」も参照

Containment Hypothesis ・・・・・・・・・・・・ 85
→「包含性仮説」も参照

controller ・・・・・・・・・・・・・・・・・・・・・・・・・ 78
→「コントローラー」も参照

conversion ・・・・・・・・・・・・・・・・・・・・・・・・・ 5

Corr ・・・・・・・・・・・ 61, 62, 67, 68, 89, 91

cummutative laws ・・・・・・・・・・・・・・・・・・ 32
→「交換法則」も参照

c 統御 ・・・・・・・・・・・・・・・・・・・・・・・・・・・ 85, 120

D

DART 言語 ・・・・・・・・・・・・・・・・・・・・・・・・ 224

default form ・・・・・・・・・・・・・・・・・・・・・・・・ 5

default inheritance ・・・・・・・・・・・・・・・・ 214
→「デフォルト継承」も参照

DeMorgan's laws ・・・・・・・・・・・・・・・・・・ 32
→「ド・モルガンの法則」も参照

deponent verb ・・・・・・・・・・・・・・・・・・・ 195
→「異態動詞」も参照

disjoint relation ・・・・・・・・・・・・・・・・・・・・ 29
→「交わりを持たない関係」も
参照

Dissociated Feature ・・・・・・・・・・・・ 6, 26, 141
→「解離素性」も参照

Dissociated Node ・・・・・・・・・・・・・・ 6, 26, 141
→「解離節点」も参照

distributive laws ・・・・・・・・・・・・・・・・・・ 32
→「分配法則」も参照

DM (Distributed Morphology) ・・・ 1–9, 18–
27, 39, 40, 50–53 , 55–57, 59, 60,
69, 70, 80–82, 84, 86, 87, 92, 94,
95, 101, 112–116, 119–122, 130,
131, 141, 143, 146–149, 153, 154,
163–165, 169, 170, 178, 179, 184,
197–199, 202, 203, 205, 212–215,
217–223

dynamic principal part ・・・・・・・・・・・・・・ 226
→「動的主役」も参照

E

early insertion ・・・・・・・・・・・・・・・・・・・ 217

→「早期挿入」も参照

Elsewhere condition ・・・・・・・・・・・・・・・・ 36
→「その他条件」も参照

elsewhere form ・・・・・・・・・・・・・・・・・・・ 6, 56
→「その他形態」も参照

empty morph ・・・・・・・・・・・・・・・・・ 1, 6, 134
→「虚形態」も参照

Encyclopedia ・・・・ 19, 20, 81, 170, 215, 222

entropy ・・・・・・・・・・・・・・・・・・・・・・・・・・・ 226
→「エントロピー」も参照

conditional —— ・・・・・・・・・・・・・・・ 228
→「条件付きエントロピー」も
参照

epenthesis ・・・・・・・・・・・・・・・・・・・・・ 6, 134
→「挿入辞」も参照

exponence ・・・・・・・・・・・・・・・・・・・・・・・・ 16
→「表出形」も参照

extended stem ・・・・・・・・・・・・・・・・・・・ 139
→「拡張語幹」も参照

extension ・・・・・・・・・・・・・・・・・・・・・・・・ 30
→「外延」も参照

F

feature ・・・・・・・・・・・・・・・・・・・・・・・・ 15, 28
→「素性」も参照

contexual —— ・・・・・・・・・・・・・・・・・・ 78
→「素性：外在的—」も参照

inherent —— ・・・・・・・・・・・・・・・・・・ 78
→「素性：内在的—」も参照

feature bundle ・・・・・・・・・・・・・・・・・ 20, 219

Fission ・・・・・・・・・・・・・・・・・・・・・・・・・・・ 26
→「分裂」も参照

fully specified ・・・・・・・・・・・・・・・・・・・・・ 54
→「完全指定」も参照

Fusion ・・・・・・・・・・・・・・・・・・・・・・・・ 26, 117
→「合着」も参照

G

GB (Government & Binding) ・・・・・・・・・ 19

GDP (Generalized Default Principle) · 173,
176–178

事項索引　　243

GPF (Generalized Paradigm Function) ·· 7,
　172–178
GPF モデル ················175, 178, 179

H

hapax legomena ···················225
　→「ハパックス」も参照
HPSG (Head-driven Phrase Structure Gram-
　mar) ·······················214

I

IA (Item-and-Arrangement) モデル ····· 3,
　13–15, 23, 39, 153, 218, 224
ic ················· 88, 89, 124, 125, 171
identity relation ····················· 29
　→「恒等関係」も参照
IFD (Identity Function Default) ·· 6, 35, 38,
　39, 62, 126, 128, 173
　→「恒等関数デフォルト」も参照
Impoverishment ············· 26, 51, 56
　→「消去」も参照
impoverishment ·····················4
incremental ······················ 3, 16
　→「増分的」も参照
inferential ······················ 3, 15
　→「推論的」も参照
inflectional category ················ 28
　→「屈折範疇」も参照
inflectional class ················ 34, 97
　→「活用型」も参照
intersection relation ··················29
　→「交わりを持つ関係」も参照
IP (Item-and-Process) モデル ·· 13–15, 224

L

L-morpheme ·······················121
　→「形態素：挿入辞的左端—」も
　参照
labeling ···························· 223
Late Insertion ·················20, 22
　→「後期挿入」も参照
LCS (Lexical Conceptual Structure) ··· 173

Level-Ordering Hypothesis ···········127
　→「レベル順序仮説」も参照
lexeme ··························· 17
　→「語彙素」も参照
lexical ··························3, 15
　→「語彙的」も参照
lexicalism ·····················15, 21
　→「語彙主義」も参照
lexicon ··························· 19
　→「レキシコン」も参照
LF (Logical Form) ····· 19, 26, 57, 60, 81
linearization ·······················26
　→「線形化」も参照
Local Dislocation ···················26
　→「局所転移」も参照
local dislocation ······················ 8
Logical Form (LF) ···················20
look-ahead problem ···················87
　→「先読みの問題」も参照

M

merge ··························· 223
　→「併合」も参照
minimalism ·······················217
　→「極小主義」も参照
Minimalist Morphology············9, 217
　→「極小形態論」も参照
morpheme ··························· 2
morpheme-based ···················3, 15
　→「形態素基盤」も参照
morphological glue ···············135
　→「形態的接着剤」も参照
Morphological Merger ···············26
　→「形態的併合」も参照
morphological merger ···················8
morphological metageneralization ·····126
　→「形態的メタ一般化」も参照
morphological operation ··········· 26
　→「形態操作」も参照
morphomic ··························49
　→「純形態的」も参照

244 事項索引

morphosyntactic property ·············· 28
　　→「素性：形態統語—」も参照
morphosyntactic word ·········· 198, 199
　　→「形態統語的語」も参照
MP (Minimalist Program) ·········· 18, 19
mute consonant ···················· 109
　　→「無音子音」も参照

N

Nanosyntax ························· 9
nanosyntax ························· 218
　　→「ナノ統語論」も参照
natural class ······················ 48
　　→「自然類」も参照
Network Morphology ··············· 224
neutralize ························· 47
　　→「中和」も参照
node-sprouting ···················· 141
　　→「節点：—添加」も参照

O

Obliteration ·················· 26, 120
　　→「切除」も参照
optimal analysis ··················· 226
　　→「最適分析」も参照
Ornamental Morphology ············· 26
　　→「装飾的形態論」も参照
Outer domain attachment ············ 168
　　→「外部領域付加」も参照

P

$\mathscr{P}$ ······························ 225
$\mathscr{P}^*$ ····························· 225
Pāṇini's Principle ·················· 36
　　→「パーニニの原理」も参照
paradigm
　— linkage ····················· 27
　　→「パラダイム：—連結」も参照
　— predictability ················ 226
　　→「パラダイム：予測性」も参照
　— transparency ················ 226
　　→「パラダイム：—透明性」も参照

content —··················· 27, 61
　　→「パラダイム：内容—」も参照
derivational —··················· 172
　　→「パラダイム：派生—」も参照
form —······················· 27, 61
　　→「パラダイム：形態」も参照
realized —···················· 27, 62
　　→「パラダイム：具現化—」も参照
paradigm-based ···················· 17
　　→「パラダイム：—基盤」も参照
paradigm-linkage theory ············· 27
　　→「パラダイム連結理論」も参照
participant dissimilation ············· 120
　　→「参与者異化」も参照
periphrasis ················· 1, 7, 182
　　→「迂言法」も参照
periphrastic expression/form ·········· 182
　　→「迂言形」も参照
PF (Paradigm Function) · 3, 37, 67, 68, 172,
　　210–213
PF (Phonetic Form) ············· 19, 141
PFM (Paradigm Function Morphology)1–8,
　　27, 28, 36, 39, 40, 50, 60, 61, 63,
　　69, 70, 88, 91, 94–96, 101, 121,
　　123, 125, 126, 129–131, 149–154,
　　170, 172, 173, 178, 179, 206, 209,
　　213, 214, 224
phase ··························· 168
　　→「局所領域，フェイズ」も参照
ϕ_R ··························· 126, 152
pm ·············· 67, 68, 70, 90, 92, 208
portmanteau ······················ 219
Principle of Pre-emption by Homonymy162
　　→「同音異義語による先取りの原
　　理」も参照
Principle of Pre-emption by Synonymy 161
　　→「類義語による先取りの原理」
　　も参照
proclitic ························· 186
　　→「接語：後—」も参照
productivity

category-conditioned degree of — 225
　　→「範疇条件づけ生産性」も参照
hapax-conditioned degree of —···225
　　→「生産性：ハパックス条件づ
　　　け—」も参照
proper subset relation ················ 29
　　→「真部分集合」も参照
property coöccurrence restriction ······28
　　→「素性：—共起制限」も参照
property contraint ····················32
　　→「素性：—制約」も参照
prothesis ···························134
　　→「添頭辞」も参照
Pruning ·······················27, 122
　　→「刈り取り」も参照
Pure Lexicon ·······················20

R

readjustment ·······················27
　　→「再調整」も参照
realizational ·····················3, 16
　　→「具現的」も参照
relational adjective ················176
　　→「関係的形容詞」も参照
reverse selection ···················206
　　→「逆行選択」も参照, 209
　　→「逆行指定」も参照
Root ·· 5, 20–22, 24, 27, 40, 52, 55, 80, 81,
　　84, 87, 94, 95, 118, 120, 143–148,
　　164–170, 179, 202, 204, 215, 218,
　　221
root ·······························12
　　→「語根」も参照
Root attachment ···················168
　　→「Root 付加」も参照
Root Hypothesis ····················21
　　→「Root 仮説」も参照
Root Suppletion ················80, 81
Root 仮説 ·······················21, 40
Root 付加 ·····················168, 169
rules of exponence ··················34
　　→「表出規則」も参照

rules of referral ····················60
　　→「参照規則」も参照, 207
　　→「参照規則」も参照

S

SBCG (Sign-based Construction Grammar)
　　214
schema ···························215
　　→「スキーマ」も参照
SC ···················· 37, 91, 92, 95, 151
segment ···························199
　　→「切片」も参照
semantic drift ·····················158
semantic function role ··············174
seme ·····························221
semi-deponent verb ·················195
　　→「準異態動詞」も参照
set-value ···························28
　　→「集合値」も参照
Single Engine Hypothesis ·············21
　　→「単一動力仮説」も参照
spanning ··························220
Spell Out ··························19
Stem ·· 5, 37, 38, 40, 67, 68, 89–92, 94–96,
　　124, 150, 171, 208
stem ·······························11
　　→「語幹」も参照
Subset Principle ····················53
　　→「完全指定」も参照
supine ························139, 150
suppletion ···········1, 5, 12, 24, 72
　　→「補充法」も参照
　　overlapping — ·····················76
　　　→「補充法：重複—」も参照
　　partial — ·······················73
　　　→「補充法：部分—」も参照
　　total/full — ·····················73
　　　→「補充法：完全—」も参照
suppletive periphrasis ············8, 183
　　→「迂言法：補充法的—」も参照
syncretism ···················1, 12, 44
　　→「融合」も参照

246 事項索引

bi-directional —⋯⋯⋯⋯⋯⋯49
　　→「融合：双方向的—」も参照
directional —⋯⋯⋯⋯⋯⋯48
　　→「融合：一方向的—」も参照
symmetrical —⋯⋯⋯⋯⋯49
　　→「融合：対称的—」も参照
syntactic atom ⋯⋯⋯⋯⋯ 21, 209
　　→「統語的原子」も参照
syntacticosemantic category ⋯⋯⋯ 172
　　→「統語意味範疇」も参照
syntagmatic context ⋯⋯⋯⋯⋯37
　　→「*SC*」も参照
Synthetic Superlative Generalization (SSG)
　　85
　　→「統合的最上級の一般化」も
　　参照

T

target ⋯⋯⋯⋯⋯⋯⋯⋯78
　　→「ターゲット」も参照
terminal node ⋯⋯⋯⋯⋯⋯ 20
　　→「節点：終端—」も参照
theme vowel ⋯⋯⋯⋯⋯106, 135
　　→「幹母音」も参照
trisyllabic laxing ⋯⋯⋯⋯⋯ 126
　　→「3 音節弛緩化」も参照
truncation ⋯⋯⋯⋯⋯⋯⋯157
　　→「音節省略」も参照
type hierarchy ⋯⋯⋯⋯⋯⋯206
　　→「タイプ階層」も参照

U

underspecification ⋯⋯⋯⋯⋯51
　　→「不完全指定」も参照
unification ⋯⋯⋯⋯⋯⋯⋯31
　　→「単一化」も参照
union ⋯⋯⋯⋯⋯⋯⋯⋯29
　　→「和集合」も参照

V

verb cluster ⋯⋯⋯⋯⋯⋯ 187
　　→「動詞群」も参照

verbal number ⋯⋯⋯⋯⋯⋯93
　　→「動詞数」も参照
Vocabulary Insertion (VI) ⋯⋯⋯⋯ 22
　　→「語彙挿入」も参照
Vocabulary Item ⋯⋯⋯⋯⋯20

W

well-formed ⋯⋯⋯⋯⋯⋯29
　　→「適格」も参照
word formation ⋯⋯⋯⋯⋯19
　　→「語形成」も参照
WP (Word-and-Paradigm) モデル · 2, 3, 14,
　　22, 209, 224, 225
　　拡大—⋯⋯⋯⋯⋯⋯ 224

Z

zero exponence ⋯⋯⋯⋯⋯ 5, 101
　　→「表出形（ゼロ—）」も参照
zero morph ⋯⋯⋯⋯⋯⋯1, 5, 46

あ

アブラウト ⋯⋯⋯⋯ 34, 35, 105, 171
アメリカ構造主義⋯⋯⋯⋯⋯13, 221
異意義 ⋯⋯⋯⋯⋯⋯⋯ 221
異意味 ⋯⋯⋯⋯⋯⋯221, 222
意義素 ⋯⋯⋯⋯⋯⋯ 221
異形態 62, 80, 87, 103, 104, 115, 117, 122,
　　138, 147, 220–222
異態動詞 ⋯⋯ 195, 196, 199, 202, 207, 208
一致 28, 78, 79, 92, 93, 107–109, 122, 130,
　　131, 147, 148, 153, 194, 195
一般化デフォルト原理 ⋯⋯⋯⋯⋯173
　　→「GDP (Generalized Default
　　Principle)」も参照
一般化パラダイム関数 ⋯⋯⋯⋯⋯172
　　→「GPF (Generalized Paradigm
　　Function)」も参照
イディオム ⋯⋯⋯⋯⋯⋯83, 215
移動 ⋯⋯⋯⋯⋯130, 198, 199, 201
　　主要部—⋯⋯118, 198, 200, 202, 203
意味機能役割 ⋯⋯⋯⋯⋯⋯174

事項索引　247

迂言形‥‥‥8, 182–187, 189–199, 201–207,
　　　209–214
迂言法‥‥1, 7, 26, 181–184, 192, 197–199,
　　　203, 205, 206, 212, 213
　範疇的—‥‥8, 183–185, 187, 189, 212
　補充法的— 8, 183, 184, 189, 190, 206,
　　　212, 213
エントロピー‥‥‥‥‥‥‥‥9, 226–229
　条件付き—‥‥‥‥‥‥‥‥228, 229
音声形式‥‥‥‥‥‥‥‥‥‥‥‥‥‥19
　→「PF (Phonetic Form)」も参照
音節省略‥‥‥‥‥‥‥‥‥‥‥‥‥157

か

カートグラフィー‥‥‥‥‥‥‥‥119
外延‥‥‥‥‥‥‥‥‥‥‥‥‥‥30, 31
外項‥‥‥‥‥‥‥‥‥‥‥‥‥‥82, 83
外部領域付加‥‥‥‥‥‥‥‥‥168, 169
解離節点‥‥6, 26, 141, 143, 147, 148, 153,
　　　154
解離素性‥‥‥‥‥6, 26, 141, 142, 153, 154
活用型‥‥34, 35, 38, 64, 66, 69, 88, 89, 97,
　　　123–125, 139, 143–146, 148, 171,
　　　226–228
刈り取り‥‥‥‥‥‥‥‥‥‥‥27, 122
関係的形容詞‥‥‥‥‥‥‥‥‥176, 177
完全‥‥‥‥‥‥‥‥‥‥‥‥‥29, 34
完全指定‥‥‥‥‥‥‥‥‥‥‥‥54
幹母音‥‥‥6, 106, 107, 128, 135, 139, 140,
　　　143–151, 153, 154
韓母音‥‥‥‥‥‥‥‥‥‥‥‥‥202
記号基盤構文文法‥‥‥‥‥‥‥‥214
　→「SBCG (Sign-based Construc-
　　　tion Grammar)」も参照
基体‥‥‥‥‥11, 15, 72, 103–105, 123, 125,
　　　127, 134, 136, 137, 140, 152, 153,
　　　156–159, 175–177, 225
機能範疇‥‥21, 22, 80, 84, 86, 94, 113, 116,
　　　119, 120, 221
逆行指定‥‥‥‥‥‥‥‥‥‥8, 209, 210
逆行選択‥‥‥‥‥‥‥‥‥‥‥‥206

競合‥‥‥‥7, 35, 36, 51–53, 55–57, 59, 130,
　　　163–165, 169, 170, 178, 197, 222
　文脈依存—‥‥‥‥‥‥‥‥‥53, 55
　文脈自由—‥‥‥‥‥‥‥‥‥53, 55
極小形態論‥‥‥‥‥‥‥‥‥‥9, 217
極小主義‥‥‥‥‥‥‥‥‥‥‥217, 220
局所性‥‥‥‥‥‥‥‥‥82, 83, 86, 220–222
局所的転移‥‥‥‥‥‥‥‥‥‥‥‥8
局所転移‥‥‥‥‥‥‥‥26, 198, 204, 205
局所領域‥‥‥‥‥‥‥‥‥‥‥168, 169
　→「フェイズ」も参照
虚形態‥‥1, 6, 26, 133–135, 138, 139, 141,
　　　148, 149, 153, 154
具現化‥‥‥‥‥‥‥‥‥‥‥3, 5–8, 16,
　　　36–39, 45–48, 60, 61, 63, 67–70,
　　　73, 89, 95, 99–103, 105, 113, 123,
　　　124, 128, 130, 149–151, 153, 154,
　　　181–184, 189, 191, 192, 194, 202,
　　　210–212
具現的‥‥‥‥‥‥‥‥‥3, 16, 20, 22, 39
屈折 44–46, 61, 72, 87, 159, 170, 172–174,
　　　178, 197, 218, 222, 224, 225, 227
屈折範疇‥‥‥‥‥‥‥‥‥‥‥28, 30
形態音韻規則‥‥5, 101, 103, 105–110, 123,
　　　126, 127, 129–131, 139, 149, 150,
　　　152–154
形態構造‥‥‥‥24, 25, 113, 116–120, 130,
　　　166–169, 198, 199, 203, 212, 213
形態辞‥‥‥‥‥‥‥‥‥‥‥‥‥22
形態素2, 3, 5, 6, 14–17, 21, 26, 39, 52, 100,
　　　101, 123, 138, 153
　—基盤‥2, 3, 15, 18, 22, 101, 112, 130,
　　　149, 153, 154, 164, 219
　拘束—‥‥‥‥‥‥‥‥‥‥‥15
　古典的—‥‥‥‥‥‥‥‥‥‥22
　自由—‥‥‥‥‥‥‥‥‥‥‥15
　挿入辞的左端—‥‥‥‥‥‥‥121
　—配列論‥‥‥‥‥‥‥‥‥‥14
形態操作26, 27, 51, 56, 57, 60, 84, 86, 108,
　　　117, 120, 125, 141, 145, 148, 181,
　　　197–199, 203–205, 218, 219

形態的接着剤・・・・・・・・・・・・・・・・・・・135, 153
形態的併合 8, 25, 26, 84–86, 118, 198, 218
形態的メタ一般化・・・・・・・・・126–130, 152
形態統語的語・・・・・・・・・・・・・198–202, 212
形態部門・・・・・・・・・・・6, 20, 22, 23, 26, 27,
　　　39, 56, 57, 60, 68, 81, 86, 95, 108,
　　　109, 130, 141, 148, 184, 199, 202,
　　　205, 209, 211, 212, 219
結合法則・・・・・・・・・・・・・・・・・・・・・・・・・・・32
言語処理・・・・・・・・・・・・・・・・・・・・・・222, 223
原子値・・・・・・・・・・・・・・・・・・・・・・28, 30, 31
語彙概念構造・・・・・・・・・・・・・・・・・・・・・173
　　　→「LCS (Lexical Conceptual
　　　Structure)」も参照
語彙項目・・・・・6, 20, 23, 39, 51–60, 80, 84,
　　　85, 113–120 , 130, 131, 164–166,
　　　173, 175, 176, 178, 199, 202, 219
語彙主義・・・・・・・・・・・・・・・・・・・・・・・15, 21
語彙素・・・・・・17, 22, 28, 29, 35–40, 43–46,
　　　61, 67, 68, 72, 73, 76, 88, 94, 137,
　　　150, 151, 170, 172–174, 179, 181,
　　　182, 207, 210, 211, 224, 226
　　　—インデックス・・・・・・・173, 174, 177
語彙挿入・・・・・・・・・・・4, 5, 7, 22, 53, 57, 69,
　　　70, 80, 87, 95, 113, 114, 117–120,
　　　122, 163, 164, 205, 219, 220
語彙的・・・・・・・・・・・・・・・・・3, 15, 16, 20–22
語彙範疇・・・・・・・・・・・・・・・・・・・・・・・・・・・21
交換法則・・・・・・・・・・・・・・・・・・・・・・・・・・・32
後期挿入・・・・・・・20, 22, 24, 80–82, 87, 218
項構造・・・・・・・・・・・・・・・・・・・・・・・174–177
構成的・・・・・・・・・・・・・・・・・・15, 16, 20–22
合着・・・・・・・・・・・・・・・・・26, 117–119, 219
恒等関係・・・・・・・・・・・・・・・・・・・・・・・・・・・29
恒等関数デフォルト・・6, 35, 125, 129, 130,
　　　173
　　　→「IFD (Identity Function De-
　　　fault)」も参照
構文・・・・・・・・・・・・・・8, 206, 207, 212–215
構文形態論・・・・・・・・・・・・・・・・・・・・・・・214
　　　→「CM (Construction Morphol-

ogy)」も参照
構文文法・・・・・・・・・・・・・・・・・・・・・・・・・214
語幹・3, 5, 6, 11, 12, 15, 16, 34–40, 45, 49,
　　　50, 61, 66–69, 71–76, 87–95, 99,
　　　103–106, 123–128, 135, 138–140,
　　　149–151, 153, 154, 171, 208, 211
　　　拡張—・・・・・・・・・・・・・・・・・・・・・・・139
　　　—形成関数・・・・・・37, 38, 67, 150, 153
　　　—選択5, 6, 13, 36–39, 91, 95, 97, 123,
　　　124, 128, 152, 153, 170, 171
語形成19, 44, 72, 90, 95, 96, 156, 158, 160,
　　　172, 173, 181, 183, 197, 206, 213
語根 3, 5, 12, 15, 16, 21, 38, 109, 110, 123,
　　　140, 149–151, 153
語・パラダイム基盤・・・2, 3, 7, 9, 101, 123,
　　　130, 153, 154, 223
混成・・・・・・・・・・・・・・・・・・・・・・・・・・・・・219
コントローラー・・・・・・・・・・・・・・・・・78, 92

さ

再調整・・・・・・・・・・・・・・・・・・・・・・・・・・・・27
最適分析・・・・・・・・・・・・・・・・・・・・・・・・・226
先読みの問題・・・・・・・・・・・・・・・・・・・・・・87
3 音節弛緩化・・・・・・・・・・・・・・・・・・・・・126
参照規則・・・・・・・・・・・・・・・・・・60, 69, 207
参与者異化・・・・・・・・・・・・・・・・・・120, 121
自然類・・・・・・・・・・・・・・・・・48, 49, 56, 58, 59
集合値・・・・・・・・・・・・・・・・・・・・・・・・28–31
縮約・・・・・・・・・・・・・・・・・・・・・・・・・13, 157
主辞駆動句構造文法・・・・・・・・・・・・・・・214
　　　→「HPSG (Head-driven Phrase
　　　Structure Grammar)」も参照
主要部24–26, 102, 114, 167, 168, 202, 203,
　　　206, 207, 209
　　　範疇決定—・・・・・・・・・・・・・・・・・・・21
　　　複合—・・・・・・・・・・・・・・・・・・200–202
準異態動詞・・・・・・・195–197, 202, 207, 208
純形態的49, 66, 67, 69, 74, 75, 88, 90, 134,
　　　139, 140, 149, 150, 154, 157
消去・・・・・・・・・4, 26, 51, 56–60, 69
神経科学・・・・・・・・・・・・・・・・・・・・・222, 223

事項索引　249

真部分集合 ······················ 29
推論的 ···················· 3, 15–17, 27
スキーマ ························ 215
スパニング ······················ 220
生産性 ············· 127, 159, 224, 225
　　ハパックス条件づけ— ········· 225
　　範疇条件づけ— ················ 225
生成言語学 ······················ 19
生成統語論 9, 18, 19, 21, 57, 217, 218, 220, 222, 223
接語 ············ 120, 121, 186, 187, 189
　　後— ························ 186
　　—上昇 ······················ 186
　　代名詞— ···················· 186
接辞 ····················· 3, 6, 7, 11–13, 15, 16, 35, 38, 44–49, 54, 64, 71, 73, 75, 78, 84–87, 90–92, 99, 100, 102–109, 111, 112, 120, 123–128, 133–138, 140, 150–153, 155–160, 164, 165, 168, 174, 177, 179, 182, 184, 189, 197–199, 204, 205, 224
　　Level I— ················ 127, 156
　　Level II— ················ 127, 156
　　—化 ······· 3, 5, 7, 16, 34, 38, 64, 86, 100–103, 128, 149, 171, 181, 204
　　クラス I— ············· 157, 158, 168
　　クラス II— ············· 157, 158, 168
切除 ····················· 26, 120, 121
節点 ··· 8, 26, 117–121, 141, 153, 197, 199, 204, 219, 220
　　終端— ··· 21, 22, 39, 52, 100, 101, 219, 220
　　—添加 ···················· 141, 149
接頭辞 ················ 45, 156, 157, 162
接尾辞 ········ 45, 156, 157, 162, 164–166
切片 ························ 199, 200
セル ··· 4, 17, 28, 29, 39, 51, 61–63, 66–69, 208–211, 213, 226, 228, 229
　　—予測性 ······················ 226
ゼロ形態 ·· 1, 5, 6, 27, 46, 52, 57, 106–108, 110, 112–123, 128, 130, 220

依存— ················ 113, 119, 120
　　その他— ······· 113, 114, 120, 121
　　優先的— ······· 113, 115, 121, 165
線形化 ······················ 26, 205
選言 ························ 32, 33
早期挿入 ························ 217
装飾的形態論 ···················· 26
挿入辞 6, 134, 136–138, 147–149, 151–154
増分的 ············· 3, 16, 22, 39, 217
阻止 ···· 1, 7, 155, 156, 158–164, 169–172, 175, 177–179 , 224
素性 ······· 3–8, 15–17, 22, 23, 26, 28, 29, 31, 32, 37–40 , 44–46, 48, 54–61, 63–67, 69, 70, 73, 74, 78, 79, 82, 88–90, 92–96, 99–103, 106, 107, 113, 116–119, 121, 123, 128, 129, 134, 135, 138, 139, 141–143, 145, 146, 148–150, 164, 165, 169, 171, 173, 174, 183, 191–194, 198, 201, 202, 205–212, 218, 219, 224
　　外在的— ···················· 78, 94
　　—共起制限 ············· 28, 29, 32, 33
　　形式— ······· 20–22, 24, 52, 80, 215
　　形態統語— ·· 28, 30–37, 40, 43, 53, 60, 61, 66–68, 74, 77, 88–92, 95, 125, 172, 181, 182, 192, 210, 211
　　—交差 ···················· 192–194
　　—写像関数 ···· 60, 63, 64, 66, 90, 208
　　—制約 ···················· 32–35
　　内在的— ···················· 78, 94
　　—マッピング ············· 4, 69, 126
その他形態 ······ 6, 56, 113–117, 120, 130
その他条件 ············ 36, 53, 55, 59, 70

た
ターゲット ······················ 78, 92
タイプ階層 ···················· 206, 207
単一化 ························ 31
単一力仮説 ······················ 21
抽象的 ···················· 15–17, 27
中和 ············· 47, 48, 60, 63, 64, 73

250 事項索引

適格 ･････････････････････ 29–31
デフォルト形 5, 6, 101–104, 106–108, 126
デフォルト継承 ･･････････････････214
転換 ･･･････････5, 110–112, 129, 160–163
添頭辞 ･･････････････････････････134
同音異義語による先取りの原理 ･･162, 179
統語意味範疇 ･･･････････････････172
統合的 ･･･････････････ 84–86, 94, 95
統合的最上級の一般化 ･････････････85
統語的原子 ･･･････････････ 21, 209, 212
統語部門 ･19–22, 24–26, 57, 81, 86, 95, 96,
　　141, 142, 148, 206, 209, 217–220
動詞群 ･･･････････････････････187–189
動詞数 ･･･････････････････93, 94, 96
統率・束縛理論 ･･･････････････････19
　　→「GB (Government & Binding
　　Theory)」も参照
動的主役 ･･･････････････････････226
ド・モルガンの法則 ･･････････････32

な
内項 ･･････････････････ 82, 83, 92, 93
ナノ統語論 ･･･････････････ 9, 218–220

は
パーニニの原理 ･･････ 35, 36, 53, 70, 170
ハパックス ･･･････････････････････225
パラダイム ･･2–4, 7, 14, 17, 22, 27–29, 36,
　　39, 51, 60, 61, 63, 64, 68, 88, 89,
　　165, 179, 183, 184, 192, 206, 208,
　　209, 224, 226, 227, 229
　　―基盤17, 34, 129, 165, 170, 213, 223,
　　229
　　具現化―･･27, 39, 62, 63, 69, 89, 172,
　　207
　　形態―･･4, 27, 39, 60–69, 88, 89, 94,
　　172, 208
　　―透明性 ･･･････････････ 226, 229
　　内容―4, 27, 39, 60–69, 88, 89, 94, 96,
　　172, 208
　　派生― ･･･････････････････････172
　　―予測性 ･･･････････････････226

―連結 ･･･････････････････････27
パラダイム関数 ･･ 36, 37, 67, 68, 172, 210,
　　211, 213
パラダイム関数形態論 ･････････ 1, 17, 27
　　→「PFM (Paradigm Function Mor-
　　phology)」も参照
パラダイム連結理論 ･･････････････27
反語彙主義 ･･･････････････････15, 21
範疇決定主要部 ･･････････････････22
非対格性 ･･････････････････････83
非対格動詞 ･･････････････････82, 93
否定 ･･･････････････････････32, 33
非能格動詞 ･･････････････････････82
百科事典的知識 ･････････････････20
　　→「Encyclopedia」も参照
表出規則 ･･････････ 6, 8, 32, 34–40, 60,
　　62, 64, 65, 68–70, 125–131, 149,
　　151–154, 170, 171, 178, 207
表出形 ･････ 16, 20, 22, 23, 25, 26, 34, 35,
　　39, 40, 52–55 , 57, 59, 62, 73, 80,
　　81, 85, 87, 90, 113, 114, 116, 118,
　　119, 122, 130, 139, 142–144, 147,
　　148, 152, 153, 163–170, 178, 192,
　　194, 197–200, 202, 203, 205, 212,
　　213, 222
　　ゼロ―･･5, 6, 101–103, 105–108, 110,
　　125, 128–130
標準型類型論 ･･･････････････････44, 72
ブール演算 ･･････････････････････32
フェイズ ･･･････････････････････168
　　→「局所領域」も参照
普遍文法 ･･･････････････････････114
不完全指定 ････51–54, 57–60, 70, 173, 175
複合語 ･･･････････････････････102
複合主要部 ･････････････････････85, 86
部分集合原理 ･･･････････････････53
分散形態論 ･･･････････････ 1, 16, 18
　　→「DM (Distributed Morphol-
　　ogy)」も参照
分析的 ･････････････････････････85
分配法則 ･･･････････････････････32

分裂 · 26
併合 · 223
母音交替 · · · · · · · · · · · · · · · · · · · 105
　　　→「アプラウト」も参照
母音調和 · · · · · · · · · · · · · · · · · · 38, 46
包含性仮説 · · · · · · · · · · · · · · · · · · · 85
補充形 · · · · 5, 74, 76–84, 87, 90–92, 94, 95
　　完全— · 81
補充法 · · · · · 1, 5, 12, 24, 72–77, 84, 88, 90,
　　92–96
　　完全— · 73
　　重複— · · · · · · · · · · · · · · · · · · · 76, 77
　　部分— · 73
補部 · 207, 209

ま

交わりを持たない関係 · · · · · · · · · · · · · · · 29
交わりを持つ関係 · · · · · · · · · · · · · · · · · · 29
ミニマリスト・プログラム · · · · · · · · · · · 18
　　　→「MP (Minimalist Program)」も
　　　参照
無音子音 · · · · · · · · · · · · · · · · · 109, 110, 130
無標 · · · · · · · · · · · · · 102, 106, 107, 114, 128

や

融合 1, 4, 12, 26, 44, 47–52, 54–60, 64, 66,
　　69, 70, 72, 73, 76, 77, 90, 92
　　一方向的— · · · · · · · · · · · · · 48, 58, 59
　　純形態的— · · · · · · · · · · · · · · · · · · · 59
　　双方向的— · · · · · · · · · · · · · · · · 49, 59
　　対称的— · · · · · · · · · · · · · · · · · · 49, 50

ら

ラベル付け · 223
類義語による先取りの原理 · 161, 162, 178
類推 · 225, 226
レキシコン 19, 21, 158–160, 170, 214, 215,
　　219
レベル順序仮説 · · · · · · · · · · · · · · · 127, 156
連言 · 32, 33
論理形式 · 19
　　　→「LF (Logical Form)」も参照

わ

和集合 · 29, 31

言語索引

あ

アイスランド語 · 58
アイヌ語 · 83
アイルランド語 · · · · · · · · · · · · · · 159, 160
アニュアク語 · 109
イタリア語 · · 75, 76, 87, 91, 106–108, 128,
130
ウドムルト語 · 194
英語7, 17, 34, 43, 47, 51, 55, 56, 60–65, 71,
73, 78, 84, 94, 99–104, 107, 110,
111, 113–120, 123, 125–127, 133,
134, 155–157, 159, 160, 164–166,
170, 171, 182–185, 187, 189, 197,
202–204, 209, 210, 213

か

ギリシャ語 · 14

さ

サンスクリット語 · · 13, 49, 50, 59, 66, 75,
76, 91
スペイン語 · · · · · · · · · · · · · 76, 77, 183, 184
スロベニア語 · · · · · · · · · · · · · 76, 77, 90, 91

た

チェコ語 · · · · · · · · · · · · · 182, 183, 211, 213
デンマーク語 · · · · · · · · · · · · · · 78, 79, 92
ドイツ語 · 187, 189
トルコ語 · 37, 46

な

ナヴァホ語 · 93

日本語 · · 116, 117, 131, 149, 190, 192, 193,
212–214, 227

は

バスク語 · 120, 121
ハユ語 · 108, 109
フィンランド語 · · · · · · · · · · · · · · · · · · · 227
フランス語 · · 7, 74, 75, 135, 139, 182–185,
187, 189, 211
ペルシア語 · · · · · · · 119, 120, 189, 190, 213
ポーランド語 · · · · · · · · · · · · · · · 74, 75, 90
ボジュプリー語 · 48

ま

マリ語 · 193

や

ヤキ語（ヒアキ語）· 79, 81, 82, 92–94, 96

ら

ラテン語 · · · · · · · · · · · · · · 6, 8, 14–17, 29, 33,
48, 49, 58, 66, 108, 122, 128, 130,
135–139, 141–153, 181, 182, 192,
194–197, 199–203, 205, 206
ルーマニア語 · · · · · · · · · · · · · · · · · · · 54, 182
レズギ語 · 135
ロシア語 · · · · · · · · · · · 47, 49, 50, 74, 88, 89

著者索引

A

Abeillé, A. · 187
Ackerman, F. · · · · · · · · · · · · · · · · · 226, 227
Adger, D. · 222
Albright, A. · 225
Anderson, S. R. 2, 100, 116, 121, 135, 224, 225
Andrews, A. D. · · · · · · · · · · · · · · · · · · · 160
Andrews, G. · 225
Arad, M. · · · · · · · · · · · · · · · · · · · 21, 168, 221
Aronoff, M.1, 2, 7, 139, 140, 150, 155, 156, 158, 159, 164, 178, 224
Arregi, K. · · · · · · · · · · · · 26, 120, 121, 149
Audring, J. · 1

B

Baayen, H. · · · · · · · · · · · · · · · · · · 225, 226
Bachrach, A. · 2
Baerman, M. · 1, 50
Bauer, L. · · · · · · · · 125, 134, 171, 172, 224
Baunaz, L. · · · · · · · · · · · · · · · · · · · 218, 219
Beard, R. · 2, 224
Bermúdez-Otero, R. · · · · · · · · · · · · 220, 221
Blevins, J. · 226
Blevins, J. P. · · · · · · · · · · · · · · 15, 226, 227
Bloomfield, L. · 13
Boas, H. C. · 214
Bobaljik, J. D. · · · · · · · 2, 19, 20, 51–53, 69, 79, 81–86, 92, 117, 119, 120, 143, 205, 220
Bolinger, D. · 7, 160

B (right column)

Bonami, O. · · · · 75, 183, 186, 188, 206, 209, 211, 212
Bonet, E. · 56
Booij, G. · · · · · · · · · · · · · 1, 78, 172, 214, 215
Boyé, G. · 75
Boyd, J. K. · 183
Brown, D. · 224
Bybee, J. · 229

C

Caha, P. · 219, 220
Calabrese, A. · 149
Carstairs-McCarthy, A. · · · · · · · · · · · · 75, 76
Choi, J. · 141
Clark, E. V. · · · · · · · · · · · · · · · · · 7, 161, 162
Clark, H. H. · · · · · · · · · · · · · · · · · 7, 161, 162
Copestake, A. · 214
Corbett, G. G.44–47, 72, 73, 75–78, 81, 93, 96, 224
Croft, W. · 214
Culicover, P. · 214

D

Durie, M. · 93, 94

E

Embick, D. · · · · 2, 19, 24, 26, 27, 53–55, 80, 81, 84, 86, 94, 108, 115, 120, 122, 139, 141–147, 163–166, 168–170, 198–206, 213, 220–223
Evans, R. · 224

254 著者索引

F
Fillmore, C. J. · 214
Finkel, R. · 226, 229
Frampton, J. · 56
Fraser, N. · 224
Fudeman, K. · 1

G
Gazdar, G. · 224
Godard, D. · 187
Goldberg, A. E. · 214
Gribanova, V. · 149

H
Hale, K. · 93, 218
Halford, G. S. · 225
Halle, M. · · 2, 19, 53, 56, 80, 100, 114, 142, 148
Harley, H. · · 19, 20, 24, 79, 81–83, 92, 141, 221
Haspelmath, M. · · · · · · · · 1, 8, 135, 181–184
Hippisley, A. · · · · · · · · · · · · · · 1, 73, 78, 224
Hoard, J. E. · 105
Hock, H. H · 225
Hockett, C. F. · · · · · · · · · · · · 2, 13, 138, 223

J
Jackendoff, R. · · · · · · · · · · · · · · · · 173, 214
Julien, M. · 218

K
Katamba, F. · 1, 134
Kay, P. · 214
Keyser, S. J. · 218
Kiparsky, P. · · · · · · · · · · · · · · · · · · · 111, 156
Kostić, A. · 226
Kratzer, A. · 83
Kuperman, V. · 226

L
Lander, E. · 218, 219
Lascarides, A. · 214

Levin, B. · 173
Lieber, R. · · · · · · · · · · · · 1, 16, 22, 102, 224

M
Malouf, R. · 226, 227
Marantz, A. · · 2, 19, 53, 56, 80, 83, 84, 114, 120, 141, 148, 164–166, 168–170, 203, 215, 221, 222
Masini, F. · 1
Matthews, P. H. · · · 1, 2, 136–138, 147, 224, 225
McGinnis-Archibald, M. · · · · · · · · · · · · · 19
Merchant, J. · 220
Meulen, A. · 32
Milin, P. · 226
Miyagawa, S. · 116
Mohanan, K. P. · 156
Monich, I. · 149
Moscoso del Prado Martín, F. · · · · · · · · · 226
Müller, G. · 58

N
Nevins, A. · · · · · · · · · · · · · · · 2, 26, 120, 121
Nikolaeva, I. · 177
Nishiyama, K. · 119
Noyer, R.19, 20, 24, 26, 53, 81, 86, 94, 141, 142, 148, 198, 199

O
O'Conner, M. C. · · · · · · · · · · · · · · · · · · · 214
Oltra-Massuet, I. · · · · · · · · · · · · · · · · · · · 149
Oseki, Y. · · · · · · · · · · · · · · · · · · · 82, 83, 222
Otoguro, R. · 172

P
Partee, B. · 32
Pinker, S. · 7, 159
Poser, W. J. · 7, 159
Pullum, G. K. · 100
Punske, J. P. · 223

R
Radford, A. → 「ラドフォード, A.」を参照

著者索引 255

Radkevich, N. V. · · · · · · · · · · · · · · · · · · · 220
Rainer, F. · 224
Rappaport Hovav, M. · · · · · · · · · · · · · · 173
Reh, M. · 110
Robins, R. H. · · · · · · · · · · · · · · · · 2, 14, 223

S

Sadler, L. · · · · · · · · · · · 195–197, 206–208
Sag, I. A. · 214
Selkirk, E. O. · · · · · · · · · · · 16, 22, 127, 224
Shannon, C. · 226
Shibatani, M. ·93
Siddiqi, D. · · · · · · · · · · · · · · 117, 119, 146
Siegel, D. · · · · · · · · · · · · · · 127, 156, 157
Sims, A. D. · 1, 135
Sloat, C. · 105
Smith, J. · 222
Spencer, A.1, 2, 7, 106, 110, 111, 127, 128,
    157, 172–177, 195–197, 206–208,
    224
Starke, M. · 220
Štekauer, P. · 1, 102
Stewart, T. W. · · · · · · · · · · · · · · · · · · 1, 217
Stonham, J. · 1, 134
Stump, G. T. · 1–3,
    14, 16, 27, 29, 32, 34, 35, 48–50,
    60, 64, 66–69, 75, 76, 89–91, 127,
    150, 172, 207, 224, 226, 229
Svenonius, P. · 220

T

Trommer, J. · · · · · · · 69, 108, 109, 112, 114,
    121–123

V

van Marle, J. · 224
Veselinova, L. N. · · · · · · · · · · · · · · · · · · ·73

W

Wall, R. E. ·32
Webelhuth, G. · · · · · · · · · · · · · · · 186, 188
Williams, E. ·94

Wunderlich, D. · 217

Z

Zwicky, A. M. · · · · · · · · · · · · · · · 60, 69, 100

あ

井川詩織 · 149
漆原朗子 · 223
遠藤喜雄 · 119
大関洋平 · 223
乙黒亮 · 227

た

田窪行則 · 19

な

長野明子 · 221
西山國雄 · 19, 221

ま

森田順也 · 20, 223

ら

ラドフォード, A. · 19

著者紹介

乙黒 亮（おとぐろ・りょう）

1977年大阪府生まれ。大阪大学文学部英語学専攻，エセックス大学大学院PhD。福井県立大学学術教養センターを経て，現在，早稲田大学法学学術院教授。専門は形態論，統語論，言語類型論。

田川拓海（たがわ・たくみ）

1979年沖縄県生まれ。筑波大学第二学群日本語・日本文化学類卒業，筑波大学大学院人文社会科学研究科修了，博士（言語学）。現在，筑波大学人文社会系准教授。専門は形態論，統語論，日本語学。

形態論の諸相―6つの現象と2つの理論―

2024年10月10日　初版第1刷発行

著　者　　乙黒　亮・田川拓海

発行人　　岡野秀夫

発　行　　株式会社　くろしお出版
　　　　　〒102-0084　東京都千代田区二番町4-3
　　　　　TEL：03-6261-2867　FAX：03-6261-2879　WEB：www.9640.jp

装　丁　　庄子結香（カレラ）

印刷所　　藤原印刷株式会社

©OTOGURO Ryo and TAGAWA Takumi 2024, Printed in Japan
ISBN 978-4-87424-990-1　C3080
本書の全部または一部を無断で複製することは，著作権法上での例外を除き禁じられています。

練習問題の解答について

　本書には第2章から第8章の章末に練習問題がついていますが，この練習問題の解答は本書を教科書としてご採用くださった先生にお渡ししております。

　ご希望の先生は下記のページよりお問い合わせください。

https://www.9640.jp/textbook/desk-copy/